Richard Adelbert Lipsius

Der Gnosticismus

Sein Wesen, Ursprung und Entwickelungsgang

Richard Adelbert Lipsius

Der Gnosticismus
Sein Wesen, Ursprung und Entwickelungsgang

ISBN/EAN: 9783744627962

Hergestellt in Europa, USA, Kanada, Australien, Japan

Cover: Foto ©ninafisch / pixelio.de

Weitere Bücher finden Sie auf **www.hansebooks.com**

Der Gnosticismus,

sein Wesen, Ursprung und Entwickelungsgang

untersucht von

D. Richard Adelbert Lipsius,

außerordentlichem Professor der Theologie und Mitglied der historisch-theologischen Gesellschaft zu Leipzig

Separatabdruck aus Ersch und Gruber's Allgemeiner Encyklopädie 1. Section 71. Band.

Leipzig:

F. A. Brockhaus.

1860.

Vorwort.

Gegenwärtige Untersuchung will keine neue Darstellung der einzelnen gnostischen Systeme sein, sondern nur eine Vorarbeit zu einer künftigen Darstellung. Einzelheiten sind bald ausführlicher, bald kürzer behandelt worden, je nachdem es ihre Beziehung aufs Ganze zu erfordern schien: Manches schon von Andern Gesagte mußte in möglichster Kürze wiederholt, da und dort näher begründet, auch wol berichtigt werden. Vieles erscheint hier zum ersten Male erörtert, daher eine gewisse Ungleichmäßigkeit in Behandlung des Stoffes nicht zu vermeiden war. Da wo es galt, den geschichtlichen Ursprung und den innern Entwickelungsgang der gnostischen Systeme nachzuweisen, hat der Verfasser am seltensten an die Leistungen seiner Vorgänger anknüpfen können; ob der von ihm gebahnte Weg der richtige sei, muß er dem Urtheile Sachkundiger überlassen.

Eine abschließende Darstellung der gnostischen Systeme erfordert bei dem heutigen Stande der Wissenschaft das umfassendste Studium der Religionsgeschichte des alten Orients, eines vor andern dunkeln Gebietes, zu dessen Aufhellung dermalen kaum die ersten Schritte gethan sind. Wo noch so wenig erforscht ist, bleibt ein Irregehen im Einzelnen fast unvermeidlich, daher der Verfasser für jede in dieses Gebiet einschlagende Belehrung oder Berichtigung vorzugsweise dankbar sein würde. Sicherer schon ist unsere Kenntniß des seit der Diadochenzeit mit einem Firnisse griechischer Cultur überkleideten Volks- und Staatslebens in den Ländern des vorderen Asiens; aber was für eine Geschichte des Gnosticismus grade am meisten in Betracht kommt, die westöstliche Religionen- und Göttermischung, ist noch am wenigsten aufgehellt, und insgemein wird ein oberflächlicher Einblick in das ungeheure Chaos des aufgespeicherten Materials den Einfluß griechischen Wesens auf den Volksglauben des Morgenlandes höher anzuschlagen versucht sein, als er verdient. Gewiß hat solcher Einfluß bestanden, vornehmlich an den Pflanzstätten griechischer Cultur in Alexandrien, Antiochien, Edessa und anderwärts; aber von der vergriechten Mischbevölkerung großer Haupt- und Handelsstädte ist ein Schluß auf den Bildungsstand der eingeborenen Bewohnerschaft im Innern jener Länder, und auf den religiösen zumal, nur mit äußerster Vorsicht erlaubt. Grade in Sachen der Religion hat die Zähigkeit des semitischen Volksgeistes dem Eindringen hellenischen Wesens einen oft unbezwinglichen Widerstand entgegengestellt, und was man wirklich sich aneignete, beschränkt sich insgemein auf solche Gedanken, denen die innere Entwickelung des eigenen Vorstellungskreises von selbst schon entgegenkam. Wo Griechen und Orientalen in Berührung traten, haben jene von diesen weit mehr herübergenommen als diese von jenen. Die griechische Mythologie ist allenthalben von morgenländischen Vorstellungen getränkt und bereicherte sich aus ihnen als aus einer unerschöpflichen Fundgrube je länger je mehr, daher man leicht in Versuchung kommt, einen nicht blos überflüssigen, sondern irreführenden Umweg zu gehen und aus griechischen Quellen abzuleiten, was im Morgenlande von Alters her heimisch war. Die Gefahr wächst, je genauere Einsicht man gewinnt in die späteren griechischen Mythenbildungen seit der Zeit Alexander's. Für den Geschichtschreiber der Gnosis bedarf es grade hier besonderer Vorsicht: das beliebte post hoc ergo propter hoc möchte sich auf diesem Gebiete häufig genug als täuschender Schein erweisen. Umfassenderen Einfluß gewannen griechische Anschauungen auf die Gnosis sicher erst seit deren Verpflanzung auf hellenistischen Boden. Für die Kenntniß der ausgebildeten gnostischen Systeme ist freilich ein eingehendes Studium der spätern Gestaltungen der hellenischen Philosophie unentbehrlich, und grade hier ist schon viel des

Dankenswerthen geleistet. Aber die meisten bisherigen Darstellungen verfallen dem Fehler, die gereiftesten Formen der Gnosis zum Maßstabe für ihre Ursprünge zu nehmen und in die ersten Anfangszeiten zurückzudatiren, was erst auf einer spätern Entwickelungsstufe hervortrat. Auch das neueste Werk von Möller (Geschichte der Kosmologie. Halle 1860.), das uns leider zu spät in die Hände kam, als daß wir es noch bei unserer Arbeit benutzen konnten, leidet an diesem Gebrechen, bei aller anerkennungswerthen Gründlichkeit in der Einzelforschung. Aber Fehlgriffe auf diesem Gebiete sind nun einmal so lange nicht zu vermeiden, als man über die Hauptgesichtspunkte der Betrachtung noch nicht im Reinen ist.

Durch die Entdeckung der Ketzergeschichte des falschen Origenes ist die Kritik der gnostischen Systeme bekanntlich in eine neue Phase getreten. Aber die bei der großen Reichhaltigkeit der neuen Quelle freilich sehr erklärliche Vorliebe für sie hat bis jetzt überwiegend verwirrend gewirkt, und es ist hoch an der Zeit, gewissen, in immer weiteren Kreisen sich einbürgernden Vorurtheilen kräftig entgegenzutreten. Schreiber dieses hat gegen die von den Meisten unbesehen hingenommenen neuen Aufschlüsse über Basilides, die Ophiten u. s. f. von Anfang an ein unbezwingliches Mistrauen gehegt; ob wirklich mit Grund, dafür muß er die nachfolgende Erörterung selbst reden lassen. Eine Forschung, deren Weg von der betretenen Heerstraße abweicht, muß sich von Vornherein auf Widerspruch gefaßt machen: möge auch dieser Widerspruch dazu dienen, die Wahrheit desto sicherer ergründen zu helfen! Bei einigen wenigen Gelehrten, die schon jetzt in der Kritik einzelner Systeme den Muth gehabt haben, wider den Strom zu schwimmen, ist der Verfasser von Vornherein einer freundlichen Aufnahme seiner Ergebnisse versichert, und Berichtigungen, die von dieser Seite ihm zukommen, würden ihm bei weitem die willkommensten sein. Aber die Einzelkritik und die Ueberschau des Ganzen müssen sich hier wie überall fortwährend ergänzend begleiten, und wenn wir unsererseits vielleicht hoffen dürfen, gewisse leitende Gesichtspunkte für die weitere Forschung gewonnen zu haben, so bleibt im Einzelnen doch noch ein gewaltiges Stück Arbeit zu thun. Ob und in wieweit wir uns selbst bei Lösung dieser ferneren Aufgaben betheiligen werden, muß der Zukunft überlassen bleiben; es ist nicht gut gethan, öffentlich Verbindlichkeiten zu übernehmen, ohne die, sei es auch nur auf beschränkte menschliche Voraussicht gegründete, Gewißheit, sie halten zu können.

Leipzig, den 7. Nov. 1860.

Der Verfasser.

Inhaltsübersicht.

Der Gnosticismus,

sein Wesen, Ursprung und Entwickelungsgang.

Die christliche Religion war zuerst unter der Hülle des Judenthums in die Welt getreten. Die Erstlingsgemeinde zu Jerusalem hielt so streng am Mosaischen Gesetze, am Tempelcultus und der Beschneidung, daß sie von den jüdischen Volksobern nur vorübergehend und auf besondere Anläße hin belästigt, von der Volksmasse nur als eine neue der damals ohnehin zahlreichen Secten des Judenthumes betrachtet wurde. Aber in ihrem Schooße barg sie ein völlig neues Princip, welches früher oder später die Schranken des Mosaischen Gesetzes durchbrechen mußte. Schon der Glaube an den von den Juden Gekreuzigten und Auferstandenen, der binnen kurzer Frist in verklärter Majestät wiederkehren werde, um alle seine Feinde zu überwältigen und die Treue der Seinen mit unaussprechlichen Freuden im Messiasreiche zu belohnen, befestigte eine Kluft zwischen gläubigen und ungläubigen Juden. War auch die Hoffnung auf die messianische Herrlichkeit im jüdischen Volke schon seit Jahrhunderten lebendig, so war doch für das Bewußtsein der jungen Gemeinde die Theilnahme am Messiasreiche an die Bedingung der Anerkennung Jesu als des verheißenen Christus geknüpft. Allerdings ging der Blick der Urgemeinde wie es scheint zunächst noch nicht über die Grenzen Palästina's hinaus: eine Zulassung von Heiden war wenn überhaupt, so doch nur in der Weise der Propheten in entfernte Aussicht genommen, in der Form eines Anschlusses der Fremdlinge an die israelitische Volksgemeinde, und die Verkündigung der frohen Botschaft von dem erschienenen Christ geschah nur unter den Juden selbst, denen als der Propheten und des Bundes Kindern die alttestamentlichen Verheißungen galten. Man hob mit der Anerkennung Jesu als des Messias die Nothwendigkeit des Gesetzes zum Heile nicht auf: Niemand konnte eifriger sein in der Erfüllung der Mosaischen Gebote, als eben die Jünger, und hätten sie auch nicht die ausdrückliche Erklärung des Meisters, daß kein Titelchen vom Gesetze verloren gehen solle, für sich gehabt, so wäre ihnen das Festhalten an der väterlichen Religion in allen ihren Bestandtheilen doch eine so selbstverständliche Sache gewesen, daß ihnen Nichts ferner liegen konnte als ein Bruch mit ihrer ganzen nationalen und religiösen Vergangenheit. Kurz in den Augen der Urgemeinde waren der Glaube an Jesu Messianität und das Festhalten an der religiösen Nothwendigkeit des Mosaischen Gesetzes so wenig einander ausschließende Gegensätze, daß sie das von Christus zu stiftende Reich lediglich als die Vollendung der von den Propheten verheißenen Theokratie, als die Erfüllung der an Israel ergangenen göttlichen Weissagungen auffassen konnten. Aber die innere Macht des christlichen Geistes drängte unaufhaltsam über diesen anfänglichen Standpunkt hinaus. Schon die persönliche Lehre des Meisters hatte als einzige Bedingung zum Eintritte ins Himmelreich eine Gesinnung hingestellt, welche ohne alles Vertrauen auf eigene Vorzüge sich rein empfangend zu dem dargebotenen Heile verhält. Vor der Innerlichkeit und Geistigkeit dieser Weltanschauung, welche für die Beurtheilung des Verhältnisses des Menschen zu Gott keinen andern Maßstab kannte als den sittlichen, mußten alle äußeren Vorzüge als unwesentlich verschwinden. Es war nur eine Consequenz dieses Gedankens, daß auch alle äußeren Leistungen und Bräuche, wie der Mosaische Cultus sie vorschrieb, als etwas völlig Untergeordnetes und Gleichgültiges erschienen, wo es sich um die persönliche Herzensstellung des Einzelnen zu seinem Gott, um der Seele Heil und Seligkeit handelte; daß überhaupt nichts Aeußerliches und Zufälliges, also auch nicht der Unterschied von Abstammung und Geburt entscheidend sein könne, wo ein rein sittlich-religiöses Verhältniß in Frage komme. In der übergreifenden Allgemeinheit seines ethischen Standpunktes war das Christenthum an sich die absolute Religion, welche alles Aeußerliche, Particulare, Beschränkte auch in ihrer äußeren Erscheinungsform immer mehr abstreifen, immer bestimmter als die an alle Menschen ohne Unterschied ergehende Heilsbotschaft erkannt werden mußte. Christus hatte, um vorerst einen geschichtlichen Anknüpfungs- und Ausgangspunkt für den neuen Gottesbund der Menschen zu gewinnen, sich mit seiner persönlichen Wirksamkeit innerhalb der Grenzen des jüdischen Volks und Gesetzes gehalten; er konnte die weitere Entwickelung des Geistes seiner Lehre getrost der Zukunft überlassen, da der neue Wein, wenn die Zeit gekommen war, schon von selbst die alten Schläuche zerreißen mußte. Diese Entwickelung trat ein durch den Apostel Paulus. Das große Wort, daß der Mensch vor Gott gerecht werde nicht durch des Gesetzes Werk, sondern allein durch den Glauben, war nichts Anderes als die folgerichtige Anwendung des Grundgedankens der Bergpredigt, daß nur eine Gesinnung, welche in unbedingter kindlicher Hingabe an den himmlischen Vater sich alles eigenen Willens entäußert, zum Eintritt ins Gottesreich befähige. Hiermit war zugleich die Scheidewand niedergerissen, welche bisher den Juden vom Heiden, die Nachkommen Abraham's von den aus allen Völkern zu der neuen Heilsbotschaft sich drängenden Fremdlingen trennte. Im Grunde war hierin nichts Anderes ausgesprochen, als was in der urapostolischen Botschaft an sich schon enthalten war. Denn wenn als unerlaßliche Bedingung jeder Theilnahme am Gottesreiche der Glaube an Jesus Christus galt, so lag hierin schon implicite die Anerkennung, daß jeder andere Weg, das Heil zu erlangen, ein unzulänglicher sei, das Christenthum also auch dadurch in seiner absoluten Bedeutung sich erweisen müsse, daß alles außerdem noch für nothwendig oder religiös verbindlich Geachtete höchstens noch relative Gültigkeit beanspruchen dürfe. Aber wie überhaupt jedes neue Princip nur dadurch in seiner vollen Tragweite zum Bewußtsein kommen kann, daß es sich im Kampfe mit den Schranken, an die seine geschichtliche Erscheinung geknüpft ist, realisirt, so erwachte erst in Folge der Paulinischen Predigt der Gegensatz des nationalen Particularismus und äußeren Gesetzthums innerhalb der christlichen Gemeinden selbst. Was Anfangs naives Festhalten

an väterlicher Sitte gewesen war, wird jetzt von der Mehrzahl der christlichen Juden mit bewußter Zähigkeit und im Laufe der Zeit immer leidenschaftlicherer Feindseligkeit gegen den Heidenapostel und die gesetzfreie Heidenpredigt verfochten. Man fordert Anfangs die Beschneidung der geborenen Heiden, um sie hierdurch zur Uebernahme des gesammten Gesetzes zu verpflichten; nachdem dieser Versuch an der Festigkeit des Paulus gescheitert ist, führt eine persönliche Besprechung zwischen Paulus und den Uraposteln zwar keine Verständigung über das Princip, aber eine Art von vorläufigem Compromiß herbei; allein nur zu bald bricht der alte Gegensatz mit erneuter Schärfe wieder hervor. Judenchristlicher Seits hielt man für geborene Juden an der Heilsnothwendigkeit des Gesetzes fest, welche Paulus bestritt, und konnte die Befreiung der Heiden vom Mosaischen Gesetze nicht anders dulden, als unter der Bedingung, daß sie als Proselyten des Thores betrachtet würden, d. h. auf die Vollbürtigkeit im Messiasreiche verzichten sollten; und die Eifrigeren der Partei konnten glauben, den Heidenchristen eine Wohlthat zu erweisen, wenn sie allenthalben ins Missionsgebiet des Paulus störend einbrachen, um so Viele als möglich durch die Beschneidung der vollen Seligkeit des Messiasreichs zuzuführen. Umgekehrt scheint der Heidenapostel selbst erst allmählich im Kampfe mit seinen Widersachern das christliche Princip bis zu seiner letzten schneidendsten Consequenz entwickelt zu haben, daß ein Jeder, welcher sich beschneiden lasse, eben dadurch der Gnade in Christus verlustig gehe. Den weiteren Verlauf dieser Kämpfe können wir hier nicht im Einzelnen verfolgen. Genug, daß trotz der bis ans Ende des Paulus fortgesetzten Kränkungen und Verfolgungen der Gegner das große Werk seines Lebens, die gesetzfreie Heidenmission, nicht wieder zerstört werden konnte, und daß die Masse der dem Christenthume sich zuwendenden Heiden das Judenchristenthum nöthigte, dem Paulinischen Universalismus ein Zugeständniß nach dem andern zu machen. An der Grenzscheide des 1. und 2. Jahrh. stellte ein Gemeindeschreiben der römischen Kirche den Petrus und Paulus, deren Namen als Parteifahnen galten, friedlich neben einander; aber freilich lebte in judenchristlichen Kreisen das Andenken des Paulus, als des verhaßten Menschen, des Gesetzverächters und Eindringlings in die heilige Zahl der Apostel noch lange fort. Bis in die Mitte des 2. Jahrh. hinein reichen die Spuren eines fortgesetzten und zuweilen noch ziemlich lebhaft erneuten Parteikampfes. Doch hatte sich allmählich eine mittlere, die Parteigegensätze weniger überwindende als abstumpfende Richtung gebildet, welche, wie jenes römische Gemeindeschreiben zeigt, wenigstens in der Welthauptstadt die Mehrzahl der Christen für sich hatte. Den Heidenchristen blieb ihre Freiheit vom Mosaischen Gesetze gewahrt, aber wie das Christenthum selbst allmählich (und zum guten Theil unter Einwirkung des Judaismus) einer gesetzlichen Anschauungsweise verfallen war, so blieb dem jüdischen Aristokratismus wenigstens die Genugthuung, daß die Verfassung der christlichen Gemeinden jüdischen Mustern entlehnt und auch das Heidenchristenthum so zu sagen in den Rahmen der israelitischen Theokratie gefaßt worden war. Es sind dies die Anfänge der alle Extreme nach Links und Rechts von sich abwehrenden und dadurch dem Durchschnittsbedürfnisse der großen Menge am besten entsprechenden altkatholischen Kirche.

Die weitere Entwickelung des altkirchlichen Katholicismus hat sich nun vornehmlich im Kampfe wider eine neue, mächtige Bewegung vollzogen, vor welcher alle früheren Parteigegensätze in den Schatten treten. Judenchristen und Heidenchristen vereinigen sich zur gemeinschaftlichen Abwehr eines neuen Gegners, dessen Gefährlichkeit schon aus dem Eifer abgenommen werden kann, mit welchem mehre Jahrhunderte lang die Kirchenväter gegen ihn in die Schranken traten. Dieser Gegner ist der Gnosticismus. Von Justin dem Märtyrer und Agrippa Castor, von Hegesippos und dem Verfasser der Petrinischen Kerygmen an bis an die Grenzscheide des kirchlichen Alterthums und des Mittelalters, also bis zu einer Zeit, welche von den meisten gnostischen Parteien nur noch als von etwas längst Vergangenem zu reden wußte, beschäftigt sich die katholische Theologie aufs Angelegentlichste mit der Widerlegung dieses der vielkopfigen Hydra gleich vielgespaltenen Irrthums [1]).

Schon dieser Umstand ist geeignet, für die Geschichte dieses Gnosticismus ein nicht geringes Interesse zu wecken. Eine Erscheinung, welche die Polemik der Kirchenlehrer in so hohem Grade gegen sich hervorrief, muß ohne Zweifel auch auf den ganzen Entwickelungsgang des kirchlichen Bewußtseins einen mächtigen Einfluß geübt haben. Sicher hatte diese Einwirkung zunächst nur die negative Bedeutung, den Inhalt der christlichen Lehre im Gegensatze zu fremdartigen, aber unter dem Deckmantel des Christenthums verbreiteten Meinungen schärfer auszuprägen und für das Bewußtsein der Zeitgenossen zu vermitteln. Doch ist dies immer nur die eine Seite der Sache, der mit nicht geringerem Rechte eine andere Betrachtung gegenübergestellt werden muß. Auch ohne daß wir schon genauer wissen, was der Gnosticismus an sich war, werden wir annehmen dürfen, daß die kirchliche Theologie sich unmöglich nur negativ zu demselben verhalten haben kann. Die große geistige Macht, welche die gnostischen Ideen während eines ziemlich langen Zeitraumes gewonnen haben, geht, um von allem Anderen abzusehen, schon aus dem Eifer der kirchlichen Polemik hervor; wie wäre aber ein solches innerliches und äußerliches Wachsthum jener Meinungen überhaupt nur denkbar, wenn dieselben nicht im Christenthume selbst ihren Anknüpfungspunkt gefunden hätten, ja nach irgend einer Seite hin einem innerhalb der Christenheit selbst lebhaft gefühlten Bedürfnisse entgegengekommen wären! Wäre also der Gnosticismus selbst nichts Anderes als eine Krankheitserscheinung innerhalb der christlichen Kirche gewesen, so kann seine Erklärung unmöglich blos außerhalb der christlichen Kreise gesucht werden, und ebenso wenig läßt sich eine wirkliche innerliche Ueberwindung dieser einseitigen und krankhaften Bildungen der christlichen Lehre anders vorstellen als so, daß das in ihnen enthaltene Wahrheitselement irgend wie auch innerhalb der katholischen Kirche zur Anerkennung gekommen sein muß.

Eine nähere Betrachtung der durch den Gnosticismus hervorgerufenen theologischen Bewegung zeigt nun, daß wirklich das eine ganz ebenso wie das andere der Fall gewesen ist.

Sobald wir den Boden der das apostolische Zeitalter bewegenden Parteigegensätze verlassen, sehen wir uns plötzlich auf ein ganz anderes Gebiet versetzt. Es handelt sich nicht mehr um das Verhältniß des Heidenchristenthums zum Judenchristenthume in der Kirche, nicht mehr um die Frage, ob das Heil allein aus dem Glauben oder zugleich aus den Werken des Gesetzes stamme, nicht mehr um das apostolische Ansehen des Paulus neben oder gegenüber den Urapostelu. Es sind vielmehr ganz andere Fragen, welche die Gnostiker ebenso wie ihre Gegner beschäftigen [2]). Das Verhältniß von Gott und Welt, Geist und Materie, Fall und Erlösung, Weltanfang, Weltentwickelung und Weltende sind jetzt die leitenden Gesichtspunkte für eine Reihe von Streitverhandlungen geworden, welche mit nicht geringerer Lebhaftigkeit als die früheren geführt werden. Zum Theil erinnern allerdings die neuen Streitigkeiten an die Kämpfe des ersten christlichen Jahrhunderts: so wenn die Frage aufgeworfen wird, ob der Gesetzgeber der Juden einer und derselbe sei mit dem höchsten Gotte, den die Christen bekennen; ob die Aussprüche des Gesetzes und der Propheten ganz, oder nur theilweise, als Offenbarungen des göttlichen Willens, oder vielleicht gar nur als die Willensäußerungen eines feindseligen und teuflischen Wesens zu betrachten seien. Aber auch diese Erörterungen tragen jetzt eine wesentlich veränderte Färbung. Man fragt nicht mehr, welche Bedeutung dem alttestamentlichen Gesetze für das Heil der einzelnen Seelen, sondern welche Stellung ihm überhaupt in der Weltgeschichte zukomme. Die Geschichte des Geistes überhaupt, seiner göttlichen Abkunft, seiner zukünftigen Bestimmung, seiner metaphysischen Beschaffenheit, Freiheit oder Unfreiheit, und des Weges, der ihm im Ganzen und Großen des Weltzusammenhanges vorgezeichnet ist, um das ihm gesteckte Ziel zu erreichen oder die verlorene Höhe wieder zu erklimmen, erscheint so sehr als der allgemeine Mittelpunkt der Betrachtung, daß die religionsgeschichtliche Frage nach dem Verhältnisse des Judenthums zum Christenthume nur als ein wenn gleich wesentliches Glied einer ungleich umfassenderen Kette von Erörterungen sich einfügt.

Es erhellt auf den ersten Blick, daß an die Stelle der ethisch-praktischen Fragen philosophische getreten sind. Es ist der Wissensdurst, der innerhalb der Christenheit erwacht ist,

1) Vergl. z. B. *Pseudoorig.* Phil. V, 11, wo es (zunächst von den Naassenern) heißt: ἀλλ᾽ ἐπεὶ πολυκέφαλός ἐστιν ἡ πλάνη καὶ πολυσχιδὴς ὡς ἀληθῶς ἱστορουμένη ὕδρα, κατὰ μίαν ταύτης κεφαλὴν πατάξαντες διὰ τοῦ ἐλέγξαι τῇ τῆς ἀληθείας ῥάβδῳ χρησάμενοι, ἅπαν τὸ θηρίον ἀναιρήσομεν. Aehnliche Aussprüche finden sich in Menge bei den übrigen Ketzerbestreitern, am zahlreichsten bei Epiphanius.

2) Vergl. Baur, Das Christenthum und die christliche Kirche der drei ersten Jahrhunderte, 2. Aufl. S. 175 fg.

aber sei dies nicht gegeben, so ist hiermit nichts Anderes ausgesprochen, als was die philosophische Speculation ebenfalls in ihrer Weise für sich beansprucht hat. Wird hier das Christenthum, wie es z. B. in dem Gleichnisse vom Sauerteige geschieht, als eine, von unscheinbaren Anfängen ausgehende, aber in ihrem Fortschreiten immer mehr die ganze Welt durchdringende und erneuernde Macht bezeichnet, so geht ja auch hier die Betrachtung schon über den subjectiven Standpunkt der einfachen unvermittelten Gläubigkeit hinaus, um die Entwickelung des göttlichen Reiches unter den umfassenderen objectiven Gesichtspunkt einer weltgeschichtlichen Betrachtung zu stellen. Kann überhaupt nur auf diesem ebenso wol religiösen als religionsgeschichtlichen Standpunkte das Christenthum als das begriffen werden, was es wirklich ist, so darf es um so weniger Wunder nehmen, wenn wir auch bei dem Apostel Paulus ganz ähnlichen Versuchen begegnen. Wir haben hier den berühmten Abschnitt Röm. 5, 12 fg. im Sinne, wo der Apostel die gesammte Geschichte der Menschheit von der Höhe seines christlichen Standpunktes überschaut, um den ganzen Verlauf des religiösen Lebens von Adam an durch die Zeiten des Mosaischen Gesetzes hindurch, bis zu dem in Christus eingetretenen Wendepunkte in scharfen, gedrängten Zügen vor den Augen seiner Leser vorüberzuführen. Wie Christus seinen Jüngern eine γνῶσις zuschreibt, eine tiefere Erkenntniß der Menge verborgen bleibender Geheimnisse, welche sich nur auf die weltgeschichtliche Bedeutung des von ihm gestifteten Gottesreiches beziehen können, so hat auch der Apostel Paulus seine γνῶσις gehabt, welche sich ebenfalls auf ein μυστήριον bezog, nämlich die tiefere Erkenntnis des Verhältnisses, in welchem Gesetz und Evangelium, Verheißung und Erfüllung, alttestamentliche und neutestamentliche Religionsökonomie zu einander stehen. Auf denselben Gegenstand bezog sich die γνῶσις des dem Paulinismus entgegenstehenden Judenchristenthums, wie dieselbe in den Petrinischen Kerygmen und der aus diesen hervorgegangenen Clementinischen Literatur noch vorliegt, wenn dieselbe auch schon in der ältesten, gegenwärtig noch vorliegenden Gestalt einer vom Gegensatze zu dem häretischen Gnosticismus bestimmten Periode angehört. Wie die Gnosis des Paulus aus dem Gesetze selbst dessen dereinstige Aufhebung und die wesentliche Neuheit der alle nationalen und particularistischen Schranken überwindenden christlichen Offenbarung zu begründen unternahm, so versucht die Ebionitische Lehre von der wahren und falschen Prophetie, das bis auf die Zeiten der Menschenschöpfung hinaufgehende Alterthum der christlichen Offenbarung und die wesentliche Identität der alttestamentlichen und der neutestamentlichen Religionsökonomie zu erweisen. So entgegengesetzt nun auch die beiderseitigen Resultate waren, so springt doch ihre Uebereinstimmung in dem, worauf es gegenwärtig ankommt, von selbst in die Augen. Von beiden Seiten versucht man eine religionsgeschichtliche Auseinandersetzung, um durch diese die Bedeutung des Christenthums als der absoluten Religion auch für das Denken zu vermitteln und dadurch den Inhalt des christlichen Glaubens zum Wissen zu erheben.

Das Bedürfniß einer solchen denkenden Erfassung des Christenthums mußte aber in einem Zeitalter, wie das 2. Jahrh. nach Christus war, mit doppelter Stärke hervortreten. Es handelte sich jetzt nicht sowol darum, Christenthum und Judenthum auseinanderzusetzen, als vielmehr der großen Menge der Gebildeten, welche damals zum Christenthum übertraten, oder doch in irgend welcher Weise Interesse daran nahmen, das Verständniß seines Wesens zu erschließen. Es galt die Beantwortung der Frage, ob die christliche Religion nicht blos dem Judenthume, sondern auch der reichen hellenischen Geistesbildung gegenüber in ihrer absoluten Bedeutung sich werde behaupten können. War das Christenthum wirklich die alle beschränkten particulären Standpunkte überwindende Religion, so durfte es alles das, was das Heidenthum für sich in die Wagschale warf, eine uralte Civilisation, eine reiche Literatur, eine Fülle von allen jenen edleren Geistesschätzen, die dem wissenschaftlich und ästhetisch gebildeten Menschen unentbehrlich sind, nicht nur nicht als seinem Wesen widerstrebend verleugnen, wie der gebildete Heide diesen neuen Barbaren zum Vorwurfe machte, sondern es mußte vielmehr, indem es sich bereit zeigte, die volle Erbschaft dieses köstlichen Besitzes anzutreten, zugleich sein Recht und seine Fähigkeit beurkunden, in die bisher allein den Hellenen zugefallene civilisatorische Aufgabe schöpferisch einzutreten.

Die Aufgaben, die hiermit dem Christenthume gestellt wurden, konnten natürlich nicht anders gelöst werden, als auf dem Wege, den alle geschichtliche Entwickelung geht, und es ist ja bekannt, wie lange es gedauert hat, ehe auch die der Religion ferner liegenden Gebiete des Lebens, wie Kunst und Literatur, ein näheres Verhältniß zum Christenthum eingingen. Noch ein Julian konnte sein bekanntes Gesetz, welches christlichen Lehrern den Unterricht in hellenischer Literatur untersagte, als eine sich eigentlich auch vom christlichen Standpunkte von selbst verstehende Sache betrachten, da ja den Christen Alles, was von den Heiden stamme, als dämonisch erscheine[5]). Noch länger hat es gedauert, ehe der altchristliche Widerwille gegen die bildende Kunst und ihre Verwendung im Dienste der Kirche einer liberaleren Auffassung gewichen ist. Eine wirkliche und allseitige Durchdringung aller Lebensverhältnisse vom Geiste des Christenthums konnte nicht ohne Anerkennung und bereitwillige Herübernahme des auch bei den Heiden sich findenden Guten erfolgen; wie weit man aber noch im 2. und 3. Jahrh. davon entfernt war, kann unter andern die leidenschaftliche Polemik eines Tertullian bezeugen, der in heiliger Barbarei auch die edelsten Blüthen des hellenischen Geisteslebens unbarmherzig als eitel Teufelei, als pompa diaboli verfluchte. Aber wie langsam und allmählich auch eine gerechte Würdigung des Heidenthums unter den Christen sich Bahn brach, einmal mußte wenigstens ein Anfang geschehen, und auf welchem Punkte anders konnte da die erste geistige Auseinandersetzung des Christenthums mit dem Heidenthume erfolgen, als auf

5) Vergl. Baur, Die christliche Kirche vom Anfang des vierten bis zum Ende des sechsten Jahrhunderts S. 39 fg.

dem Gebiete der philosophischen Speculation? Hier mußte sich vor Allem entscheiden, ob das Christenthum wirklich was es von sich aussagte, die absolute Religion, die höchste und letzte Offenbarung der göttlichen Wahrheit war, welche zwar Alles, was das Heidenthum an wahren und echten Erkenntnissen enthielt, auch innerhalb seiner eignen Sphäre an die richtige Stelle zu verweisen, aber über alle diese bisherigen Entwickelungen als über blos relativ berechtigte Momente hinauszugehen im Stande war. Das Christenthum hatte zu zeigen, daß es Alles, was an Wahrheitsgehalt in den Religionen wie in den philosophischen Systemen der Heiden enthalten war, gleich zerstreuten Strahlen in einem Brennpunkte zu sammeln, und weit entfernt, zu dem Großen und Herrlichen, was auch das Heidenthum in seinem Schooße barg, scheel zu sehen, vielmehr in neidloser Anerkennung dieses Alles in eine höhere Einheit aufzuheben vermochte. Es mußte den Angriffen der allgemeinen weltlichen Bildung wie der heidnischen Philosophie des Zeitalters gegenüber den Beweis antreten, wie nur von seinem Standpunkte aus eine Lösung des großen Welträthsels möglich sei, an dessen Entzifferung die heidnischen Religionen und Philosophien bisher seit Jahrtausenden vergeblich gearbeitet hatten. Es mußte offenbar werden, daß jene alte Sehnsucht aller Philosophie: „die Welt als eine Blume zu erkennen, die aus einem Samenkorne ewig hervorgeht"[5]), nur im Christenthume in Erfüllung gehen könne, oder daß Alles, was die alten Weisen des Heidenthums über Gott und Welt, Geist und Natur, Endliches und Unendliches, über Ursprung, Wesen, Geschichte und Ziel der Menschheit geredet hatten, erst auf der Höhe des christlichen Denkens aus ahnungsvollen, aber verworrenen Träumen in lichte, zusammenhängende, selbstgewisse Erkenntniß verwandelt werden könne.

Es leuchtet ein, daß wir es hier mit noch ungleich weitergreifenden Fragen zu thun haben, als diejenigen waren, welche das erste Zeitalter der Kirche bewegten. Das Christenthum wird in den umfassendsten, weltgeschichtlichen Zusammenhang hineingestellt, um nicht blos in seiner specifisch religiösen Bedeutung als die vollkommenste Heilsanstalt, sondern zugleich als der Schlüssel zur Erkenntniß aller Geheimnisse im Himmel und auf Erden erkannt zu werden. Während es sich im Verhältnisse zum Judenthume um die Frage handelt, ob zur Erlangung des Heils die Beobachtung des Mosaischen Gesetzes oder der Glaube an Christus, das äußere knechtische Festhalten an den jüdischen Gebräuchen, oder eine aus freier Hingabe an den in Christus offenbarten, göttlichen Willen sich immer von Neuem entwickelnde, sittliche Gesinnung erforderlich sei, so handelt es sich jetzt nicht, oder doch nur sehr untergeordnet, wie man vermuthen könnte, um eine analoge Auseinandersetzung mit den religiösen Veranstaltungen des Heidenthums, mit seinen Weihen, Opfern und Sühnungen, sondern um die Beantwortung von Fragen überwiegend speculativen Interesses. Die eigentliche Lebenskraft, wenigstens des

5) Hegel, Geschichte der Philosophie III, 615.

hellenischen Heidenthums lag, trotz der wiederholten Restaurationsversuche, gar nicht mehr in seiner Volksreligion, sondern in seiner Philosophie, und nur indem das christliche Denken jetzt auf dieselben philosophischen Fragen, welche die heidnischen Weisen beschäftigten, sich einließ, konnte es hoffen, einen wirklich erfolgreichen Kampf mit dem Heidenthume zu bestehen. So wenig hierdurch eine Berücksichtigung des heidnischen Volksglaubens und seiner mythologischen Grundlagen von Vornherein ausgeschlossen war, so gewiß konnte doch diese Mythologie auch von der christlichen Speculation unter keinen andern Gesichtspunkt gestellt werden, als dies schon von den heidnischen Philosophen geschehen war, d. h. man konnte, soweit man sich überhaupt christlicher Seits zur Anerkennung ihres Wahrheitsgehaltes entschloß, in ihnen nur symbolische Verhüllungen tieferer Wahrheiten sehen, die erst auf einer höheren Stufe der Erkenntniß in ihrer eigentlichen Bedeutung erkannt würden. War daher der religionsgeschichtliche Standpunkt der Betrachtung nur der untergeordnete, so mußte die christliche Speculation nur um so mehr den von der heidnischen Philosophie angeregten, umfassenderen Fragen sich zuwenden, durch deren vom christlichen Standpunkte aus unternommene Lösung auch die religionsgeschichtliche Würdigung der vorchristlichen Religionen von selbst an die Hand gegeben war. Das Christenthum wird, um den treffenden Ausdruck Baur's zu gebrauchen, nicht mehr ausschließlich als Heilsprincip, sondern als Weltprincip aufgefaßt: die in Christus geschehene Offenbarung erscheint nicht allein mehr als die absolut befriedigende Herstellung eines neuen sittlichreligiösen Verhältnisses des Menschen zu Gott, sondern zugleich als der letzte Schlüssel zum Verständnisse des Welträthsels, als der große Wendepunkt, von welchem aus nicht nur die Geschichte als göttliche Offenbarung in der Welt, der ganze Weltverlauf nach Rückwärts und nach Vorwärts, sondern zugleich das innere Wesen dieser Gottesoffenbarung, oder das metaphysische Verhältniß des unendlichen und endlichen Geistes begriffen werden kann.

Hiermit ist wenigstens im Allgemeinen der Umkreis bezeichnet, innerhalb dessen sich die Gedanken der Gnosis bewegen. Es erhellt schon aus dem Gesagten, welche bedeutsame Stellung dieselbe in dem inneren Entwickelungsgange des christlichen Dogma bezeichnet. Indem sie eine Lösung des Welträthsels vom christlichen Standpunkte aus unternimmt, versucht sie zum ersten Male einer Aufgabe gerecht zu werden, welche ebenso sehr durch das Wesen des Christenthums selbst, als durch die Zeitverhältnisse gefordert wird. Indem wir aus dem apostolischen Zeitalter in das Zeitalter der Gnosis eintreten, öffnet sich mit einem Male eine ungleich weitere Perspektive. Das Christenthum tritt aus seiner bisherigen begrenzten Sphäre heraus, um sich mit der ersten geistigen Großmacht der Zeit, der heidnischen Philosophie zu messen. Indem es sich, um seine absolute Bedeutung zu erproben, derselben ebenbürtig an die Seite stellt, wird es selbst zur Philosophie, nimmt, was es Brauchbares im Heidenthume vorfindet, in sich auf, aber nur um zugleich seine unendliche Erhabenheit über das Heidenthum zu beurkunden. Es ist dies aber doch nur die eine Seite der Sache. Mit demselben Rechte, mit welchem man den Wendepunkt in dem inneren Entwickelungsprocesse des Christenthums selbst aufzuzeigen vermag, auf welchem das christliche Bewußtsein über den bisherigen ethisch-praktischen Standpunkt hinausgetrieben wird, um sich zu einem allgemeinen, kosmischen Principe zu erweitern, kann man auch umgekehrt auf die entgegengesetzte Seite treten und in dem Entwickelungsgange der philosophischen Speculation den Wendepunkt aufzeigen, wo sie aus einer heidnischen in eine christliche umschlagen mußte. Man muß sich nur erinnern, wie diese Speculation im Laufe der Jahrhunderte ihren Gesichtskreis unaufhörlich erweitert hatte. Die hellenische Philosophie hatte sich in ihrem Kindesalter unter orientalischen Einflüssen gebildet: darnach zu selbständiger Entwickelung gediehen, war sie in Platon, Aristoteles und der Stoa zur Aufstellung von jenen großen Systemen fortgeschritten, welche, jedes in eigenthümlicher Weise, den ganzen Umfang menschlichen Wissens zu durchmessen unternahmen. Auf diese Zeit der gesteigertsten Thätigkeit war eine lange Periode scheinbarer Ermattung gefolgt, welche ohne eigene schöpferische Kraft das Beste aus den vorhandenen Systemen in immer neuen Combinationen zu vereinigen suchte. Da keins der großen Systeme für sich allein dem Denken die gesuchte Befriedigung bot, so mußte jener Eklekticismus entstehen, welcher das Nächste mit dem Entferntesten mit mehr oder weniger Geschick verschmolz. Man begnügte sich bald nicht mehr mit dem von der hellenischen Philosophie verarbeiteten Gedankenstoffe; indem man den Kreis immer weiter und weiter zog, nahm man bald auch orientalische Speculationen zu Hilfe. Jener seit den Eroberungszügen Alexander's des Großen eingeleitete Verschmelzungsproceß hellenischer und orientalischer Cultur, vor Allem jenes bunte Durcheinanderwerfen der verschiedensten Culte, in welchem man gemeinhin nichts Anderes sieht, als die offenbarsten Kennzeichen des Verfalls, bezeichnet auf religiösem Gebiete vielmehr die nothwendige Durchbrechung particularistischer Beschränktheit, welche der allgemeinen Menschheitsreligion die Wege bereitete. Indem mit dem Sonderbestande der verschiedensten Völkerschaften auch das selbständige Nebeneinanderhergehen der verschiedenen Landesreligionen auf allen Punkten durchrissen, griechisches mit orientalischem, und orientalisches wieder mit griechischem Wesen durchsetzt wurde, bildete sich zunächst freilich ein überaus wunderlicher Synkretismus heraus, in dessen trübem Gährungsprocesse man die ursprünglichen Gestalten der Volksgötter und Localmythen kaum noch wiedererkennt; aber gleichzeitig wurde der religionsphilosophischen Betrachtung ein ungleich weiterer Gesichtskreis geöffnet. Wie die römische Religion sich unter dem Einflusse der griechischen Götterwelt umwandelt, so gingen phönikische, phrygische, persische, ägyptische, jüdische, indische Elemente in den griechischen Götterglauben über. Es bildete sich allmählich ein westöstliches Götterpantheon, in welchem für den oberflächlichen Blick die fremdartigsten, groteskesten Gestalten wirr

genug durcheinandertaumeln, aber der aufmerksame Beobachter findet auch in diesem nebelhaften Gewühle leicht genug den einheitlichen Zug heraus, welcher das Ganze beherrscht. Unter den verschiedensten Formen und Namen verehrte man das eine Allleben der Natur, die eine vielnamige Gottheit, die hier als Zeus, dort als Pan, dort wieder als Isis oder als die Magna Mater angerufen wurde. Es versteht sich, daß durch diese Göttermischung auch die Fortbildung der Philosophie wesentlich bedingt wurde. Die Philosophie war es, welche in den verschiedensten Mythen das einheitliche Band, in dem bunten Chaos von Göttergestalten das eine vielnamige Wesen herauserkannte. So war sie, als sie zuerst mit dem Christenthume in Berührung trat, längst aus den engen Schranken der Schule und des Volksthums herausgetreten, hatte sich zu einer Weltweisheit im eigentlichsten Sinne des Wortes erweitert; die verschiedensten Formen des Volksglaubens dienten ihr zu ebenso vielen Anknüpfungspunkten für ihre Speculation, und diese Speculation beurkundet trotz aller schillernden Farben einen ebenso universalistischen als monotheistischen Zug. Es würde zu weit führen, diese Vergeistigung der religiösen ebenso wol wie der ethischen Anschauungen des Heidenthums, wie sie durch die Platonische und stoische Philosophie begründet, und durch den wunderbaren Gedankenaustausch zwischen Ost und West weitergeführt worden war, näher zu erörtern. Genug, daß in dem Allen ebenso viele Annäherungen an das Christenthum lagen, welche noch ganz ohne eine äußere Berührung mit demselben, nur durch die innere Entwickelung der heidnischen Philosophie herbeigeführt worden waren. Wie war es also nur möglich, daß das philosophische Denken bei einer so gewaltigen Erscheinung, wie das Christenthum um die Mitte des 2. Jahrh. schon war, theilnahmlos vorübergehen konnte! Mochte auch die überwiegende Mehrzahl der Philosophen jener Zeit in dem Christenthume Nichts als eine Neuerung sehen, zu welcher man sich in der Hauptsache nur ablehnend verhalten konnte, so ist doch selbst in dem heidnischen Gegensatze gegen die neue Religion ein allmählicher Fortschritt von leidenschaftlicher Bestreitung zu einer unbefangeneren Würdigung nicht zu verkennen[7]). Ein anderer Theil der philosophisch Gebildeten hatte sich dagegen von Vornherein freundlicher zu der neuen religiösen Bewegung gestellt. Mochte man nun das Christenthum nur im Allgemeinen als eine interessante Erscheinung betrachten, der man theilnehmende Aufmerksamkeit nicht ganz versagen konnte; mochte man, wie später in Rom, seit den Zeiten des Septimius Severus, dem Christengotte ebenso wie dem persischen Mithras und anderen Gottheiten der Barbaren einen Platz im heidnischen Götterpantheon einräumen: oder mochte man endlich von der geistigen Macht des Christenthums ergriffen auch äußerlich in die Reihen seiner Bekenner übertreten: auf jeden Fall war hiermit eine Bewegung eingeleitet, welche, wenn auch vorläufig nur in engeren, philosophischen Kreisen sich entzündend, nicht eher zur Ruhe gelangen konnte, als bis die Philo-

7) Vergl. Baur, Das Christenthum der drei ersten Jahrh. S. 382—430.

sophie sich fest und ohne Hintergedanken auf christlichen Boden gestellt hatte. Wollte man auch nur so viel dem Christenthume einräumen, daß man ihm eine entsprechende Stellung in der gesammten religionsgeschichtlichen Entwickelung anwies, so lag es ja in der Natur der Sache selbst, daß eine Religionslehre, welche mit so unbedingten Ansprüchen auf Glaubwürdigkeit wie die christliche auftrat, sich immer entschiedener in den Mittelpunkt der Betrachtung drängte. Denn wie konnte man einer Erscheinung wie das Christenthum anders gerecht werden, als daß man sie, sei es auch nur versuchsweise, für dasjenige nahm, für das sie sich ausgab, für die absolute, alle Erkenntnisse der Vorzeit in sich aufnehmende und zusammenfassende Wahrheit. Kurz auch die Philosophie, sobald sie die geschichtliche Thatsache des Christenthums ernstlicher in ihren Bereich zog, schlug mit innerer Nothwendigkeit in eine christliche Weltbetrachtung um: wie das Christenthum philosophisch ward, so ward die Philosophie verchristlicht.

Ist hiermit, wenigstens was die materielle Seite der Sache betrifft, der Gnosis im Ganzen und Großen ihre Stellung in dem geistigen Entwickelungsprocesse des Zeitalters angewiesen, so erhellt zugleich, wie wenig man im Stande ist, so im Allgemeinen hin zu entscheiden, ob das christliche oder das hellenisch-philosophische Element den substantiellen Inhalt der Gnosis bilde. Baur glaubt nach dem allgemeinen Eindrucke der schon von den christlichen Ketzerbestreitern gezogenen Parallelen der Gnosis mit den heidnischen Philosophemen des Alterthums das Urtheil fällen zu müssen, daß die Gnosis „eine Umdeutung und Umbildung der griechischen Philosophie oder der aus ihr hervorgegangenen, alexandrinischen Religionsphilosophie in das Christenthum ist“[8]). Die treibenden Momente, welche die Entstehung der Gnosis bedingt haben sollen, wären also nicht sowol in der innerchristlichen Entwickelung selbst, sondern in der griechischen Philosophie zu suchen: „der substantielle Inhalt ist aus der heidnischen Philosophie, was vom Christenthume hinzugekommen ist, ist mehr nur ein Accidens an der Substanz der Gnosis.“ So wird man allerdings urtheilen müssen, wenn man zumal bei den größern gnostischen Systemen das quantitative Verhältniß der philosophischen und der christlichen Bestandtheile gegen einander abwägt. Zwar möchten die Kategorien von Substanz und Accidens im vorliegenden Falle kaum sehr glücklich gewählt sein, da das innere Verhältniß beider Bestandtheile vielmehr dieses ist, daß die Masse des aus der heidnischen Philosophie entlehnten Gedankenstoffes durch den Einfluß der christlichen Erlösungsidee unter einen völlig neuen Gesichtspunkt gestellt, in seiner principiellen Bedeutung also zu etwas ganz Anderem geworden ist als vorher. Aber der Schwerpunkt der Betrachtung wird, sobald man die vorauszusetzenden philosophischen Bedingungen für die Entstehung der Gnosis ins Auge faßt, immer wieder auf die Seite der heidnischen Speculation fallen müssen. Wir sehen hierbei vorläufig ab von der Incongruenz, die allerdings bei dieser Betrachtungsweise immer entsteht, da grade die ersten Anfänge der Gnosis, wie sich weiter zeigen wird, von der hellenischen Speculation nur sehr leicht und leise berührt sind: es ist genug, die Thatsache zu constatiren, daß die Gnosis jedenfalls da, wo sie zu einer geschichtlich bedeutenden Macht sich entfaltet, in den entwickelten Systemen der Valentinianer, der späteren Ophiten und Basilidianer unzweifelhaft unter den von Baur geltend gemachten Gesichtspunkt einer Umdeutung und Umbildung der griechischen Philosophie in das Christenthum gestellt werden kann. Wenn es nun grade diese Bestimmungen gewesen sind, welche neuerlich den Widerspruch Hilgenfeld's herausforderten[9]), so handelt es sich im Grunde nicht sowol darum, eine irrthümliche Auffassung durch eine richtigere zu ersetzen, als vielmehr einer berechtigten, aber für sich allein einseitigen Betrachtungsweise gegenüber die andere Seite der Sache hervorzukehren. Indem Hilgenfeld der specifischen Eigenthümlichkeit und der christlichen Bedeutung des Gnosticismus zu ihrem von Baur verkümmerten Rechte verhelfen will, findet er in der Grundlehre des Gnosticismus von dem Unterschiede der beiden Götter des alten Testamentes und des Christenthums den metaphysischen Ausdruck für das Neue und Absolute der christlichen Religion, den nächsten Fortschritt der christlichen Lehrentwickelung der apostolischen Zeit[10]). „Christus wird nur deshalb zu einem kosmischen Principe gemacht, weil die Erlösung nicht mehr auf die Menschheit beschränkt, sondern in einer ganz universellen Fassung zum Weltprincipe, zum Ziele des gesammten Weltverlaufs gemacht wird. Und grade hier kann von einem außerchristlichen Ursprunge des Gnosticismus so wenig die Rede sein, daß sich vielmehr unbeschadet des unterstützenden Einflusses heidnischer Bildung und Philosophie, der innere Trieb der christlichen Lehrentwickelung gar nicht verkennen läßt, das Absolute des Christenthums universell in dem Zusammenhange einer umfassenden Weltansicht aufzufassen. Wie man auch über den Dualismus und Doketismus der Gnosis urtheilen möge, in jedem Falle war sie der erste Versuch einer vom christlichen Principe aus durchgeführten Weltansicht.“

Nach dem von uns oben eingehend Erörterten können wir nicht anstehen, diese Bemerkungen Hilgenfeld's (vorbehaltlich einer nähern Verständigung über die Bedeutung des Demiurgen in den gnostischen Systemen) wörtlich uns anzueignen. Aber auch Dr. Baur[11]) vermag hierin so wenig eine principielle Verschiedenheit von seiner Auffassung der Gnosis zu erkennen, daß er die ganze beiderseitige Differenz jetzt als einen Streit bezeichnet, „in welchen im Interesse der Sache weiter einzugehen Niemand Lust haben kann.“ Wie es ihm nie eingefallen sei, einen rein außerchristlichen Ursprung der Gnosis zu behaupten, so weiß er auch nicht, wer die christliche Bedeutung der Gnosis stärker hervorgehoben haben könne,

8) Das Christenthum der drei ersten Jahrh., erste Aufl. S. 167. In der zweiten Auflage (S. 183) lautet dieser Satz etwas unbestimmter, der gleich nachherfolgende, oben im Texte ebenfalls angeführte, ist weggelassen.

9) Urchristenthum S. 90 fg. 10) a. a. O. S. 100. 11) Tübinger Schule, 2. Aufl. S. 51 fg.

als eben er selbst, indem er die ganze Aufgabe der Gnosis darin erkannte, den Begriff des Christenthums als der absoluten Religion auf seinen adäquaten Ausdruck zu bringen. Der ganze Streit scheint also, was die Begriffsbestimmung der Gnosis als solcher, und die Charakteristik ihrer geschichtlichen Bedeutung betrifft, lediglich darauf hinauszulaufen, daß Dr. v. Baur, während er selbst es gewesen ist, der der Gnosis zuerst ihre innerchristliche Bedeutung vindicirte, sie andererseits wieder, was ja auch Dr. Hilgenfeld nicht wird ausschließen wollen, als ein wesentliches Glied dem inneren Entwickelungsgange der philosophischen Speculation des Alterthums einzureihen unternahm, wobei es ihm, wie das wol zu geschehen pflegt, wenn man eine Seite der Betrachtung durch die andere ergänzen will, gelegentlich wiederfuhr, daß ihm Ausdrücke entschlüpften, welche den specifisch christlichen Charakter der Gnosis geringer anzuschlagen schienen, als es eigentlich seine Meinung war. Die Gnosis bezeichnet ja auch nach Dr. v. Baur den Wendepunkt in der innerchristlichen Entwickelung, an welchem die heilsgeschichtliche Betrachtung des Christenthums zur weltgeschichtlichen sich erweitert, das Christenthum nicht mehr blos als Heilsprincip, sondern als Weltprincip aufgefaßt wird. Hiermit ist aber, bei allem Rechte der anderen Betrachtungsweise innerhalb der Geschichte der Philosophie, der Gesichtspunkt bezeichnet, unter welchen die kirchengeschichtliche Darstellung die Gnosis zu stellen hat. Hier kann es sich nicht darum handeln, zu zeigen, wie die Philosophie allmählich eine christliche ward, sondern umgekehrt wie die christliche Weltbetrachtung sich zur speculativen erweiterte; und diesen Gesichtspunkt werden auch wir im Folgenden festhalten.

Allerdings aber gab es trotz jener Uebereinstimmung im Wesentlichen noch eine Verständigung über einen andern nicht unbedeutenden Differenzpunkt zu erzielen. Es handelt sich um das Maß des Antheils, welchen die griechische Speculation nicht sowol an der weiteren Fortbildung, als vielmehr an dem ersten Hervortreten der Gnosis gehabt hat, und da von der Beantwortung dieser Frage die ganze Vorstellung abhängt, die man sich von dem inneren Entwickelungsgange des Gnosticismus überhaupt entwirft, so ist ein näheres Eingehen hierauf unerläßlich.

Es ist grade dies einer der Hauptpunkte, an welchen die Ansichten der Forscher noch am weitesten auseinandergehen. Es gilt einen Einblick zu gewinnen, nicht blos in die Hauptclassen und Gruppen, in welche die Gnosis zerfällt, sondern was ebenso wichtig ist, in die innere Genesis der einzelnen Systeme selbst, in dem ganzen Verlauf der Veränderungen und Umgestaltungen, welche dieselben von ihrem ersten Hervorkeimen an bis zu ihrer reichsten und reifsten Entfaltung durchlaufen haben. Was die Gnosis in Beziehung auf das Christenthum für eine theils negative, theils positive Bedeutung gehabt habe, wird sich aber offenbar dann erst allseitig übersehen lassen, wenn nicht blos die verschiedenen Systeme im Verhältnisse zu einander, sondern ebenso sehr auch jedes einzelne System selbst wieder, soweit sich dies heute noch verfolgen läßt, unter den Gesichtspunkt eines seinen Inhalt durch alle seine Momente hindurch explicirenden Begriffes gestellt, oder um weniger schulmäßig zu sprechen, als ein geschichtlich sich entwickelndes Ganze betrachtet wird. Nur ein genauerer Einblick in diesen Entwickelungsgang wird nicht nur manche bei aller Durcharbeitung des Gegenstandes noch immer gebliebenen Unklarheiten über das Wesen des Gnosticismus zerstreuen, sondern namentlich auch dazu beitragen, sein Verhältniß zur heidnischen, sei es orientalischen, sei es griechischen Speculation einerseits, zum katholischen Dogma und zur katholischen Gnosis andererseits deutlich ins Licht zu setzen.

Grade dieser letztere Punkt möchte vor Allem noch eine schärfere Beleuchtung erfordern. Erscheint die Gnosis wirklich, wie ihr Wesen von uns in Uebereinstimmung mit Baur und Hilgenfeld bestimmt worden ist, als jener Wendepunkt innerhalb der Geschichte der Kirche, an welchem das Christenthum zum ersten Male nicht allein als Heilsprincip, sondern zugleich als Weltprincip gefaßt wird, oder als der erste Versuch einer vom christlichen Standpunkte aus entwickelten umfassenden Weltbetrachtung, so ist hiermit die so leidenschaftliche und langwierige Polemik der Kirchenlehrer wider den Gnosticismus noch nicht erklärt. Bezeichnet der Gnosticismus eben nur den Fortschritt von einer ethisch-praktischen zu einer philosophischen Auffassung des Christenthums, so war dieser Fortschritt so sehr im Wesen der Sache selbst begründet, daß es eine Unbegreiflichkeit bleibt, wie ein so wesentliches und nothwendiges Moment in der innerchristlichen Entwickelung dennoch als Häresie von dem kirchlichen Bewußtsein ausgeschieden werden konnte. Nun zeigt aber eine nähere Betrachtung, daß dasselbe, was hier im Allgemeinen von der Gnosis gesagt ist, ebenso auch auf eine Reihe von andern Erscheinungen des zweiten christlichen Jahrhunderts Anwendung leidet. An der Theologie der alexandrinischen Kirchenlehrer hat schon Baur gezeigt, wie dieselbe vermittels ihrer Unterscheidung von Gnosis und Pistis sich auf denselben Standpunkt mit den Gnostikern stellte, „um mittels alles dessen, was die Zeitphilosophie darbot, das Christenthum in seinem geschichtlichen Zusammenhange zu begreifen und seinen Inhalt in das denkende Bewußtsein aufzunehmen"[12]). In der Idee des Logos, der als das vermittelnde Princip zwischen dem in seinem abstracten Ansichsein schlechthin unerkennbaren absoluten Gott auf der einen, und der Mannigfaltigkeit endlicher Dinge auf der anderen Seite, die Idee des Absoluten für den endlichen Geist theoretisch und praktisch realisirt, in der über alle menschliche Realität hinausragenden Transcendenz dieser Idee, welche die wahre Menschheit des Erlösers immer wieder zu verflüchtigen droht, endlich in der allegorischen Erklärungsweise des alten Testamentes, welche, um nicht blos als etwas blos Willkürliches und Subjectives zu erscheinen, auf eine von dem öffentlichen Lehrvortrage für das Volk noch unterschiedene Geheimlehre zurückweist, findet Baur ebenso viele Berührungspunkte zwischen der katholischen und der häretischen

12) Das Christenthum der drei ersten Jahrh. 2. Aufl. S. 248.

Gnosis, und selbst wenn er dem gnostischen Fatalismus und Naturalismus gegenüber das von Clemens und Origenes so entschieden festgehaltene Princip der sitlichen Willensfreiheit betont, so kann er sich auch so nicht verhehlen, daß damit dennoch keineswegs bereits ein principieller Gegensatz zum Gnosticismus gegeben ist. „Grade die Idee der Freiheit gibt uns, wenn wir an ihr von Clemens zu Origenes fortgehen, nur einen neuen Beweis davon, auf welchem tiefen Grunde die Verwandtschaft der alexandrinischen Anschauungsweise mit der gnostischen beruht, und wie jene Zeit doch immer nur ein der Gnosis analoges System aufstellen konnte, sobald sie ihre Anschauungen nicht blos in der bunten Mannigfaltigkeit der Stromata, sondern in der Einheit eines in sich geschlossenen Ganzen darstellen wollte“ [13]). Kurz, es bleibt dabei, daß das Verhältniß des katholischen Christenthums zur Gnosis keineswegs nur ein feindseliges und abstoßendes sein konnte, und jenes Streben der Gnostiker ist an sich so wenig als antichristlich zu betrachten, daß es „auch in der Folge der wichtigste Gegenstand der christlichen Religionsphilosophie blieb, das Christenthum aus dem Gesichtspunkte einer allgemeinen Weltanschauung zu begreifen.“

Dasselbe aber, was Dr. Baur [14]) hier mit vollem Rechte von der katholischen Gnosis der Alexandriner bemerkt, gilt auch schon, wenngleich noch nicht in dieser scharf ausgeprägten Gestalt, von der Apologetik. Bekanntlich ist es dieselbe nachmals von den Alexandrinern in so umfassender Weise verwendete Logosidee, welche auch schon für die Apologeten das Mittel bildet, um der heidnischen eine christliche Philosophie gegenüber zu stellen. Wenn wir die Bedeutung, welche die Idee des Logos für die Apologeten hat, mit der gnostischen Weltanschauung vergleichen, so zeigt sich, wie dieselbe bei ihnen eine ganz ähnliche Stellung einnimmt, wie bei den Gnostikern die Aeonenreihen, die Unterscheidung des Weltschöpfers vom höchsten Gotte und die durch die Offenbarung in Christus vermittelte Wiederbringung. Wie bei den Gnostikern, so bedarf auch schon bei den Apologeten der absolute, in seiner Jenseitigkeit unnahbare Gott einer vermittelnden Potenz, durch welche nicht blos die Mittheilung des Heiles an die Gläubigen, sondern ebenso sehr auch der ganze Weltzusammenhang bedingt ist. Der Logos der Apologeten ist ebenso wie die gnostischen Aeonen und Mächte ein kosmisches Princip, an dessen Wirksamkeit die Entstehung, Entwickelung und Vollendung der ganzen Schöpfung geknüpft wird. Wie bei den Gnostikern das pneumatische Element schon lange vor der Erscheinung Christi in der Welt vorhanden und wirksam war, nur daß es im steten Kampfe mit den psychischen und materiellen Mächten begriffen immer wieder unterlag, so behaupten die Apologeten ganz dasselbe von dem σπέρμα τοῦ λόγου, das als das Princip aller Wahrheit und Vernünftigkeit sich schon vor Christus und außerhalb des Christenthums findet, nur daß diese vereinzelten Lichtfunken immer wieder von der dämonischen Finsterniß des Heidenthums begraben worden sind. Wie ferner die Gnostiker die Erscheinung Christi als den Wendepunkt in der Weltgeschichte betrachten, wo alle Geheimnisse enthüllt, alle Räthsel gelöst, alle widerstrebenden, dämonischen Mächte vernichtet, alle blos aus Unwissenheit Beschränkten bekehrt werden, so bezeichnet auch den Apologeten die Menschwerdung des Logos den großen Umschwung in der Gotteserkenntniß, wo an die Stelle der spermatischen Erkenntniß die vollkommene, an die Stelle der relativen und vereinzelten Wahrheiten der Vorzeit die volle und absolute Offenbarung der göttlichen Vernunft getreten ist, sodaß diejenigen, welche dem Christenthume noch jetzt widerstreben, keine Entschuldigung mehr haben. Das Christenthum ist von diesem Standpunkte selbst die absolute Vernünftigkeit oder die höchste Philosophie: christlich und vernünftig oder philosophisch sind Begriffe, die sich decken. Auch darin bietet die Apologetik eine Parallele wenigstens zu den entwickelten Systemen der Gnosis, daß hier wie dort die besonders mit stoischen und Platonischen Elementen gesättigte eklektische Philosophie der Zeit gleichsam das Gefäß bildet, in welches der neue christliche Inhalt hineingegossen wird. Selbst in der Form der Darstellung ist der Unterschied zwischen den gnostischen Systemen und der Apologetik ein fließender. Ganz wie nachmals die Alexandriner bedienen sich auch schon die Apologeten der allegorischen und typologischen Auslegungsweise: und auch darin ist ein Berührungspunkt der Apologetik mit der Gnosis unverkennbar, daß diese Typologie, wie man namentlich an dem Märtyrer Justin sieht, keineswegs auf das alte Testament sich beschränkt. Wie namentlich die spätere Gnosis ihre Lehren mit Vorliebe an die Aussprüche griechischer Dichter, an hellenische, phrygische, phönikische und ägyptische Mythen anknüpft, so ist auch nach Justin die ganze heidnische Welt voll von Typen und Weissagungen auf den Logos, und es möchte schwer zu sagen sein, auf welcher von beiden Seiten die größere Willkür herrscht. Justin ist der charakteristische Repräsentant für eine Typologie, welche den Heiden selbst in allen Werkzeugen, die sie gebrauchen, in Schiffahrts-, Kriegs- und Ackergeräthen, in den Fahnen und Siegeszeichen die Gestalt des Kreuzes nachzuweisen versucht. Ja, auch die Apologeten durchstöbern den ganzen Schatz der heidnischen Literatur, um überall Beziehungen auf das Christenthum zu entdecken: Justin beruft sich auf die Aussprüche der (vermeintlich) heidnischen Sibylle, der Verfasser des λόγος παραινετικός auf Orphische und Homerische Gedichte, auf Pythagoras und Platon.

Ja, man wird in der Vergleichung der Apologetik mit der Gnosis noch einen Schritt weiter gehen und auch die äußere Seite der Sache mit in Betracht ziehen müssen. Es ist gewiß nicht zufällig, daß grade die Wirksamkeit Justin's, in dessen Person die christliche Apologetik gewissermaßen verkörpert erscheint, mit der Blüthezeit der großen gnostischen Systeme zusammenfällt. Justin schrieb seine größere Apologie nach der gewöhnlichen Ansicht im J. 138 oder 139, die kleinere im J. 161, nach den Ergebnissen der neueren Kritik gehören

13) a. a. O. S. 251. 14) a. a. O. S. 246.

beide ins Jahr 150[15]). Im J. 140 aber kamen Valentin und Markion nach Rom, um hier in der Welthauptstadt ihren Lehren eine weitere Verbreitung zu sichern. Das Valentinianische System ist aber, wie später zu erörtern sein wird, eins der ersten, von welchen eine umfassendere Anwendung derselben Platonischen Philosophie, von welcher auch Justin zum Christenthume hinübergeführt ward, aufs Christenthum nachgewiesen werden kann. Ist es wol zufällig, daß in derselben Zeit, in welcher die Logoslehre unter sichtlichem Einflusse des Platonismus zuerst einen tiefergreifenden Einfluß auf die Ausbildung des kirchlichen Dogma gewinnt, derselbe Platonismus auch für die Gnosis ein so bedeutsames Moment der Entwickelung wird? Mit einem Worte, wir wüßten auch nach dieser Seite hin nicht, was wir der Gnosis, zumal in ihrer ausgebildeteren Gestalt, Verwandteres an die Seite zu stellen hätten, als eben die seit Justin dem Märtyrer in der Apologetik ausgebildete Weltbetrachtung.

Je größer und tiefergreifend aber in allen diesen Beziehungen die Uebereinstimmung der Gnosis mit der Apologetik und ihrer Fortbildung in der alexandrinischen Theologie erscheint, desto wichtiger ist es, nach der anderen Seite hin auch den Unterschied zu bestimmen. Wir wüßten nun wol, unter welche Kategorie die Gnosis nach ihrer allgemeinen geschichtlichen Bedeutung zu stellen ist, wir wüßten auch, worin ihr positives Recht, ihre Nothwendigkeit im inneren Entwickelungsgange des christlichen Dogma ruht, aber worin grade ihre charakteristische Eigenthümlichkeit, oder mit andern Worten ihre für die Erhaltung der katholischen Kirche bedrohliche Stellung zu suchen ist, bleibt nach dem Allen noch schärfer ins Auge zu fassen.

Es ist diese Frage auch schon in den bisherigen Untersuchungen nicht außer Acht gelassen worden, und namentlich Baur hat in seiner neueren Darstellung der gnostischen Systeme seinen großen Verdiensten um das Verständniß jener merkwürdigen geschichtlichen Erscheinung auch dieses neue hinzugefügt, daß er zuerst die hier von uns hervorgehobene Schwierigkeit schärfer, als bisher geschehen war, ins Auge gefaßt hat. Dennoch können wir uns nicht überzeugen, daß das von ihm Erörterte den Gegenstand schon völlig zum Abschluße gebracht habe. Es ist hier der Punkt, wo jene von Hilgenfeld neuerdings in Anspruch genommenen Aeußerungen Baur's über den wesentlich heidnischen Charakter der Gnosis ihre Stelle finden. „Die Erscheinungen," lesen wir S. 175, „von welchen hier die Rede ist, haben ihren eigenen Anfangspunkt, und sie bilden einen so eigenthümlichen Kreis, daß es im Grunde nur der Name des Christenthums ist, in welchem sie mit dem Uebrigen, das zum Inhalte der ältesten Kirchengeschichte gehört, ihren gemeinschaftlichen Berührungspunkt haben." So sehr dieses Urtheil auch durch die weitere Entwickelung eingeschränkt wird, so entschieden glaubt Dr. v. Baur doch hervorheben zu müssen, daß grade in der Gnosis für das Christenthum die Gefahr der Verallgemeinerung und Verflüchtigung seines Inhalts durch Ideen lag, „in welchen das christliche Bewußtsein in seiner schrankenlosen Erweiterung seinen specifischen geschichtlichen Charakter verlieren mußte" (S. 176). Die vornehmlichsten dieser Ideen sind, wie Baur an der Hand der patristischen Polemik zeigt, der allen gnostischen Systemen zu Grunde liegende Dualismus, die Trennung des Weltschöpfers vom höchsten Gotte, und vor Allem jene doketische Christologie, welche die Erlösung zur Lüge macht, das ganze Werk Gottes über den Haufen wirft, und mit dem Tode Christi diesem Fundamente des Evangeliums die ganze Bedeutung und Frucht des Christenthums leugnet. „Das Christenthum hat also (zeigt Tertullian), wenn es nichts Anderes ist, als was es nach der Ansicht der Gnosis sein soll, keine objective geschichtliche Realität, die Gnosis verwandelt seine Thatsachen in etwas blos Scheinbares, Vorgestelltes, rein Subjectives"[16]). So scheint also hiernach doch jene allgemeine Anklage eines wesentlich heidnischen Synkretismus wiederzukehren, welche schon die alten Kirchenväter gegen die Gnosis erhoben und Irenäus, Tertullian, Pseudoorigenes bleiben im Rechte mit ihrer Behauptung, daß die Gnostiker Alles, was den substantiellen Inhalt ihrer Systeme ausmacht, aus dem Heidenthume entlehnt haben, theils aus den Theogonien der alten griechischen Dichter, theils aus den Systemen der Philosophen[17]).

Daß diese Auffassung eine durch die Sache selbst vollkommen berechtigte ist, wird man zugestehen müßen, selbst wenn man sich genöthigt sieht, seine Zustimmung zu einzelnen Ausführungen zurückzuhalten. Es ist ganz richtig, und Baur hat dies in glänzender Weise gezeigt[18]), daß die Bedeutung der Gnosis für die Entwickelung der katholischen Kirche eine wesentlich negative, sollicitirende ist. Indem man aus dem christlichen Gemeindebewußtsein heraus so ziemlich jeder einzelnen gnostischen Thesis eine katholische Antithesis gegenüberstellt, kommt der Begriff der katholischen Kirche und ihres von den Aposteln her in allen apostolischen Gemeinden überlieferten Dogma erst zum Bewußtsein: die Glaubensregel, die schärfere Verhältnißbestimmung von Schrift und Tradition, der engere Anschluß an den Episcopat als Träger der reinen Lehrüberlieferung, überhaupt die Betonung des positiven, historischen, gegenüber dem subjectiven, speculativen Elemente, alles dieses entwickelt sich erst an dem gemeinkirchlichen Gegensatze gegen die Gnosis.

Es liegt indessen auf der Hand, daß diese wechselsweise Hervorhebung bald des christlichen, bald des außerchristlichen Charakters der Gnosis das Räthsel noch nicht löst. Wir haben eben hier zwei Seiten der Betrachtung, von denen die eine an sich nicht minder berechtigt als die andere ist, aber da sie vorerst noch unvermittelt ne-

15) Volkmar, Die Zeit Justin des Märtyrers kritisch untersucht. Theol. Jahrbücher 1855, 2 u. 3.

16) a. a. O. S. 253 fg. Vergl. auch die christliche Gnosis S. 460 fg. 17) Das Christenthum der drei ersten Jahrhunderte a. a. O. Vergl. auch S. 182 fg. 186 fg. 18) a. a. O. S. 266 fg.

den einander stehen, so scheint das an dem einen Orte Gesagte das Andere immer wieder aufzuheben, und es fragt sich daher, ob nicht auch hier eine Vermittelung gefunden werden kann, welche die auch in der Baur'schen Darstellung noch immer gebliebene Unbestimmtheit beseitigt. Ist die Gnosis christlich und zugleich wieder nicht, und gilt dieses letztere von ihr noch in einem ganz anderen Sinne, als man von heidnisch-philosophischen Elementen in der Apologetik und der alexandrinischen Theologie zu sprechen pflegt, so muß eben in dieser Doppelseitigkeit ihr charakteristisches Merkmal liegen, oder die Art und Weise, wie in den Systemen der Gnostiker christliches und außerchristliches in einander gewebt ist, muß sich nicht blos quantitativ, sondern specifisch von dem, was die katholische Gnosis Analoges bietet, unterscheiden.

Was nun die neueren Verhandlungen über diesen auch bisher schon ins Auge gefaßten Punkt betrifft, so setzt Baur das specifische Merkmal des Gnosticismus, aus welchem sich alle weiteren Eigenthümlichkeiten desselben ableiten lassen, in seinen Dualismus zwischen Geist und Materie[19]), Hilgenfeld in die Unterscheidung des Weltschöpfers vom höchsten Gotte[20]). Da der dualistische Charakter der Gnosis selbst in den emanatistischen und pantheistischen Systemen nicht geleugnet werden kann, die Trennung des Weltschöpfers vom höchsten Gotte aber, welche auch Baur wieder (a. a. O. S. 218) als das Hauptkriterium der Gnosis anerkennt, selbst wieder auf eine dualistische Grundlage zurückzuweisen scheint, so ist auf den ersten Blick zwischen beiden Auffassungen kein sehr wesentlicher Unterschied. Allein indem Baur nun weiter sämmtliche Grundbegriffe der Gnosis aus jenem ihrem dualistischen Charakter abzuleiten versucht, schickt er die Bemerkung voraus, daß nichts Anderes die Gnosis so unmittelbar als ein Erzeugniß der heidnischen Anschauungsweise bezeichnet, „als ihr so scharf ausgeprägter, durch Alles hindurchgehender Dualismus." Durch die dualistische Grundlage würden sich also hiernach die Gnostiker im engeren Sinne von der katholischen Gnosis unterscheiden, und eben dies wäre das Heidnische an ihnen; aber da dieser Dualismus uns ja auch im späteren Judenthume bei den Alexandrinern und Essenern begegnet, so kann derselbe nichts specifisch Heidnisches sein, wenigstens Nichts, was an sich schon nothwendig zu einer so massenhaften Einströmung heidnischer Elemente, wie dies in der Gnosis vorliegen soll, führen müßte, und man hätte entweder nach einer anderweiten Ableitung des heidnischen Grundcharakters der Gnosis zu suchen, oder man müßte es überhaupt aufgeben, dieselbe als ein Erzeugniß der heidnischen Anschauungsweise zu betrachten. Das letztere hat nun Hilgenfeld gethan. Indem er den gnostischen Dualismus aus dem schroffen Supranaturalismus des späteren Judenthums, welcher fast jeden Zusammenhang der übersinnlichen und der sinnlichen Welt aufhob, und aus dem christlichen Gegensatze von Geist und Fleisch, von dem zukünftigen und jetzigen Weltalter erklärt (a. a. O. S. 101), vermag er darin auch an sich kein specifisches

19) a. a. O. S. 183.   20) a. a. O. S. 94 fg.

Merkmal der Gnosis zu entdecken. Dagegen soll die Unterscheidung der beiden Götter des alten Testamentes und des Christenthums, welche nach ihm die Grundlehre der Gnosis ist, nichts Anderes sein, als der metaphysische Ausdruck für das Neue und Absolute der christlichen Religion. Es fragt sich nur, ob mit dieser veränderten Begriffsbestimmung viel gewonnen ist. Der strenge Monotheismus ist doch ohne Zweifel die gemeinsame Basis des Christenthums und des Judenthums, und wird daher überall, wie dies ja auch die Natur der Sache erforderte, in der Polemik gegen das Heidenthum in den Vordergrund gestellt. Judenchristlicherseits aber erscheint derselbe, wenn nicht als das einzige, so doch als das allein fundamentale Dogma des Christenthums. Wie ist es nun möglich, daß man grade diese Grundlehre, in welcher Juden und Christen gegen die Heiden von jeher zusammenstimmten, über den Haufen werfen konnte, lediglich um den specifischen Unterschied des Christenthums vom Judenthume hervorzuheben! Aus dem Wesen des Christenthums erklärt sich dieser Widerspruch nicht, wenn er also dennoch vorhanden ist, so kann sein Erklärungsgrund nur außerhalb des Christenthums gesucht werden. Die Schwierigkeit wächst, wenn man mit Hilgenfeld als die ältesten Gnostiker diejenigen betrachtet, welche sich noch rein innerhalb der alttestamentlichen Anschauungsweise bewegen. Was von den Heidenchristen allenfalls denkbar wäre, ist unter Judenchristen eine Unmöglichkeit: man müßte eben doch wieder heidnische Einflüsse zu Hilfe nehmen. Nun weist Hilgenfeld freilich zur Unterstützung seiner Ansicht auf die schon bei den Juden nachweisbare Vorstellung hin, daß das Mosaische Gesetz nicht unmittelbar von dem höchsten Gotte, sondern durch Engel gegeben sei. Allein auch ganz abgesehen von der Frage, wieweit nicht auch hier schon etwa heidnischer Einfluß im Spiele gewesen sein möchte — welcher ungeheure Sprung ist doch noch von einer durch Engel als dienende Organe des einen Gottes vollzogenen, also doch immer den göttlichen Willen offenbarenden Gesetzgebung zu einer derartigen Trennung des Gesetzgebers vom höchsten Gotte, welche den ersteren, wo nicht als ein feindseliges, so doch als ein nach Einsicht und Willen beschränktes Wesen, die Gesetzgebung selbst als ein unvollkommenes, aus Wahrem und Falschem gemischtes, mithin vom höchsten Gotte wiederaufzuhebendes Werk betrachtet! Steht dort die Gesetzgebung durch die Engel noch im engsten Zusammenhange mit der monotheistischen Grundanschauung, so hebt die Vorstellung vom Demiurgen, indem sie die innere Einheit der göttlichen Weltregierung vernichtet, zugleich auch den Monotheismus auf. Nun will ja aber auch Hilgenfeld selbst den unterstützenden Einfluß heidnischer Bildung und Philosophie auf die Entwickelung der Gnosis nicht leugnen (S. 102). Muß dieser also jedenfalls für die weitere Ausbildung der gnostischen Systeme zu Hilfe genommen werden, so ist nicht abzusehen, warum derselbe nicht schon auf die Ausbildung der Lehre vom Demiurgen mit eingewirkt haben soll: ist aber dieses der Fall, so sieht man keinen Grund weiter, der uns hindern könnte, auch den gnostischen Dualismus mit Baur aus der heidnischen Grundanschauung der Gnostiker abzuleiten. Damit wären wir aber vorläufig wieder auf dem alten Flecke, und es fragt sich nur um so mehr, ob der eigenthümliche Charakter der im engern Sinne so benannten Gnosis im Unterschiede ebenso wol von der jüdisch-alexandrinischen Religionsphilosophie wie von der katholischen Gnosis der alexandrinischen Kirchenlehrer sich überhaupt auf dem bisher betretenen Wege nach allen Seiten hin genügend erklären lasse. Nun kommt aber die Baur'sche wie die Hilgenfeld'sche Darstellung beiderseits darin überein, daß sie einen speculativen Hauptgedanken der Gnosis herausheben und aus diesem alles Uebrige abzuleiten versuchen. Es wäre also die Frage, ob man nicht vielmehr den Kreis der Betrachtung von Vornherein etwas weiter zu ziehen, und anstatt einen einzelnen speculativen Begriff in den Mittelpunkt der Betrachtung zu stellen, vielmehr von der ganzen Art und Weise des gnostischen Speculirens seinen Ausgang zu nehmen hat. Ließe sich hier ein eigenthümliches, den Gnosticismus von allen verwandten Erscheinungen specifisch unterscheidendes Merkmal finden, so dürfte man sich vielleicht der Hoffnung hingeben, aus einem und demselben Grundprincipe nicht nur das eigenthümliche Verhältniß des christlichen und außerchristlichen Elements, sondern gleichzeitig auch mit dem eigenthümlichen speculativen Inhalte der Gnosis die ihr eigene mythologische Form der Darstellung zu entwickeln.

Unseres Erachtens kann der Ausgangspunkt der Untersuchung von nichts Anderem genommen werden, als von dem Sinne, welchen die Gnostiker selbst mit diesem ihrem Namen verbanden. Es ist dieses Moment zwar auch schon früher nicht außer Acht gelassen worden, man hat sich aber bisher zu sehr nur an die allgemeine Seite der Sache gehalten: statt zu fragen, worin die γνῶσις der hier in Rede stehenden Systeme sich von dem auch sonst vorkommenden Begriffe der Gnosis unterscheide, hat man vorzugsweise nur das Verwandtschaftsverhältniß ins Auge gefaßt.

Nun steht, namentlich durch Baur's auch hier bahnbrechende Untersuchungen [21]), fest, daß der Name γνῶσις nicht ausschließlich innerhalb des Kreises von Erscheinungen sich findet, um deren Erklärung es hier zu thun ist. „Gnosis ist höheres Wissen, ein seiner Gründe, seiner Vermittelung sich bewußtes Wissen, oder ein solches Wissen, das ganz das ist, was es als Wissen sein soll. In diesem Sinne bildet die Gnosis den natürlichen Gegensatz gegen die Pistis." Man wußte längst, daß es namentlich Clemens von Alexandrien war, welcher diese Unterscheidung von πίστις und γνῶσις auch in katholische Kreise einführte [22]). Da indessen die Terminologie bei Clemens erst unter dem sichtlichen Einflusse des Gnosticismus sich gebildet hat, so ist es von Wichtigkeit, die Anfänge dieses Sprachgebrauchs auch schon in frühere Zeiten hinauf verfolgen zu können. In dieser Beziehung hat bereits Neander auf den Brief des Barnabas hingewiesen, und Baur hat diese Spuren nicht nur im Einzelnen näher verfolgt, sondern auch durch weitere Nachweise aus dem Paulinischen Sprachgebrauche vermehrt. Wir bemerkten schon oben, daß man noch weiter zurückgehen kann. Schon Jesus selbst gebraucht Matth. 13, 11 den Ausdruck: γνῶναι τὰ μυστήρια τῆς βασιλείας, in einem Sinne, der nur auf eine der großen Menge verborgene Einsicht in das Wesen und die geschichtliche Entwickelung des göttlichen Reiches oder des Christenthums bezogen werden kann. Die γνῶσις des Paulus bezieht sich, wie auch schon oben bemerkt wurde, ebenfalls auf ein μυστήριον (vergl. 1 Kor. 13, 2) und ist nichts Anderes als eine über den beschränkten jüdischen Standpunkt hinausgehende höhere Erkenntniß des durch Christus den Gekreuzigten offenbar gewordenen neuen Verhältnisses Gottes zu der Menschheit. Das μυστήριον, von welchem Paulus so häufig redet, bezieht sich also mit einem Worte auf das, was den specifischen Inhalt seines Evangeliums ausmacht, auf das „Wort vom Kreuze," oder auf die aus der absoluten Bedeutung des Kreuzestodes Christi abgeleitete wahre Verhältnißbestimmung von Gesetz und Evangelium, Weissagung und Erfüllung, alttestamentlicher und neutestamentlicher Religionsökonomie (1 Kor. 2, 6—16; vergl. Eph. 1, 9; 3, 3. 9; Kol. 1, 26 fg.). Der Schlüssel zu dieser höheren Erkenntniß ist eben die Offenbarung in Christus: von diesem Mittelpunkte aus ist man aber ebenso wol im Stande, die Typen und Weissagungen des alten Testamentes auf Christus in ihrem wahren Sinne zu verstehen, als man andererseits über die gemeine jüdische Anschauungsweise erhaben, eine Reihe von Vorurtheilen und engherzigen Vorstellungen nicht mehr theilt, in welchen das Judenthum sowol als das Judenchristenthum befangen ist (1 Kor. 8, 1 fg.). Ein wesentlicher Bestandtheil der γνῶσις ist daher schon bei Paulus die Allegorie (1 Kor. 10, 1—12; Gal. 4, 21—31.). Es ist dies eine über den buchstäblichen Sinn hinausgehende Auffassung des pneumatischen Sinnes, die daher nur dem πνευματικὸς ἄνθρωπος zugänglich ist (1 Kor. 10, 3 fg.

---

21) Die christliche Gnosis S. 85 fg. Das Christenthum der drei ersten Jahrh. S. 178 fg.

22) Vergl. Strom. VII, 10, 55. p. 310 *Sylb.* 864 *Pott.*: ἔστιν γὰρ ὡς ἔπος εἰπεῖν ἡ γνῶσις τελείωσίς τις ἀνθρώπου, ὡς ἀνθρώπου, διὰ τῆς τῶν θείων ἐπιστήμης συμπληρουμένη, κατά τε τὸν τρόπον καὶ τὸν βίον καὶ τὸν λόγον σύμφωνος καὶ ὁμόλογος ἑαυτῇ τε καὶ τῷ θείῳ λόγῳ. διὰ ταύτης γὰρ τελειοῦται ἡ πίστις ὡς τελείου τοῦ πιστοῦ ταύτῃ μόνως γιγνομένου. πίστις μὲν οὖν ἐνδιάθετόν τί ἐστιν ἀγαθὸν καὶ ἄνευ τοῦ ζητεῖν τὸν θεὸν ὁμολογοῦσα εἶναι τοῦτον καὶ δοξάζουσα ὡς ὄντα. ὅθεν χρὴ ἀπὸ ταύτης ἀναγόμενον τῆς πίστεως καὶ αὐξηθέντα ἐν αὐτῇ χάριτι τοῦ θεοῦ τὴν περὶ αὐτοῦ κομίσασθαι ὡς οἷόν τέ ἐστιν γνῶσιν. §. 57. p. 311 *Sylb.* 865 seq. *Pott.*: ἡ μὲν οὖν πίστις σύντομός ἐστιν, ὡς εἰπεῖν, τῶν κατεπειγόντων γνῶσις, ἡ γνῶσις δὲ ἀπόδειξις τῶν διὰ πίστεως παρειλημμένων ἰσχυρὰ καὶ βέβαιος διὰ τῆς κυριακῆς διδασκαλίας ἐποικοδομουμένη τῇ πίστει εἰς τὸ ἀμετάπτωτον καὶ μετ' ἐπιστήμης καὶ καταληπτὸν παραπέμπουσα. καί μοι δοκεῖ πρώτη τις εἶναι μεταβολὴ σωτήριος ἡ ἐξ ἐθνῶν εἰς πίστιν ὡς προεῖπον, δευτέρα δὲ ἡ ἐκ πίστεως εἰς γνῶσιν, ἡ δὲ εἰς ἀγάπην περαιουμένη. ἐνθένδε ἤδη φίλον φίλῳ τὸ γιγνῶσκον τῷ γιγνωσκομένῳ παρίστησιν. καὶ τάχα ὁ τοιοῦτος ἐνθένδε ἤδη προλαβὼν ἔχει τὸ ἰσάγγελος εἶναι. — Vergl. auch *Dähne*, De γνώσει Clementis Alexandrini p. 18 seq. Baur, Gnosis S. 502 fg.

vergl. Gal. 4, 23. 29), wie denn überhaupt nur der πνευματικός etwas von dem Reiche Gottes versteht, während dem ψυχικός dieses Verständniß verschlossen bleibt (1 Kor. 2, 13 fg.). Was also überhaupt zum Begriffe der γνῶσις gehört, die Unterscheidung eines niederen, am historisch Ueberlieferten haltenden Standpunktes von einem höheren, welcher erst den rechten geistigen Sinn dieses Positiven, ebenso wie das rechte Verhältniß der geistig Gereiften zu dieser überlieferungsmäßig festgehaltenen Autorität erschließt, alle diese Momente finden sich auch schon bei Paulus: das Eigenthümliche ist nur, daß bei ihm die Begriffe der πίστις und γνῶσις noch nicht in der Weise, wie dies später geschehen ist, auseinanderfallen. Allerdings wird die γνῶσις 1 Kor. 12, 8 unter die χαρίσματα gezählt, und demgemäß auch innerhalb der Christen selbst ein Unterschied zwischen den Unmündigen und den Vollkommenen, den πνευματικοί und den σάρκινοι gemacht (1 Kor. 3, 1; vergl. 2, 6), aber dieser Unterschied ist doch nur ein fließender, und das rechte Verständniß der göttlichen μυστήρια wird eben durch die πίστις erschlossen. Es erklärt sich aber auch dies zur Genüge, wenn man den eigenthümlichen Standpunkt des Paulus ins Auge faßt. Das Neue, welches mit dem Alten durch die γνῶσις vermittelt werden sollte, war ja eben die specifische Bedeutung der christlichen Offenbarung selbst im Unterschiede von einer das Christenthum mit dem Judenthume noch wesentlich zusammenfassenden Anschauungsweise, der den Aeonen verborgene, in den letzten Tagen offenbar gewordene göttliche Rathschluß, dessen praktische Verwirklichung eben die Heidenmission war. Daher beruht bei Paulus das Wesen der γνῶσις grade darin, die absolute, alles jüdische Wesen aufhebende Geltung der christlichen πίστις zu erkennen. Wesentlich anders gestaltet sich das Verhältniß schon im Barnabasbriefe, der, obwol von der häretischen Gnosis ebenfalls noch völlig unberührt, doch in mancher Hinsicht bereits als ein Vorläufer derselben betrachtet werden kann. Der ganze Brief hat, wie der Verfasser Cap. 2 seinen Lesern ankündigt, den Zweck, ἵνα μετὰ τῆς πίστεως ὑμῶν τελείαν ἔχητε καὶ τὴν γνῶσιν: diese γνῶσις aber bezieht sich vorzugsweise auf den typischen oder pneumatischen Sinn des Mosaischen Ritualgesetzes. So werden Cap. 10 die Mosaischen Speisegesetze, wie dies schon von Philon geschehen war, moralisch gedeutet; dasselbe geschieht mit den Fastengeboten, der Beschneidung, dem Tempel zu Jerusalem und dem Opferwesen. Moses hat bei allen diesen Bestimmungen ἐν πνεύματι geredet: die buchstäbliche Deutung ist ein Misverständniß, in welches die vom Satan geblendeten Juden gerathen sind (Cap. 9). Die γνῶσις ist es also auch hier, welche von einem höheren pneumatischen Standpunkte aus den wahren Sinn der noch immer als Autorität festgehaltenen alttestamentlichen Gesetzgebung ausfindig macht: das Mittel dazu ist aber für den Verfasser des Barnabasbriefes schon ausschließlich die allegorische Auslegung, welche zu der christlichen πίστις noch eine tiefere Einsicht hinzubringt.

Mit Recht hat schon Baur darauf aufmerksam gemacht, daß Gnosis und Allegorie an sich schon verwandte

Begriffe sind. Die Gnosis setzt jederzeit ein über die überlieferten, volksmäßigen Religionsanschauungen hinausgeschrittenes Bewußtsein voraus, man ist sich des Unterschiedes zwischen dem Positiven, Historischen und dem neugewonnenen philosophischen Gedankenkreise bereits bis zu dem Grade bewußt, daß das unvermittelte Festhalten am Alten als ein nicht länger haltbarer Standpunkt, als eine niedere Stufe der Erkenntniß erscheint. Indem aber andererseits die Autorität der alten Religionsurkunden noch unangetastet ist, entsteht das Bedürfniß durch Vermittelung des Denkens den im Bewußtsein gesetzten Zwiespalt wieder auszugleichen. Die gewöhnlichste Aushilfe ist nun die allegorische Auslegung, welche allemal in solchen Uebergangszeiten einzutreten pflegt, in welchen das Denken bereits innerlich mit dem alten Glauben zerfallen ist, ohne daß andererseits der Bruch auch bereits äußerlich und für das Bewußtsein vollzogen wäre [23]. Man deutet also den neuen Inhalt in die alten Formen hinein, indem man von dem zunächstliegenden, buchstäblichen Sinne einen verborgenen, geistigen unterscheidet. Das Charakteristische hierbei ist nur, daß diese Umdeutung eine ganz unwillkürliche ist; wie künstlich auch immer das Band sein möge, welches Altes und Neues mit einander verknüpft, so ist es für das Bewußtsein auf der Entwickelungsstufe, auf der es sich in solchen Uebergangszeiten befindet, eine innere Nothwendigkeit, die neuen speculativen Gedanken durch die überlieferten Autoritäten zu stützen und dadurch gleichsam erst zu legitimiren. Was man also für den tieferen geistigen Sinn der alten Urkunden ausgibt, gilt der Auslegung bei aller Gewaltsamkeit ihres Verfahrens so wenig als ein ihnen fremdartiger, willkürlich von Außen aufgenöthigter, daß man denselben vielmehr für den wahren, ursprünglich beabsichtigten und nur vor der unverständigen Volksmenge verhüllten Sinn ansieht. Auf diese Weise hatten nach dem Vorgange des Platon und Aristoteles namentlich die Stoiker die in ihrem buchstäblichen Verstande einem geläuterten philosophischen und sittlichen Bewußtsein anstößig gewordenen Mythen allegorisch gedeutet, und seit den Zeiten der Götterverschmelzung war es ganz allgemeine philosophische Sitte geworden, die verschiedenen nationalen Göttersagen als ebenso viel sinnbildliche Hüllen eines und desselben Naturprocesses zu nehmen, den man ebenso gut wie aus der Hesiodeischen Theogonie auch aus den Isis- und Mithrasmysterien herauslas. Wenn später die Neuplatoniker an die Stelle des Processes der Naturprincipien den Proceß des unendlichen, zur Endlichkeit und concreten Mannigfaltigkeit sich erschließenden Geistes setzten, so änderte sich zwar der Inhalt, den man in die Mythen hineinlegte, aber die Methode der allegorischen Deutung blieb dieselbe.

Es ist hierbei jedoch zu beachten, daß die Allegorie nur das vornehmste, nicht das einzige Mittel war, die Vorstellungen und Erzählungen der Volksreligion mit

23) Vergl. zu dem Folgenden Strauß, Leben Jesu. Einleitung §. 1—5. Baur, Das Christenthum der drei ersten Jahrhunderte S. 179 fg.

den neuen philosophischen Gedanken in Einklang zu setzen. Wo die symbolische Deutung nicht zureichen wollte, nahm man frühe die Kritik zu Hilfe, welche sich des Unbequemsten in den Göttermythen durch Ausscheidung unechter Bestandtheile von der echten Substanz zu entledigen wußte. Auch dieses Verfahren geht in seinen ersten Anfängen bis auf Platon zurück, wie man aus seinem in der Republik ausgesprochenen harten Urtheile über die Dichter als Erfinder unwürdiger Göttergeschichten abnehmen kann.

Derselbe Umschwung des Bewußtseins, der auf dem Boden des classischen Heidenthums jene Verschmelzung, Umdeutung und wenigstens theilweise Verwerfung der alten Göttergeschichten erzeugt hatte, nöthigte auch das Judenthum zu einem ähnlichen Auskunftsmittel. Es ist aus den Schriften Philon's bekannt, welchen ausgedehnten Gebrauch die alexandrinischen Juden von der allegorischen Auslegung der Mosaischen Urkunden gemacht haben. Auch hier war, zunächst durch die innere Entwickelung und Vergeistigung des alttestamentlichen Gottesbegriffes selbst, welche dem Eindringen fremder, namentlich Platonischer Ideen auf halbem Wege entgegenkam, das philosophische Bewußtsein über die Vorstellungen der Väter hinausgewachsen, während der Glaube an die Heiligkeit der väterlichen Religion und an die göttliche Eingebung ihrer Gesetzbücher noch unerschütterlich feststand. Diese jüdisch-alexandrinische Religionsphilosophie bietet in formeller und materieller Beziehung so wesentliche Berührungspunkte mit der späteren christlichen Gnosis dar, daß es nicht überraschen kann, wenn man auch ein äußeres Abhängigkeitsverhältniß anzunehmen und den Gnosticismus gradezu als eine Umdeutung und Umbildung der alexandrinischen Speculation in das Christenthum zu erklären sich veranlaßt fand [24]). Es ist jedoch nicht zu übersehen, daß verwandte Verhältnisse überall verwandte Erscheinungen hervorzurufen pflegen, auch ohne daß darum sofort auf ein äußeres Abhängigkeitsverhältniß geschlossen werden dürfte. Derselbe Entwickelungsproceß, der sich bei den alexandrinischen Juden unter griechischem Einflusse vollzog, läßt sich in allen Grundzügen auch im palästinensischen Judenthume nachweisen. Die strenge Durchführung des Monotheismus selbst mußte bei weiterer Entwickelung dahin führen, daß man Gott nicht mehr so unmittelbar und persönlich in die Geschicke der Menschheit eingreifen ließ. Daher frühzeitig schon Ansätze zu einer Abtrennung der sichtbaren Erscheinung Gottes von seinem unsichtbaren Wesen; am bemerkenswerthesten ist jene Vorstellung vom Engel Jahveh, der im Namen Gottes zu den Menschen redet. Ein weiterer Anknüpfungspunkt liegt in der Vorstellung Jahveh's als des Herrn der Heerscharen. Je schärfer nun in den Bedrängnissen des Exils grade die Einheit und Geistigkeit Gottes als das specifische Dogma der Mosaischen Religion, im Unterschiede von den heidnischen Naturreligionen, als der eigentliche Lebenskern des Mosaismus ins Bewußt-

24) So nach Neander und Gieseler noch Baur a. a. O. S. 167. (1. Aufl.) S. 183 (2. Aufl.).

sein trat, desto nothwendiger mußte grade von diesem Punkte aus alle weitere Entwickelung ausgehen. Wie für Philon, so ist es auch für die babylonischen und palästinensischen Juden Bedürfniß gewesen, alle anthropopathischen, an heidnisches Wesen erinnernden Vorstellungen von Gott zu beseitigen, und nur in soweit mochte man auch fremden Elementen Eingang ins Judenthum verstatten, als sie eben dieser monotheistischen Ur- und Grundanschauung sich unterordnen, oder wol gar zu ihrer weiteren Ausbildung sich verwerthen ließen. Daher nun dem ganzen nachexilischen Judenthume jener Trieb zur Personification und relativen Verselbständigung der göttlichen Eigenschaften, zur Annahme von himmlischen Mittelwesen zwischen Gott und den Menschen eigen ist. Die ausgebildete Engellehre, welche auf eben diesem Gedanken beruht, ist ein Erzeugniß des babylonischen und palästinensischen Judenthums und ward von den Alexandrinern schon vorgefunden. So unverkennbar in dieser Angelologie, wie schon die Siebenzahl der Erzengel beweist, der chaldäische Einfluß ist, so gewiß muß das eigentlich treibende Moment in der innerjüdischen Entwickelung selbst gefunden werden, und das Eigenthümliche hierbei ist nur dieses, daß grade die Consequenz jener antiheidnischen Grundanschauung selbst es war, welche im weiteren Verlaufe eine Herübernahme mythologischer oder philosophischer Vorstellungen aus dem Heidenthume begünstigte. Daher finden sich auch auf palästinensischem Boden nicht blos zu der Philonischen Lehre von den göttlichen Eigenschaften und Kräften, sondern auch zu der alexandrinischen Logoslehre sehr bedeutsame, aber trotzdem selbständige Parallelen. Dahin gehört namentlich die Idee von der göttlichen שכינה oder יקרא, der δόξα θεοῦ, die wir in ausgeprägterer Gestalt allerdings erst bei den, jedenfalls nachchristlichen, chaldäischen Paraphrasten des alten Testamentes, aber der Sache nach auch schon im neuen Testamente finden. Die göttliche Herrlichkeit ward als Lichtwolke gedacht, welche die Israeliten durch die Wüste leitete, und dann über der Stiftshütte sich niederließ. Man kann in derselben nur die palästinensisch-rabbinische Ausprägung eines ähnlichen Gedankens sehen, der auch dem Philonischen Logosbegriffe zu Grunde liegt, und wenn auch z. B. im Hebräerbriefe die Philonische Färbung nicht zu verkennen ist, so muß doch für die verwandten Paulinischen Anschauungen (vergl. 1 Kor. 10, 1 fg.) eine Ableitung aus alexandrinischen Quellen als durchaus unberechtigt zurückgewiesen werden. Ebenfalls palästinischen Ursprungs ist die מימרא, das allmächtige, göttliche Wort, in der späteren Zeit immer bestimmter persönlich gedacht. Sie ist eigentlich das gesprochene Wort des Herrn (Gen. 1, 1), seine mündliche Offenbarung, dann überhaupt das Organ der göttlichen Wirksamkeit, seiner schützenden Gnade wie seiner strafenden Gerechtigkeit. Durch sie ist die Welt geschaffen, sie leitet das Volk durch die Wüste, sie begegnet dem Bileam, und überall, wo sich Gottes Hand mächtig in den Geschicken seines Volkes offenbart, ist es die Memra, die Israel schützt oder straft. Auch diese Idee ruht auf echt hebräischer Grundlage und bei einer näheren Vergleichung mit dem alexandrinischen

Logosbegriffe erhellt schon aus dem ungleichen Umfange der beiderseitigen Vorstellungen, wie wenig hier an eine Herübernahme Platonischer Elemente ins palästinensische Rabbinenthum gedacht werden kann. Es ist nun nur die andere Seite derselben Erscheinung, wenn wir auch die allegorische Auslegung des alten Testamentes nicht ausschließlich bei den Alexandrinern, sondern ebenso, ob auch nicht in dieser ausgedehnten Gestalt, bei den Palästinensern finden. Hierher gehört schon die sogenannte Gamatria; man addirte die Zahlenwerthe eines Wortes und schob ihnen dann einen neuen Sinn unter, indem man das geschriebene Wort mit einem andern von gleichem Zahlenwerthe, welches eigentlich vom Schriftsteller gemeint sein sollte, vertauschte. So wird von Onkelos zu 4 Mos. 12, 1 die häßliche Kuschitin, welche der Ehre unwürdig schien, Moses Gemahlin zu sein, in ein hübsches Mädchen verwandelt, indem für den Ausdruck [illegible] ein Wort von gleichem Zahlenwerthe (= 736) [illegible] gesetzt wird. Bekanntlich setzt der doch sicher in palästinensischen Ideenkreisen sich bewegende Apokalyptiker Johannes in der Stelle 13, 18 dieselbe Art allegorischer Auslegung voraus. Eine große Menge solcher Zahlenspielereien findet sich bei den späteren Rabbinen, und Vieles der Art, was sich bei der gnostischen Secte der Markosier findet, läßt sich nur auf rabbinischen Einfluß zurückführen. Einige andere Beispiele von allegorischer Deutung des alten Testamentes, das wir ebenfalls nur aus rabbinischer Geheimlehre herzuleiten vermögen, finden sich, wie bereits früher bemerkt wurde, bei Paulus 1 Kor. 10, 1 fg.; Gal. 4, 21 fg. In noch ausgedehnterem Maße tritt uns eine Geheimlehre in der sogenannten apokalyptischen Schule und bei den Essenern entgegen[25]), deren innerjüdischer Ursprung uns feststeht, wenn wir auch nicht umhin können, eine theilweise Einwirkung des orientalischen Heidenthums auf die letzteren anzuerkennen. Gleichzeitig ist grade der Essenismus auch noch nach einer andern Seite hin von Wichtigkeit. Indem die Essener, wenn auch nicht den jüdischen Opfercultus überhaupt, so doch jedenfalls die blutigen Opfer verwarfen, befanden sie sich offenbar zu einem sehr bedeutenden Bestandtheile des Mosaischen Gesetzes in einem solchen Gegensatze, daß selbst die allegorische Auslegung kaum hinreichte, diese Kluft zu verdecken. Es blieb also kaum etwas Anderes übrig als jener andere Ausweg, dessen Anfänge wir im Heidenthume schon bei Platon bemerkten, die Aussonderung unechter Bestandtheile, welche in die echte Substanz des Mosaischen Gesetzes eingedrungen seien. Wir sind über die Essener zu wenig unterrichtet, um diese Annahme auch ausdrücklich bei ihnen noch nachweisen zu können; da uns aber bei den Ebioniten eine ganz ähnliche Erscheinung begegnet, so glaubte schon Baur mit gutem Grunde diesen Rückschluß von den Ebioniten auf die Essener wagen zu dürfen[26]).

Das Gesagte wird vorläufig zu dem Beweise ausreichen, wie wenig aus jenen Uebereinstimmungen des

25) Vergl. Hilgenfeld, Apostolische Väter S. 272 fg.
26) Gnosis S. 47.

Gnosticismus mit der alexandrinischen Religionsphilosophie ohne Weiteres auf ein directes Hervorgehen des ersteren aus der letzteren geschlossen werden kann. Alle jene Momente, welche Neander, Baur und Jacobi[27]) zusammengestellt haben, die allegorische Auslegung der heiligen Urkunden, die damit zusammenhängende Unterscheidung eines höheren und eines niederen Standpunktes der Erkenntniß, ebenso wie die Einschiebung von Mittelstufen zwischen Gott und Welt, durch welche die Offenbarung des an sich verborgenen Gottes sich vollziehe, finden sich auch außerhalb der alexandrinischen Kreise im Judenthume wieder. So wenig nun auch ein directer Einfluß der alexandrinischen Religionsphilosophie auf gewisse gnostische Systeme schlechthin geleugnet werden soll, so wenig ist hiermit die Frage nach den letzten Ursprüngen des Gnosticismus an sich schon entschieden.

Durch die ganze bisherige Entwickelung der Begriffe ist nur so viel festgestellt, daß es lange vor dem christlichen Gnosticismus bereits eine Gnosis gab, und zwar ebenso wol unter den Hellenen als unter den alexandrinischen und palästinensischen Juden. Ueberall handelt es sich hier um die Aufgabe, von der Volksreligion eine Brücke zu schlagen zu den neuen philosophischen Anschauungen und so von einem gereifteren Standpunkte der Erkenntniß Altes und Neues dergestalt zu vermitteln, daß trotz des bereits ins Bewußtsein getretenen Unterschiedes die höhere Einheit beider erwiesen wurde.

Derselbe Proceß vollzieht sich nun auch auf dem Boden des Christenthums. Indem das Christenthum als ein neuer höherer Standpunkt zunächst aus der Hülle des jüdischen Nationalglaubens sich losschälte, wiederholten sich ganz dieselben Erscheinungen, nur unter gewissen, durch die Umstände gebotenen Modificationen. Die alte, nach wie vor in ihrem göttlichen Ursprunge anerkannte Autorität waren die heiligen Schriften des alten Testamentes; der neue Gedankeninhalt, der mit dieser festgehaltenen Autorität vermittelt werden mußte, war das Christenthum, welches sich zum orthodoxen Judenthume ganz ähnlich verhielt, wie die griechische Philosophie zu den buchstäblich verstandenen Göttermythen. Es war natürlich, daß die nothwendig gewordene Vermittelung zwischen Altem und Neuem da ihre Anknüpfungspunkte suchte, wo auf jüdischem Boden schon analoge Verhältnisse vorhanden waren; daher die Herübernahme rabbinischer Auslegungskunst bei Paulus und Johannes, das frühzeitige Eindringen essenischer und, wie der Hebräerbrief und Barnabasbrief zeigen, auch specifisch alexandrinischer Elemente.

War nun einmal innerhalb der christlichen Kreise das Bedürfniß erwacht, den heilsgeschichtlichen Standpunkt der Betrachtung zum weltgeschichtlichen zu erweitern, so erhielt die umdeutende Gnosis sofort einen weiteren Spielraum. Die nächste Aufgabe blieb freilich auch so noch immer die Auseinandersetzung mit den Urkunden der alttestamentlichen Religion, und es ist gewiß nicht zufällig, daß die allegorische Auslegung der ältesten

27) In Herzog's Encyklopädie s. v. Gnostiker.

Gnostiker nur eine Erweiterung des schon im Barnabasbriefe so umfassend angewendeten Verfahrens ist. Die älteste Gnosis bewegt sich, wie weiter gezeigt werden wird, noch vorzugsweise auf alttestamentlichem Gebiete. Der leitende Gesichtspunkt blieb hierbei noch immer, das Neue und Absolute der christlichen Religion dem Judenthume gegenüber zu erweisen; hierzu diente aber eben die allegorische Auslegung, und daneben nahm man, wie dies z. B. im Buche Baruch der Fall war, auch den anderen Ausweg gelegentlich zu Hilfe, die Ausscheidung einer Anzahl unechter Bestandtheile aus der echten Substanz. Daß dabei schon frühzeitig, wenn auch nur beiläufig und in untergeordneter Weise auch heidnische Mythen mit in Betracht gezogen wurden, darf um so weniger befremden, als ja auch schon bei den alexandrinischen Juden Aehnliches sich vorfindet; dagegen ist eine umfassendere Berücksichtigung der heidnischen Mythologie sicher erst das Merkmal einer weiter fortgeschrittenen Entwickelung.

Das Eigenthümlichste in dieser gnostischen Auslegungskunst ist nun aber, daß allmählich auch die Aussprüche und Erzählungen des neuen Testamentes ganz in derselben Weise wie die alttestamentlichen allegorisch gedeutet werden. Es ist dies namentlich beim Valentinianischen Systeme der Fall, welches, wie wir durch Irenäus wissen, sich mit seinen Umdeutungen fast ausschließlich auf neutestamentlichem Boden bewegt. So finden die Valentinianer in den 30 Jahren, welche Christus alt geworden, die Dreißigzahl ihrer Aeonen wieder, und dieselben 30 Aeonen bringen sie in der Parabel von den Arbeitern im Weinberge heraus, indem sie die verschiedenen Stunden, zu welchen der Herr die Arbeiter berufen, zusammenrechnen. Die 12 untersten Aeonen werden angedeutet durch die Zwölfzahl der Apostel, und dadurch daß Christus als ein Zwölfjähriger mit den Schriftgelehrten disputirte; die übrigen 18 durch die 18 Monate, während welcher Christus nach seiner Auferstehung noch mit den Jüngern verweilt haben soll; die 10 mittleren Aeonen durch den Anfangsbuchstaben des Namens Ἰησοῦς (ι = 10). Das Leiden, welches den zwölften Aeon ergriff, wird symbolisirt durch den Verrath des zwölften Apostels, durch die 12 Jahre, welche das blutflüssige Weib an ihrer Krankheit litt, desgleichen durch den Umstand, daß Jesus im zwölften Monate nach seiner Taufe gelitten habe. Das verirrte Schaf ist die außerhalb des Pleroma irrende Achamoth; das Weib, welches sein ganzes Haus fegt und so die verlorene Drachme wiederfindet, ist die ἄνω Σοφία, welche ihre Ἐνθύμησιν verloren hat und sie, nachdem Alles gereinigt ist, durch die Parusie des Soter wiederfindet. Auf die durch Christus gestaltete Achamoth bezieht sich auch die Erzählung von der Auferweckung der Tochter des Jair, desgleichen die Geschichte von der Anna, welche, nachdem sie sieben Jahre mit ihrem Manne gelebt, den Rest der Zeit als Witwe zubringt, bis sie den Heiland gesehen und erkannt hat. In derselben allegorischen Weise, wie die neutestamentlichen Erzählungen, werden auch Aussprüche Christi und der Apostel gedeutet. Das Wort am

Kreuze: „Mein Gott, mein Gott, warum hast du mich verlassen" bezeichnet die vom Lichte der Sophia verlassene, durch Ὅρος an der Rückkehr gehinderte Achamoth; ihre Trauer deuten die Worte an: „Meine Seele ist betrübt bis in den Tod," ihre Furcht das Wort: „Vater, ist's möglich, so gehe dieser Kelch an mir vorüber," ihre ἀπορία der Ausspruch: „Und was ich sagen soll, weiß ich nicht." Andere Worte Christi sollen die drei verschiedenen Menschengattungen andeuten. Aehnliche Deutungen finden sich in Bezug auf Paulinische Aussprüche, und von dem Prologe des Johannesevangeliums wissen wir, daß die späteren Valentinianer darin die obere und untere Tetras wiederfanden[28]).

Es ist nicht nöthig, diese Beispielsammlung noch durch ähnliche Deutungen der Ophiten und Basilidianer, welche die Philosophumena enthalten, zu vermehren. Jedenfalls erhellt schon aus dem Gesagten zur Genüge, daß die allegorische Auslegung der Gnostiker zum neuen Testamente völlig dasselbe Verhältniß voraussetzt, welches die Stoiker zu den Göttermythen, die Alexandriner zum alten Testamente einnahmen. Ja, auch jenes anderweite Auskunftsmittel, die Sonderung verschiedenartiger Bestandtheile in den neutestamentlichen Schriften, findet sich namentlich in den ausgebildeteren gnostischen Systemen angewendet. Wie Ptolemäos in dem Briefe an Flora (bei *Epiphan.* Haer. 33) drei verschiedene Bestandtheile des Gesetzes schied, so werfen die Häretiker, d. h. wol eben die Valentinianer, nach dem Zeugnisse des Irenäus (3, 2, 2) den Aposteln vor, sie hätten den Worten des Erlösers vieles Gesetzliche beigemischt, und die Reden Christi selbst rührten nach ihnen nur zum Theil vom höchsten Gotte, zum Theil vom Demiurgen her. Unter denselben Gesichtspunkt ist auch die von Markion vorgenommene Bearbeitung des Lukasevangeliums und der Paulinischen Briefe zu stellen; dieselbe kann nach seiner eigentlichen Absicht durchaus nicht als eine Verstümmelung des Kanon, sondern nur als eine kritische Sichtung des echten Textes der heiligen Urkunden von eingedrungenen unechten Zusätzen betrachtet werden. Es handelt sich auch hier noch, ebenso wie bei der allegorischen Auslegung darum, eine Form zu finden, in welcher die gnostische Weltanschauung mit der festgehaltenen Autorität der neutestamentlichen Urkunden sich vereinbaren ließe.

Grade hierin liegt aber eine bisher noch zu wenig beachtete Schwierigkeit. Ist die Auffassung richtig, daß die Anwendung jener Auskunftsmittel, also namentlich der allegorischen Interpretation, immer nur in Uebergangszeiten, wo Altes und Neues noch in unklarem Kampfe ringt, als eine nothwendige Vermittelung beider Elemente einzutreten pflegt, so muß dasselbe auch von dem Verhältnisse der Gnosis zum Christenthume gelten; die Gnosis würde alsdann eine höhere, über das Christenthum schon hinausgeschrittene Stufe der Entwickelung bezeichnen, nur daß man mit den bisherigen Autoritäten der christlichen Religionsurkunden noch nicht gebrochen hätte. Eine solche Auffassung würde aber schon an der Thatsache scheitern,

28) Vergl. *Iren.* I, 1, 3. I, 3, 1. I, 8, 1 seq. *Mass.*

daß der Gnosticismus durch die weitere Entwickelung des Christenthums selbst wieder überwunden wurde. Je weniger also hier die sonst angewandten Kategorien von einem inneren Zersetzungsprocesse der Volksreligion, von einem innerlich bereits vollzogenen und nur noch nicht für das Bewußtsein ausgesprochenen Bruche mit den alten Autoritäten am Platze sind, um so schwieriger scheint sich die Anwendung der allegorischen Auslegung auch auf die neutestamentlichen Erzählungen und Aussprüche erklären zu lassen. Es kommt hinzu, daß diese Verhältnißbestimmung der Gnosis zum Christenthume auch mit der Grundauffassung in Widerspruch tritt, welche wir oben von der innerchristlichen Bedeutung der Gnosis glaubten aufstellen zu müssen. Bezeichnet die Gnosis wirklich den Fortschritt des Christenthums vom Heilsprincipe zum Weltprincipe, oder den ersten Versuch, vom christlichen Standpunkte, als dem allein absoluten aus, den ganzen Proceß der Weltentwickelung zu begreifen, so erhellt nur um so mehr, wie wenig das Christenthum hier auf gleiche Linie mit den längst zersetzten heidnischen Volksreligionen gestellt werden kann. Ist es grade die innere Lebenskraft des Christenthums selbst, der ihm von Anfang an innewohnende Trieb, sich auch für das Denken, als die absolute, alle Welträthsel enthüllende Religion zu erweisen, so kann der erste Schritt zur Lösung dieser Aufgabe doch unmöglich in der an sich bereits vollzogenen Ueberwindung dieses Christenthums als eines ungenügenden Standpunktes bestanden haben.

Man könnte nun allerdings sagen, die ganze Fragstellung sei schief, weil es sich in der Gnosis gar nicht so sehr um eine Vermittelung zwischen dem Christenthume und einer bereits über dasselbe hinausgeschrittenen Philosophie, als vielmehr um den Gegensatz zwischen volksmäßiger und philosophischer, buchstäblicher und geistiger Auffassung des Christenthums selbst handle. Allein abgesehen davon, daß doch auch hierin schon ein Hinausschreiten des Bewußtseins über das Historische, Positive des Christenthums liegt, so läßt sich doch andererseits gar nicht verkennen, daß der Gedankenkreis, innerhalb dessen sich die Gnosis bewegt, zum guten Theil wirklich aus außerchristlichen Elementen besteht, welche erst in Folge der größeren Ausbreitung des Christenthums unter den Heiden mit demselben in Berührung traten; ist aber dieses der Fall, so sind eben diese philosophischen Gedanken das Neue, ihrer Substanz nach von Außen her an das Christenthum Herantretende, und wenn im Christenthume selbst die Nothwendigkeit aufgewiesen werden kann, vom ethisch-praktischen zum philosophischen Standpunkte fortzuschreiten, und zu dem Ende die schon außerhalb des Christenthums vorhandenen philosophischen Elemente sich zu amalgamiren, so müßte man doch erst wissen, wie weit diese neu aufgenommenen Bestandtheile sich mit dem inneren Wesen des Christenthums selbst vertrügen, ehe man die Frage entscheiden könnte, ob diese Verschmelzung wirklich nichts Anderes als eine nothwendige, innere Entwickelung und nicht doch vielleicht vielmehr eine Auflösung des substantiellen Gehaltes des Christenthums war. Das letztere war nun aber nach der Ansicht der

meisten Forscher wirklich der Fall, und es kehrt jenach die schon früher aufgeworfene Frage wieder, wie denn das, was auf der einen Seite ein nothwendiger Fortschritt in der Entwickelung des im Christenthume selbst gegebenen Principes war, auf der andern Seite zugleich eine Verflüchtigung und Vernichtung dieses Principes gewesen sein könne. Die Gnostiker hätten also, indem sie die absolute Bedeutung des Christenthums zu begründen suchten, zugleich so viel fremde Elemente aufgenommen, daß dadurch ihr Zweck wesentlich wieder vereitelt wurde: aber in wiefern und aus welchen Gründen thaten sie das? Die Lösung dieser Schwierigkeiten kann wie gesagt nur in dem eigenthümlichen Begriffe, den die Gnostiker selbst mit ihrer γνῶσις verbanden und der Stellung, welche sie derselben zu der gemeinchristlichen πίστις geben, gesucht werden.

Durch Epiphanios hatten wir schon früher Kunde von einer eigenen Secte, die den Namen Γνωστικοί führte (Haer. 26); da dieselbe aber nach der ganzen, von jenem Ketzerbestreiter gegebenen Charakteristik ihrer Lehren nur als eine Abzweigung der Ophiten erschien, so war schwer zu begreifen, wie grade diese einzelne Partei zu dem Namen Gnostiker κατ' ἐξοχήν gekommen sein sollte. Aus den Mittheilungen der pseudoorigenischen Philosophumena (V, 6) erfahren wir jetzt, daß Gnostiker vielmehr ein allgemeiner Name der „Ophiten" war, mit welchem diese sich selbst zu bezeichnen pflegten; und wir werden mit Grund behaupten dürfen, daß diese rein aus der Sache selbst, noch nicht von bestimmten inneren Parteiunterschieden, entlehnte Benennung wahrscheinlich mit der ersten Entstehung gnostischer Parteien zugleich sich gebildet habe. Der Verfasser der Philosophumena fügt hinzu, die Naassener hätten diesen Namen angenommen, φάσκοντες μόνοι τὰ βάθη γινώσκειν, d. h. sie schrieben sich den ausschließlichen Besitz einer Geheimlehre zu, welche sich auf die „Tiefen," d. h. auf das verborgene Wesen der Gottheit und die Art ihrer Offenbarung in der Welt bezog. Nach derselben Darstellung behaupten die Naassener, der Anfang der Vollkommenheit sei die Erkenntniß des Menschen, die γνῶσις Gottes aber sei die vollendete Vollkommenheit [29]), und in ähnlicher Weise wird uns als Ansicht der Basilidianer berichtet, die σοφία ἐν μυστηρίῳ λεγομένη, von welcher die Schrift sage: οὐκ ἐν διδακτοῖς ἀνθρωπίνης σοφίας λόγοις, ἀλλ' ἐν διδακτοῖς πνεύματος, bestehe darin, zu wissen: τίς ἐστιν ὁ οὐκ ὤν, τίς ἡ υἱότης, τί τὸ ἅγιον πνεῦμα, τίς ἡ τῶν ὅλων κατασκευή, ποῦ ταῦτα ἀποκατασταθήσεται (Phil. VII, 26). Es ergibt sich schon hieraus, welche bedeutende Stelle die γνῶσις in diesen Systemen einnimmt. Wie in dem innergöttlichen Lebensprocesse der Gedanke immer das erste, der Wille oder die That erst das zweite ist [30]), so gibt

29) Phil. V, 6: ἀρχὴ τελειώσεως γνῶσις ἀ[νθρώπου, θεοῦ δὲ] γνῶσις ἀπηρτισμένη τελείωσις. 30) Von den beiden Diathesis des göttlichen Urwesens, der ἔννοια und dem θέλημα, sagt der Valentinianer Ptolemäus: τὴν μὲν ἔννοιαν ἀεὶ συνυπάρχουσαν ἐν αὐτῷ, ἐννοουμένην ἀεὶ τὸ τί προβάλλεσθαι, τὸ δὲ θέλημα ἐν αὐτῷ ἐπιγενόμενον. πρῶτον γὰρ ἐνενοήθη προβαλεῖν, εἶτα, φησίν, ἠθέλησε. Iren. I, 12, 1 (bei Epiph. 33, 1). Auch

es für den Gnostiker überhaupt nichts Höheres als eben das Wissen, und aller Fortschritt in der Vollkommenheit besteht nur in einem immer tieferen Eingeweihtwerden in die πάθη, in jene Geheimnisse, deren Offenbarung das Verständniß des gesammten Weltverlaufes vermittelt. Es handelt sich aber bei dieser Erkenntniß vor Allem auch darum, zu wissen, an welchem Platze ein jedes zu stehen kommt, oder welchen Rang es, vermöge seiner innern Natur, in der Stufenfolge der Wesen einzunehmen bestimmt ist. In sofern hat die Erkenntniß von dem eigenthümlichen Wesen und Beschaffensein der Dinge (τίς ἡ τῶν ὅλων κατασκευή) ihren Gipfelpunkt in dem Wissen ποῦ ταῦτα ἀποκαταστα θήσεται, d. h. nicht blos die ἀποκατάστασις an sich ist der Gegenstand der γνῶσις, sondern auch die Art und Weise, wie sie sich an allen einzelnen Wesen vollzieht. Die ganze Weltentwickelung endet also in einer Wiederbringung, indem aber der Gnostiker die inneren Gesetze und die letzten Zielpunkte dieser Wiederbringung erkennt, also namentlich auch weiß, welches der Ort ist, welcher im Universum jedem Einzelnen schließlich zugewiesen wird, vermag er auch zugleich die Naturbestimmtheit der verschiedenen Wesen zu erkennen. Der Gnostiker weiß, daß es drei von Natur verschiedene Menschenclassen gibt, πνευματικοί, ψυχικοί, χοϊκοί, und diese Dreitheilung übt einen so entscheidenden Einfluß auf die gnostische Weltanschauung, daß man in ihr mit Recht einen der Hauptgrundzüge der Gnosis gefunden hat. Es ist dies einer der Punkte, wo man am deutlichsten in die dualistische Grundlage aller gnostischen Systeme glaubt hineinblicken zu können; die Frage wird nur auch hier wieder sein, wie jener Gegensatz des Geistigen und Materiellen, in welchem sich nach Baur die gnostische Weltanschauung „durchaus bewegt," in dieselbe hereingekommen ist. Man kann dies nicht erklären, wenn man nicht den Sinn, in welchem jene Dreitheilung von den Gnostikern behauptet wird, schärfer ins Auge faßt. Es ist aber leicht zu sehen, daß auch hier wieder Alles an der absoluten Bedeutung hängt, welche der γνῶσις in allen diesen Systemen eingeräumt wird. Darum weil der Gnostiker das Ziel aller Vollkommenheit in die Erkenntniß setzt, bildet sich für ihn zunächst der Gegensatz von Wissenden und Nichtwissenden, Vollkommenen und Unvollkommenen, oder von solchen, welche befähigt sind, die „Tiefen" zu erkennen, und denen, welchen diese Befähigung abgeht. Es ist diese Unterscheidung so sehr in dem Wesen jeder Geheimlehre begründet, daß sie überall sich findet, wo eine esoterische Ueberlieferung einer exoterischen gegenüber steht. Diejenigen, welche in die Geheimlehre eingeweiht sind, sind die πνευματικοί, die des tieferen, pneumatischen Verständnisses Gewürdigten; die übrigen stehen ihnen, als die am Aeußeren klebende Masse entgegen, die statt des Kernes mit der Schale, statt des Geistes mit dem Buchstaben sich be-

sonst sind unter den Aeonen, in welchen sich das innere Leben der Gottheit auseinanderlegt, die obersten meist solche, die sich auf das Erkennen beziehen, νοῦς, ἀλήθεια, λόγος (Vernunft), φρόνησις u. s. w. Schon Dorner (Entwickelungsgeschichte der Lehre von der Person Christi I, 354) hat hierauf aufmerksam gemacht.

gnügen muß. Ganz derselbe Gegensatz begegnet uns in den heidnischen Mysterien, in der alexandrinischen Speculation und bei den Essenern, und wir haben oben nachgewiesen, wie auch schon das Urchristenthum, vor Allem der Apostel Paulus im Zusammenhange mit seinem Begriffe des μυστήριον, denselben Unterschied kennt. Es sind hiermit zunächst nur zwei Classen von Menschen gegeben, und es leuchtet ein, daß diese Zweitheilung die frühere sein muß. Dies ist aber, wie eine nähere Betrachtung der gnostischen Systeme zeigt, auch bei ihnen wirklich der Fall, und die Zweitheilung erscheint nicht blos in den ältesten Systemen als die eigentlich ursprüngliche, sondern sie blickt auch durch künstlichere Scheidungen überall wieder als die eigentliche Grundlage hindurch. Am deutlichsten ist dies noch in dem Buche Baruch, welches dem Systeme des Gnostikers Justin zur Grundlage diente Phil. V, 22 fg. Allerdings werden auch hier schon drei ἀρχαί genannt, zwei männliche und eine weibliche (Phil. V, 26). Die erste ἀρχή ist der ἀγαθός, welcher allein diesen Namen führt, die zweite der πατὴρ πάντων τῶν γεννητῶν, Elohim, die dritte endlich ist Edem, eine mythische Personification der Erde. Diese Dreiheit entspricht aber so wenig der sonst gewöhnlichen Dreitheilung in das pneumatische, psychische und materielle Princip, daß es in der That, was die innere Wesensbestimmtheit anlangt, nur zwei Principien gibt. Denn auch der Vater alles Gezeugten ist seiner Natur nach pneumatisch, und wie der Mensch von Elohim und Edem als Symbol ihrer Einheit und Liebe geschaffen wurde, da gab der Vater das πνεῦμα, die Mutter die ψυχή; zwischen dem Psychischen und dem Materiellen ist aber bei Justin nicht weiter geschieden. Auch das System Saturnin's kennt nur ein gutes und ein böses Menschengeschlecht, das eine wie das andere von den weltschöpferischen Engeln gebildet. In den Hauptgegensätzen zwischen Licht und Finsterniß, oben und unten, Rechtem und Linkem, Männlichem und Weiblichem, liegt die Zweitheilung ohnehin auf der Hand. Wir finden aber, daß selbst in Systemen, welche, wie das der Peraten und Sethianer nach der Darstellung der Philosophumena, die Dreitheilung selbst an die Spitze stellen, dieselbe sich im weiteren Verlaufe wieder auf die Zweitheilung reducirt. Diese Zweitheilung geht nun, wie wir behaupten müssen, nicht von jenem ursprünglichen Gegensatze zwischen Geist und Materie aus, sondern die freilich schon in den ältesten Systemen sich findende Herübernahme dieses metaphysischen Dualismus ist nur eine Consequenz der gnostischen Grundunterscheidung zwischen Wissenden und Unwissenden, zwischen einer geringen Anzahl Eingeweihter und der draußen stehenden, profanen Menge. Das, was den eigentlichen Gegensatz bildet, ist die διδασκαλία und μάθησις, wie die Sethianer sagen (Phil. V, 21), d. h. die Mittheilung der γνῶσις, und wenn man auch von den Einzelnen niemals wissen kann, wie viele ihrer sich durch Annahme der διδασκαλία als befähigt zur Einweihung in die gnostischen Geheimnisse erweisen werden, so kann doch der Grund, daß thatsächlich nur eine so geringe Anzahl zur γνῶσις gelangt, in nichts Anderem gesucht werden, als darin, daß eben nur verhältnißmäßig Wenige erwählt sind. Es ist dies ganz dieselbe Reflexion über ein thatsächlich vorliegendes Verhältniß, welche schon im ursprünglichen Christenthume zu dem Gegensatze zwischen Berufenen und Erwählten geführt hat, ein Gegensatz, welcher, um vom Johannesevangelium hier ganz abzusehen, in der Prädestinationslehre des Apostels Paulus bereits bis zu einer solchen Schärfe ausgebildet ist, daß man von allen subjectiven Gründen der Erwählung oder Nichterwählung, welche aus dem verschiedenen Verhalten der Menschen zu der an sie ergangenen Heilsbotschaft abgeleitet werden können, zu den letzten objectiven Gründen in dem unerforschlichen, allem menschlichen Thun vorausgehenden, schlechthin freien göttlichen Rathschluß hinaufzusteigen sich gedrungen fühlt (Röm. 9). Es erhellt von selbst, daß auch der metaphysische Dualismus der Gnostiker nur eine weitere Durchführung desselben Gedankens ist, und so gewiß hierbei heidnische Einflüsse mit obgewaltet haben, so entschieden müssen wir andererseits auf der Forderung bestehen, daß das Eindringen dieses heidnischen Vorstellungskreises ins Christenthum selbst wieder nicht als etwas einfach Thatsächliches, begrifflich nicht weiter Abzuleitendes hingestellt, sondern aus dem inneren Wesen der Gnosis begriffen werde. Wie wenig dieser metaphysische Dualismus und seine Kehrseite, die fatalistische und deterministische Weltbetrachtung, als der eigentliche Ausgangspunkt des Gnosticismus betrachtet werden könne, ergibt sich auch aus dem hohen Gewichte, welches grade die bedeutendsten Gnostiker, wie Basilides und Valentin auf die ethischen Probleme legen, und aus dem bei beiden offenbar sehr ernstlich gemeinten Streben, auch der Willensfreiheit und sittlichen Selbstverantwortlichkeit zu ihrem Rechte zu verhelfen. Diese Thatsache, welche namentlich aus den von Clemens Alexandrinus uns aufbewahrten Fragmenten hervorgeht, gewinnt für die späteren Stadien der Gnosis, wie namentlich das Buch Pistis Sophia zeigt, noch eine besondere Bedeutung. Daß es den Gnostikern nicht gelungen ist, die sittliche Willensfreiheit mit der ewigen Naturbestimmtheit, die sie zugleich voraussetzen mußten, zu vereinigen, ist freilich wahr, aber wem war, zumal in der ältesten Kirche, überhaupt eine wirkliche Lösung dieses Problems gelungen? Wenn also Baur den Grund, warum das Höchste, um das es sich in allen gnostischen Systemen handelt, in letzterer Beziehung immer wieder das Wissen und Erkennen ist, eben auf jenen gnostischen Dualismus zurückführt, welcher kein eigentliches Werden und Entstehen, sondern nur Mischungen und Verbindungen, Absonderungen und Trennungen kennt, daher Alles zuletzt nur darauf hinauslaufe, daß dieser Gegensatz des Geistigen und Materiellen als das, was er an sich ist, erkannt, und im Bewußtsein der wissenden Subjecte in seiner ganzen Weite auseinandergehalten werde[81]), so sind wir in dem Falle, unsererseits das Verhältniß umkehren zu müssen. Nicht der aus dem Heidenthume herübergenommene Dualismus ist der letzte Grund für die absolute Bedeutung, welche die γνῶσις in diesen

81) Das System des Gnostikers Basilides und die neuesten Auffassungen desselben. Theol. Jahrb. 1856, I. S. 128.

Systemen hat, sondern der aus dem Begriffe der γνῶσις selbst sich ergebende Gegensatz eines geistigen und eines sinnlichen Standpunktes der Betrachtung führt in seiner weiteren Consequenz zu dem metaphysischen Gegensatze von Geist und Materie. Der Begriff der γνῶσις als solcher kann aber nur abgeleitet werden aus dem in dem Wesen des Christenthums selbst von Vornherein gelegenen Triebe vom Glauben zum Wissen, von dem einfach Historischen, Thatsächlichen zu seinen tieferen in dem Wesen des Geistes selbst gelegenen Gründen sich zu erheben.

Daß aber jene Zweitheilung in πνευματικοί und ψυχικοί oder σαρκικοί im weiteren Verlaufe der gnostischen Bewegung sich zu einer Dreitheilung erweitert, kann ebenfalls nur aus dem Begriffe der Gnosis entwickelt werden. Wie das Christenthum dem Judenthume und Heidenthume, so stellte sich die Gnosis dem einfachen Standpunkte des christlichen Glaubens selbst wieder als eine höhere Stufe der Vollkommenheit gegenüber; da aber die Gnosis selbst Nichts sein wollte als die tiefere Erkenntniß von dem Wesen des Christenthums, so ergab sich von selbst, daß der Standpunkt der einfach Gläubigen zwar als ein beschränkter und unvollkommener, aber darum doch keineswegs als ein aller Wahrheitselemente entblößter betrachtet werden konnte. Der volle Gegensatz zu der gnostischen Vollkommenheit war also nur da, wo man überhaupt von jenen höheren Wahrheiten, welche die Gläubigen wenigstens in bildlicher Hülle besaßen, noch gar keine Ahnung hatte, oder wo man der Erkenntniß dieser Wahrheiten wol gar sich feindselig gegenüberstellte. Ein solcher Gegensatz war ja aber auch schon in dem gemeinchristlichen Bewußtsein gegeben, zwischen dem göttlichen Reiche und seinem Haupte Christus auf der einen, und dem Reiche dieser Welt mit seinem Beherrscher dem Teufel, dem θεὸς τοῦ αἰῶνος τούτου (2 Kor. 4, 4) mit seinen ἄρχοντες (1 Kor. 2, 6. 8) und κοσμοκράτορες (Eph. 6, 12) auf der anderen Seite. Wie man nun auch das Verhältniß der vorchristlichen Entwickelung näher bestimmen mochte, den Gegensatz selbst fanden die Gnostiker vor und nahmen ihn aus der gemeinchristlichen Anschauung in ihre Systeme herüber. Da man andererseits aber bei der religionsgeschichtlichen Betrachtung doch wieder einen Unterschied der vorchristlichen Religionen zugeben mußte, so konnte man dem Judenthume nur eine Mittelstellung zwischen Heidenthum und Christenthum einräumen, woraus sich denn die Dreitheilung in πνευματικοί ψυχικοί und χοϊκοί von selbst ergab. Dagegen ist es nun bemerkenswerth, daß in den ausgebildeteren Systemen der Begriff des Psychischen auf den einfachen Standpunkt der πίστις übergetragen wird. Die Gnosis in ihrer absoluten Bedeutung konnte in dieser nur einen niederen Standpunkt, eine Mittelstufe zwischen der γνῶσις als dem allein vollkommenen Christenthume und den dem Christenthume überhaupt fremden, feindseligen Elementen sehen. Die nähere Ausführung dieser Grundgedanken ist in den verschiedenen Systemen dieses Stadiums verschieden, einzelne haben die Mittelstufe der ψυχικοί den Pneumatikern so nahe gerückt, daß der Unterschied zwischen beiden fast nur als ein verschwindendes Moment erscheint, andere drückten sie wieder so tief herab, daß das Hylische sich nur wie die gesteigerte Potenz des Psychischen darstellt, darin aber stimmen alle überein, daß die Dreitheilung, trotz der metaphysischen Wendung, die ihr im Verlaufe des Systemes gegeben wird, ursprünglich nur das verschiedene Verhältniß andeutet, in welchem die verschiedenen Menschenclassen zur Gnosis stehen.

Mit dem Allen scheint noch immer Nichts gesagt zu sein, was nicht der katholischen Gnosis der Alexandriner ebenfalls eigen wäre. Die Dreitheilung ist bei Clemens von Alexandrien schon aus seinem dreifach getheilten Hauptwerke und der verschiedenen Bestimmung jeder einzelnen der drei Abtheilungen wieder zu erkennen, und wie er innerhalb des Christenthums selbst zwischen *πίστις* und *γνῶσις*, als einem niederen und einem höheren Standpunkte scheidet, so kennt auch Origenes einen *χριστιανισμὸς σωματικός* und einen *χριστιανισμὸς πνευματικός*, ein *αἰσθητὸν εὐαγγέλιον* und ein *εὐαγγέλιον πνευματικόν*, ja sogar die von Clemens wie es scheint geflissentlich vermiedene Dreitheilung in *πνευματικοί, σαρκικοί* und *ψυχικοί* läßt sich bei ihm nachweisen.

Es ist ganz richtig von Baur bemerkt worden, daß jene *ἀποκατάστασις*, welche als der eigentliche Mittelpunkt der gnostischen Weltanschauung erscheint, sich durch nichts Anderes vollzieht, als eben dadurch, „daß die *τῶν ὅλων κατασκευή* im Bewußtsein der wissenden Subjecte als das, was sie an sich ist, gewußt und erkannt werde“ [32]). Die absolute Bedeutung, welche der *γνῶσις* in allen diesen Systemen zukommt, zeigt sich an keinem Punkte so klar, als da, wo die Gnostiker auf dasjenige zu sprechen kommen, was bei ihnen bald als Wiederbringung, bald als Wiedergeburt oder Erlösung bezeichnet wird. Die höchste Stufe der Erkenntniß ist nach den Gnostikern diese, wo dem *πνευματικός* mit dem Bewußtsein seines eigenen Wesens auch zugleich das Bewußtsein des Ueberweltlichen erwacht; indem er sich aber dadurch zugleich seines Unterschiedes von allen denen bewußt wird, die nicht zu gleicher Höhe der Erkenntniß emporzusteigen vermögen, beginnt damit zugleich für die ganze pneumatische Menschheit der große Scheidungsproceß, welcher erst dann sein Ende erreicht hat, wenn nicht blos alles Pneumatische den ihm bestimmten Ort im Universum erreicht, sondern auch die Wesen niederer Stufen alle zu der Stelle, die sie ihrer Natur nach zu erreichen vermögen, wiedergebracht sind. In sofern nehmen allerdings auch die *ψυχικοί* an der *γνῶσις* Theil, ja die Erlösung ist nach dem Valentinianischen Systeme recht eigentlich für die Letzteren bestimmt, da den Pneumatikern das Bewußtsein ihres höheren Wesens doch niemals völlig abhanden kommen konnte; aber die den Psychikern bestimmte Erkenntniß bleibt selbst auf den höchsten Stufen dennoch eine beschränkte, ein Gedanke, den die Basilidianer der Philosophumena durch die große *ἄγνοια* ausdrücken, welche, nachdem alles Pneumatische in die obere Welt des nichtseienden Gottes aufgenommen ist, über alles auf niederen Stufen des Daseins Zurückbleibende

32) Theol. Jahrb. a. a. O. S. 129.

ausgebreitet werden wird. Es zeigt sich auch hier wieder sehr deutlich, wie der ganze Wesensunterschied, den die gnostischen Systeme zwischen den Pneumatikern und den Psychikern machen, in nichts Anderem besteht, als in dem verschiedenen Grade ihrer Befähigung für die *γνῶσις*, ist aber dieses der Fall, so hat offenbar Alles, was zunächst nur in der mythischen Einkleidung eines kosmogonischen Processes erscheint, wesentlich phänomenologische Bedeutung, als die Geschichte des aus dem Naturleben erwachenden und seiner selbst bewußt werdenden Geistes, der je nach der individuellen Begabung zu höheren oder niederen Stufen der Erkenntniß emporsteigt.

Man muß, um diese von Baur mit Recht so genannte idealistische Seite der gnostischen Systeme vollkommen zu würdigen, nur die Bedeutung näher ins Auge fassen, welche das Valentinianische System der *γνῶσις* für den gesammten Proceß der Weltentwickelung einräumt. Dieser Proceß zielt nach demselben gleich von Vornherein auf nichts Anderes ab, als auf die *γνῶσις* des *ἀγνώστου πατρός*, und wie dieser selbst erst dadurch zur *γνῶσις* seiner selbst gelangt, daß er in einer Reihe von Aeonen seinen an sich verborgenen Inhalt auseinanderlegt, so liegt es gleich von Anfang an in seiner Absicht, sich den Aeonen zu erkennen zu geben, nur daß diese Offenbarung in einer bestimmten Ordnung und Stufenfolge sich entfalten muß [33]). Wie daher die Störung im Pleroma und der Fall der Sophia dadurch verursacht ist, daß diese ihre Schranken überspringend zur unmittelbaren Erkenntniß des Vaters gelangen will, was ein an sich unmögliches Begehren war, so kann sie erst dann von ihrer Trauer und Furcht, ihrem Außersichsein und ihrer Verwirrung geheilt werden, nachdem sie erkannt hat, daß der Vater seinem Wesen nach unbegreiflich ist. Erst dadurch, daß sie zu der Einsicht in die Unmöglichkeit ihres Beginnens kommt, wird sie von ihrem widersinnigen Streben, ihrer *ἐνθυμήσεις* und ihren *πάθη* befreit. Jeder weiteren Störung im Pleroma wird durch den vom Monogenes emanirenden *ὅρος* vorgebeugt, welcher, indem er die Befreiung der Sophia von ihrer *ἐνθύμησις* vollzieht, jeden einzelnen Aeon an seinem Platze befestigt, und dadurch weitere unnatürliche Grenzverletzungen hindert, zugleich als der *λυτρωτής* und der *μεταγωγεύς* bezeichnet wird, als der Erlöser und Wiederbringer. Die volle Herstellung der gestörten Harmonie erfolgt aber erst durch die Emanation eines neuen Aeonenpaares Christus und heiliger Geist: Christus nämlich belehrt die Aeonen über das Wesen der von der Sophia verletzten Syzygie, und unterrichtet sie zugleich, daß jede Erkenntniß des Vaters nur vermittelt wird durch den Monogenes, der als die Offenbarungsseite des Vaters die Ursache alles Werdens und aller Gestaltung ist, während der Vater nur der ewig unwandelbare Urgrund für alles Sein, in

33) Vergl. Excerpta ex script. Theod. §. 7. *ἄγνωστος οὖν ὁ πατὴρ ὢν ἠθέλησεν γνωσθῆναι τοῖς αἰῶσι, καὶ διὰ τῆς ἐνθυμήσεως [τοῦ] ἑαυτοῦ, ὡς ἂν ἑαυτὸν ἐγνωκὼς πνεῦμα γνώσεως, οὔσης ἐν γνώσει, προέβαλε τὸν μονογενῆ. γέγονεν οὖν καὶ ὁ ἀπὸ γνώσεως, τουτέστι τῆς πατρικῆς ἐνθυμήσεως, προελθὼν γνῶσις, τουτέστιν, ὁ υἱός, ὅτι δι' υἱοῦ ὁ πατὴρ ἐγνώσθη.*

diesem seinem Ansich aber zugleich auch ewig unbegreiflich bleibt. Wie also das Streben des Geistes nach einer seiner Natur nach ihm ewig versagten Erkenntniß die Ursache aller Störung im Geisterreiche, so ist die Herstellung der Harmonie eben durch die Mittheilung der rechten Erkenntniß bedingt, indem jedes einzelne Glied in Gemäßheit der ihm gewordenen Einsicht diejenige Stellung im Ganzen einnimmt, die ihm gebührt. Die Entwickelung außerhalb des Pleroma ist nun Nichts als das Abbild der im Pleroma selbst vollzogenen *ἀποκατάστασις*, und wie dort, so wird auch hier die Wiederbringung durch die Mittheilung der *γνώσεως* vollzogen. Dies ist zunächst bei der *κάτω Σοφία* oder Achamoth der Fall, der von der *ἄνω Σοφία* abgetrennten *ἐνθύμησις*. Sie ist (vergl. *Iren.* 1, 4, 1 *Mass.*) abgesondert *ἐν σκιᾶς καὶ κενώματος τόποις* außerhalb des Lichts und des Pleroma, *ἄμορφος καὶ ἀνείδεος, ὥσπερ ἔκτρωμα, διὰ τὸ μηδὲν κατειληφέναι*. Der Anfang ihrer Befreiung geschieht nun durch die vom oberen Christus an ihr vollzogene *μόρφωσις κατ' οὐσίαν*, aber noch nicht *κατὰ γνῶσιν*. Es ist dies der erste Schritt zur Wiederbringung, der darin besteht, daß die Achamoth, welche bis dahin alle Gestaltung und alles Bewußtsein entbehrt hat, wenigstens zum Bewußtsein ihres Leides und zur Sehnsucht nach dem Höheren gelangt. Dagegen bleibt sie noch in tiefer Unwissenheit über Alles, was über ihr ist, und alle Leiden, die sie ergreifen, die Trauer, die Furcht und die Verwirrung, sind Nichts als die Qualen des in der Endlichkeit befangenen, mit den sinnlichen Affecten und den Fesseln der Materie behafteten, vergeblich nach dem Unendlichen zurückstrebenden Geistes. Erst ihr Gebet an das von ihr gewichene Licht bewirkt ihre Befreiung von ihren Qualen: indem der Soter zu ihr herniedersteigt, vermittelt dieser die *μόρφωσις κατὰ γνῶσιν* und die *ἴασις τῶν παθῶν*, d. h. sie erwacht zu dem ihr bisher noch fehlenden Bewußtsein der übersinnlichen Welt, und wird dadurch von allen ihr noch anhaftenden sinnlichen Affecten gereinigt (*Iren.* 1, 4, 3. Excerpta ex scriptis Theodoti §. 45). Der Welterlösungsproceß ist aber damit noch lange nicht vollbracht, sondern auch die pneumatischen Geburten der Achamoth, welche ausgesendet sind, um hier unten mit den Psychischen gestaltet zu werden, müssen noch aus der unteren Welt befreit, und so mit der Achamoth zu dem Pleroma, dem sie ihrem Wesen nach angehören, zurückgebracht werden. Zu dem Ende wird Jesus gesendet, der, indem er die übersinnlichen Geheimnisse offenbart, die *μόρφωσις κατὰ γνῶσιν* an den Pneumatikern beginnt, und zugleich den Psychikern diejenige Erlösung vermittelt, zu der sie, soweit es ihre Natur und ihr sittliches Leben gestattet, befähigt sind. Die Vollendung des ganzen Weltprocesses oder die *συντέλεια* aber wird eintreten, *ὅταν μορφωθῇ καὶ τελειωθῇ γνώσει πᾶν τὸ πνευματικόν, τουτέστιν οἱ πνευματικοὶ ἄνθρωποι, οἱ τὴν τελείαν γνῶσιν ἔχοντες περὶ θεοῦ καὶ τῆς Ἀχαμώθ· μεμυημένους δὲ μυστήρια εἶναι τούτους ὑποτίθενται* (*Iren.* 1, 6, 1). Die Begriffe *γνῶσις* und *ἀπολύτρωσις* fallen daher für die Valentinianer ausdrücklich zusammen; die Erlösung ist die Erkenntniß der unaussprechlichen Größe: daher sie folgerichtig nicht auf Leib und Seele, sondern nur auf das *πνεῦμα*, den inwendigen Menschen sich bezieht [34]).

Es ist dies ganz derselbe Begriff der Erlösung, welcher auch in anderen gnostischen Systemen uns begegnet. Nach den Basilidianern der Philosophumena ist das Evangelium gradezu *ἡ τῶν ὑπερκοσμίων γνῶσις* (Phil. VII, 27. p. 243 *Miller*) und ganz dieselbe Grundanschauung ist in dem von dem Verfasser der Philosophumena mitgetheilten Ophitischen Hymnus enthalten Phil. V, 10:

εἶπεν δ' Ἰησοῦς [cod. *ἰησοῦς*] *ἐσορᾷ* [cod. *ἐσόρ*] *πάτερ·*
ζήτημα κακῶν (*τόδ'*) *ἐπὶ χθόνα*
ἀπὸ σῆς πνοῆς ἀποπλάζεται.
ζητεῖ δὲ φυγεῖν τὸ πικρὸν χάος,
καὶ οὐκ οἶδε πῶς διελεύσεται.
τούτου με χάριν πέμψον, πάτερ·
σφραγῖδας ἔχων καταβήσομαι,
αἰῶνας ὅλους διοδεύσω,
μυστήρια πάντα δ' ἀνοίξω,
μορφάς τε (cod. *δὲ*) *θεῶν ἐπιδείξω·*
[*καὶ*] *τὰ κεκρυμμένα τῆς ἁγίας ὁδοῦ,*
γνῶσιν καλέσας, παραδώσω.

Auch in einem der spätesten Systeme, dem des Buches Pistis Sophia, begegnet uns noch wesentlich dieselbe Anschauung von der Wirksamkeit Jesu auf Erden [35]); er kommt herab, um die Mysterien des Lichtreiches den Menschen mitzutheilen (mysteria luminis dare *γένει* hominum p. 121 seq. oder mysteria ducere in *κόσμον* p. 278) und zwar besteht diese Mittheilung theils in Belehrungen über die *τόποι ἀληθείας*, theils in der Offenbarung der die Sündenvergebung vermittelnden Mysterien im engeren Sinne, unter denen gewisse heilige Formeln eine hervorragende Rolle spielen. Diese belehrende Thätigkeit Jesu zerfällt nach dem Verfasser in zwei unterschiedene Acte: vor der Auferstehung enthüllt er seinen Jüngern nur die allgemeinen Grundzüge der *γνῶσις*, zum Theil in parabolisch-änigmatischer Rede: nach der Auferstehung wird von ihm nicht nur der verborgene Sinn dieser Parabeln enthüllt, sondern zugleich Alles bisher nur im Allgemeinen Angedeutete bis ins Einzelnste hinein offenbart. Das Hauptgewicht fällt also doch auch hier wieder auf die *γνῶσις* in ihrer specifischen Bedeutung, und die höchste Stufe der Vollkommenheit, zu welcher die Menschen zu gelangen vermögen, ist dem entsprechend auch hier in die Erkenntniß der Geheimnisse der höheren Welt gesetzt (vergl. S. 15 fg. 28 fg. 56. 82. 187. 275. 357). Diese Auffassung des Erlösungswerkes ist doppelt wichtig in einem Systeme, welches in seiner überwiegend ethischen

34) *Iren.* Haer. 1, 21, 4: *εἶναι δὲ τελείαν ἀπολύτρωσιν αὐτὴν τὴν ἐπίγνωσιν τοῦ ἀρρήτου μεγέθους· ὑπ' ἀγνοίας γὰρ ὑστερήματος καὶ πάθους γεγονότων, διὰ γνώσεως καταλύεσθαι πᾶσαν τὴν ἐκ τῆς ἀγνοίας σύστασιν· ὥστε εἶναι τὴν γνῶσιν ἀπολύτρωσιν τοῦ ἔνδον ἀνθρώπου. Καὶ μήτε σωματικὴν ὑπάρχειν αὐτήν, φθαρτὸν γὰρ τὸ σῶμα· μήτε ψυχικήν, ἐπεὶ καὶ ἡ ψυχὴ ἐξ ὑστερήματος ... πνευματικὴν οὖν δεῖν καὶ τὴν λύτρωσιν ὑπάρχειν· λυτροῦσθαι γὰρ διὰ γνώσεως τὸν ἔσω ἄνθρωπον τὸν πνευματικόν, καὶ ἀρκεῖσθαι αὐτοὺς τῇ τῶν ὅλων ἐπιγνώσει· καὶ ταύτην εἶναι λύτρωσιν ἀληθῆ.* Vergl. auch 1, 21, 1 u. 2.

35) Vergl. Köstlin, Das gnostische System des Buches Pistis Sophia, Theologische Jahrb. 1854, 2 S. 151 fg.

Grundanschauung selbst den Unterschied der Pneumatiker, Psychiker und Hyliker verwischt, und wenn es auch von einer durch die Geburt bedingten Verschiedenheit der Seelen weiß, diese doch dergestalt zu einer blos relativen herabsetzt, daß es jedem ohne Ausnahme die Möglichkeit der Beseligung offen läßt [36]).

Es bedarf nach dem Angeführten keiner längeren Auseinandersetzung, um die Bedeutung, welche der Erlösung in den gnostischen Systemen zukommt, zu charakterisiren. Zeigt sich auf der einen Seite grade darin die specifisch christliche Haltung der Gnostiker, daß die Erscheinung Christi und die Verkündigung des Evangeliums der große Wendepunkt ist, mit welchem die Rückkehr des abgefallenen, endlichen Geistes zum unendlichen seinen Anfang nimmt, so kann die Art und Weise, in welcher das Wesen der Erlösung bestimmt ist, nur als eine idealisirende Verflüchtigung der historischen Thatsachen des Christenthums bezeichnet werden. Das Charakteristische liegt eben in dem, wovon diese Systeme den Namen tragen, d. h. in der specifischen und absoluten Bedeutung, welche sie der Gnosis im Christenthume einräumen. Das Wesen des Christenthums selbst wird in die Gnosis gesetzt, und der durch die Erlösung vermittelte Umschwung in der Weltgeschichte besteht eben in der Mittheilung dieser vollkommenen Gnosis, d. h. in der Erkenntniß der übersinnlichen Dinge und des durch die κατασκευὴ τῶν ὅλων bedingten weltgeschichtlichen Entwickelungsprocesses. Die Erscheinung Christi hat den Zweck, die ἀποκατάστασις oder συντέλεια dadurch herbeizuführen, daß Alles zu dem Platze wiedergebracht wird, der jedem seiner Bestimmung nach gebührt; da aber diese Wiederbringung eben nur darin besteht, daß die Pneumatiker zum Bewußtsein dessen gelangen, was sie an sich schon sind, so kann auch die Erlösung für die Gnostiker nicht die Bedeutung gehabt haben, welche sie nach der gemeinchristlichen Grundanschauung beanspruchen muß.

Alles Positive, Historische, Thatsächliche in der Person und dem Werke Christi wird hinter die ideale, speculative Bedeutung der Erlösung zurückgestellt. Der Gnostiker bedarf weder eines geschichtlichen Erlösers, noch einer geschichtlichen Erlösung in dem Sinne, wie dies die katholische Lehre faßt, sondern nur einer irgendwie an die Pneumatiker ergehenden göttlichen Offenbarung über ihr eigenes ihnen verborgenes Wesen. Daher ist für die Gnosis jede christologische Anschauung hinreichend, welche nur überhaupt die weltgeschichtliche Bedeutung des Christenthums, als der absoluten Offenbarung der übersinnlichen Geheimnisse, wahrt; auf welche Art diese Offenbarung bewirkt werde, ist ihr gleichgültig. Daher grade in christologischer Beziehung freier Raum bleibt für die größte Mannigfaltigkeit der Vorstellungen [37]). Nach der ältesten Ansicht ist Jesus ein gewöhnlicher Mensch von Joseph und der Maria geboren, nur an Gerechtigkeit und

36) Köstlin a. a. O. Heft 1. S. 29. 37) Vergl. hierzu auch Baur, Gnosis S. 255 fg. und Dorner, Entwickelungsgeschichte I, 350 fg., deren Darstellungen nach dem Folgenden theilweise zu berichtigen sind.

Weisheit über die Anderen erhaben (so die älteste ebionitische Vorstellung, die sich auch noch bei Karpokrates findet); bei der Taufe kommt das göttliche Pneuma von Oben in Gestalt einer Taube auf ihn herab, und offenbart ihm den unbekannten Vater (so wahrscheinlich noch Kerinth)" [37a]), oder die Erkenntniß der überirdischen Dinge wird ihm einfach durch einen Engel zu Theil, und sein Verdienst besteht darin, daß er die ihm gewordene Kunde nicht wie die vor ihm gekommenen Propheten verfälscht (Justin). Auch späterhin blieb eine Partei bei der Annahme stehen, daß dem Menschen Jesus (von dem aber der Soter, der Sohn der Hebdomas und der Sohn der Ogdoas, geschieden werden) das Evangelium gleich dem Naphtha, das aus der Ferne Feuer fängt, von Oben her zugekommen sei (Basilidianer der Philosophumena). Wurde dagegen, wie dies frühe ebenfalls in der Kirche und schon in judenchristlichen Kreisen geschah, der Erlöser selbst als ein überirdisches Wesen gefaßt, so gestaltete sich die Vorstellung von seinem irdischen Leben doketisch. Ein Vorbild boten hierzu schon die jüdischen Angelophanien. Die weitere Ausführung ließ auch hier die größte Mannigfaltigkeit zu; nach der einfachsten Vorstellung steigt einer der höchsten Aeonen aus der Geisterwelt in einem Scheinkörper auf die Erde hernieder, um die pneumatischen Seelen zu befreien und die Gewalt der bösen Weltherrscher zu brechen (Saturnin und später Markion), während andere Systeme, wie das Ophitische nach Irenäus, beide Anschauungen verbinden, und auf den Menschen Jesus den Aeon Christus herniedersteigen lassen. Noch künstlicher ist die Valentinianische Lehre; sie scheidet nicht nur den oberen Christus vom Soter, sondern setzt auch in dem Menschen Jesus, mit dem sich der Soter vereinigt, alle Bestandtheile, die er erlösen kann, den Geist von der Achamoth, die ψυχή vom Demiurgen, und einen wunderbar gebildeten psychischen Leib. Spätere Systeme führen den letzteren Gedanken noch weiter aus; auch die Basilidianer der Philosophumena lassen in Jesus alle in der κατασπερμία τοῦ κόσμου gemischten Bestandtheile vereinigt sein, und die Erlösung besteht darin, daß er die ἀπαρχὴ τῆς φυλοκρινήσεως τῶν συγκεχυμένων ist; nach der (übrigens ziemlich widerspruchsvollen) Peratenlehre steigt aus den beiden oberen Welten, der ungezeugten und der selbsterzeugten, ein dreigestaltiger Mensch herab (τριφυῆ τινα καὶ τρισώματον καὶ τριδύναμον ἄνθρωπον), welcher von allen drei Theilen der Welt die Mischungen und Kräfte in sich trug, um Alles dreifach Getheilte zu erlösen (Phil. V, 12). Eine ähnliche Composition verschiedener Elemente zur realen Darstellung der Beziehung, in welcher der Erlöser zu den verschiedenen Theilen des

37 a) Wenn Iren. I, 26, 1 dem Kerinth die Ansicht zuschreibt, daß Christus auf den Menschen Jesus herabgestiegen und leidenslos geblieben sei, während dieser litt, so kann ich hierin nur eine ungenaue Angabe sehen, die nach der obigen Darstellung berichtigt werden muß. Der richtige Sachverhalt leuchtet noch durch die Angabe hindurch, daß „Christus" ἐν εἴδει περιστερᾶς bei der Taufe herabgestiegen sei. Natürlich schrieben aber die spätern Darsteller dem Irenäus diesen aus der Vermischung der Lehre Kerinth's mit spätern gnostischen Anschauungen leicht erklärlichen Irrthum nach.

Weltalls steht, lehrt auch das Buch Pistis Sophia, nur daß hier sämmtliche Bestandtheile von Oben herniedergekommen; der unmittelbar aus dem Mysterium des ineffabilis hervorgegangenen Christus legt sein leuchtendes Prachtgewand ab und bereitet sich selbst den Jesus zu, zur ψυχή nimmt er eine Lichtkraft vom großen Sabaoth im Orte der Rechten, zum σῶμα eine Kraft von der Barbelo im dreizehnten Aeon; zum Begleiter seiner Jugendzeit fügt das erste Mysterium noch ein πνεῦμα hinzu, zuletzt steigt Christus selbst bei der Taufe auf ihn hernieder [38]).

Das, was allen diesen Systemen gemeinsam ist, ist eben nur die an die Erscheinung Christi geknüpfte Mittheilung der γνῶσις; sei es nun, daß Christus selbst sie erst von Oben erhält, oder daß er sie von Oben herniederbringt, oder daß durch die Annahme einer zusammengesetzten Persönlichkeit beide Vorstellungen combinirt werden. Ist Jesus ein wirklicher Mensch, so erscheint er nur als der Erstling der Erlösten, wie er denn nach Basilides ausdrücklich selbst der Erlösung bedarf (*Clem. Al.* στρ. IV, 12. p. 217 *Sylb.* 600 sq. *Pott.*); stammt er von Oben, so ist er zwar ein wirklicher Erlöser, aber kein wirklicher Mensch [39]), und auch die späteren Versuche, diese Kluft auszufüllen, neigen sich doch immer bald mehr auf die eine, bald mehr auf die andere Seite. In ein ähnliches Dilemma gerathen freilich auch die katholischen Lehrer, wenn sie sowol die Menschheit als die Gottheit des Erlösers festzuhalten sich bemühen, der Hauptunterschied aber ist, daß die Gnostiker das Historische der Erlösung idealistisch verflüchtigen, daß ihnen Christi Person und Werk nur der Reflex eines allgemeinen, speculativen Gedankens ist, während den Katholikern mit der Zurückstellung der historischen Seite die Realität des Erlösungswerkes selbst bedroht erscheint. Daher dort die Möglichkeit und Leichtigkeit, auch bei einer doketischen Vorstellung von Christus Beruhigung zu fassen, wenngleich der Doketismus an sich kein wesentliches Merkmal der gnostischen Systeme ist; hier das gesteigerte Gewichtlegen auf die wahre Menschheit des Erlösers als ein fundamentales Stück in der regula fidei. Doketische Anschauungen finden sich in früheren Zeiten freilich auch außerhalb der specifisch gnostischen Kreise [40]), aber grade die gnostischen Lehren von einem scheinbaren Geborenwerden, scheinbaren Leiden und Sterben des Erlösers riefen den katholischen Gegensatz hervor. Wie wir aus der Polemik der pseudoignatianischen Briefe sehen, so ist grade dieses einer der Punkte, wo der Gnosticismus am frühesten mit dem kirchlichen Bewußtsein in Widerspruch geräth [41]), und ebenso kann es Tertullian im Streite wider Marcion nicht stark genug hervorheben, daß mit der Annahme eines scheinbaren Erlösers auch die Erlösung zum Schein, mit der Leugnung des Leidens Christi das Fundament des Evangeliums untergraben, mit der Leugnung seiner Auferstehung auch unsere Hoffnung auf Auferstehung vernichtet werde [42]).

Es zeigt sich schon hier, welche tiefe Kluft zwischen den Lehren der Gnostiker und dem katholischen Glauben sich allmählich eröffnen mußte. So wenig auch der Doketismus mit Nothwendigkeit aus dem gnostischen Grundprincipe folgt, so wenig war man doch andererseits im Stande, bei der allen Gnostikern gemeinsamen Vorstellung von der Erlösung doketischen Anschauungen sich zu entziehen. Hatte doch selbst der Kreuzestod Christi für die Valentinianer lediglich symbolische Bedeutung: was in dem Evangelium von seinem Leiden erzählt wird, zeigt das über den letzten Aeon gekommene Leiden an, der Kreuzestod bedeutet, daß der obere Christus διὰ τοῦ Σταυροῦ ἐκτασθεὶς die Achamoth geformt habe (*Iren.* 1, 4, 1. 8, 2). Ganz im Gegensatze zu dem katholischen, den Judenchristen wie den Heidenchristen gemeinsamen Bewußtsein, welchem die Versöhnung durch den Opfertod Christi vermittelt wird, kennt der Gnostiker keine andere Vermittelung Gottes und des Menschen, als das Erwachen der Erkenntniß in den Pneumatikern von ihrer ursprünglichen Einheit mit Gott [43]). Das Heil wird durch die Offenbarung in Christus nicht bewirkt, sondern es wird durch dieselbe nur für die Subjectivität des Bewußtseins vermittelt, was objectiv schon war und immer gewesen ist. An die Stelle der Heilsgeschichte tritt der kosmische oder eigentlich phänomenologische Proceß, an die Stelle einer historisch gestifteten Sündentilgung die allgemeine philosophische Idee von dem an sich mit der Gottheit identischen Geiste, dem sich nur das Bewußtsein dieser seiner Identität zu erschließen braucht, um ihn durch diese Erkenntniß der höchsten Vollkommenheit zuzuführen. Wie das Evangelium wesentlich ἡ τῶν ὑπερκοσμίων γνῶσις ist, so ist die γνῶσις die höchste τελείωσις, und die συν-

38) Vergl. Köstlin a. a. O. S. 140. 146 fg. Nach der einfacheren Darstellung des vierten Buches scheint statt des Christus selbst vielmehr das πνεῦμα ἅγιον bei der Taufe herabgekommen zu sein. 39) Nur der Markionit Apelles macht hier eine Ausnahme, indem er den Sohn Gottes selbst vom Himmel herabkommen und trotzdem in einem wahren menschlichen Leibe erscheinen, wahrhaft sterben und wahrhaft auferstehen läßt. Dennoch lehrt auch er keine wahre Geburt Christi aus unserem sündigen Fleische, und was seinen sonstigen Gegensatz gegen den Doketismus betrifft, so ist derselbe nur eins von den Kennzeichen einer Wiederannäherung an das katholische Dogma, wovon unten noch weiter zu reden sein wird. 40) Vergl. meine Abhandlung über die Aechtheit der Syrischen Recension der Ignatianischen Briefe, Zeitschrift für die historische Theologie 1856, 1. S. 21 fg.

41) Ep. ad Smyrn. 1. 2. 3. 4. 5. Trall. 9. 10. Magnes. 11. Eph. 7. Philad. 11; vergl. auch Clem. Hom. XVII, 16 und dazu Baur, Gnosis S. 383 fg. 42) Vergl. *Tertull.* Adv. Marcionem III, 8: Jam nunc cum mendacium deprehenditur Christus caro, sequitur ut et omnia quae per carnem Christi gesta sunt, mendacio gesta sint. — Sic nec passiones Christi ejus fidem merebuntur. Nihil enim passus est qui non vere est passus; vere autem pati phantasma non potuit. Eversum est igitur totum Dei opus. Totum Christiani nominis et pondus et fructus, mors Christi negatur, quam tam impresse apostolus demandat, utique veram, summum eam fundamentum evangelii constituens et salutis nostrae et praedicationis suae. — Negata vero morte, dum caro negatur, nec de resurrectione constabit. Eadem enim ratione non resurrexit qua mortuus non est, non habendo scilicet substantiam carnis, cujus sicut et mors, ita et resurrectio est. Proinde resurrectione Christi infirmata etiam nostra subversa est. 43) In wiefern das Buch Pistis Sophia und das Markionitische System hierin eine Ausnahme machen, wird weiter unten näher zu besprechen sein.

τέλεια tritt ein, sobald Alle an sich zu dieser Gnosis Befähigten derselben theilhaftig geworden sein werden.

Auch ohne daß wir schon weiter in den specielleren Ausbau der gnostischen Systeme eingedrungen wären, vermögen wir hiernach das Verhältniß der katholischen und der häretischen Gnosis zu bestimmen. Der Unterschied liegt, wie schon Niedner erkannte (Kirchengeschichte S. 221. 223), einfach in der verschiedenen Stellung, welche der Begriff der *γνῶσις* zu der gemeinchristlichen Glaubenssubstanz, zur *πίστις* einnimmt. Beide Theile betrachten die *πίστις* als den niederen, die *γνῶσις* als den höheren Standpunkt; aber nach den katholischen Gnostikern ist der Glaube die Voraussetzung und Grundlage des Wissens, das Wissen nur die Befestigung und Vervollkommnung des Glaubens[44]); die häretische Gnosis gibt die Substanz dieses Glaubens auf, um dem Wissen seine absolute Bedeutung zu sichern[45]). Die Alexandriner kommen daher trotz ihrer Gnosis mit den praktischen Kirchenmännern Irenäus, Tertullian u. A. darin überein, daß sie die Glaubensregel, als Inbegriff des historischen Gemeindebewußtseins der Kirche, den idealisirenden Speculationen der gnostischen Systeme gegenüberstellen[46]).

Es ist hier der Punkt, wo man am tiefsten in die innerste Eigenthümlichkeit der häretischen Gnosis, oder in das, was sie eben zur Häresie machte, hineinschauen kann. Nicht in der beliebigen Herübernahme fremder Elemente, etwa des heidnischen Dualismus oder der Vielgötterei, sondern in dem Begriffe der Gnosis als solcher, sofern sie den Anspruch macht, absoluter Maßstab der christlichen Wahrheit zu sein, liegt das diesem Kreise von Erscheinungen charakteristische Merkmal. Indem diese Systeme sich anschicken, zum ersten Male das Wesen und die absolute Bedeutung des Christenthums im Zusammenhange einer umfassenden Weltanschauung zu ergründen, verflüchtigen sie die historischen Thatsachen des Christenthums zu allgemeinen Begriffen und Symbolen von rein speculativer Bedeutung; der christliche Realismus wird in einen die Substanz des christlichen Glaubens aufhebenden Idealismus verklärt, das Evangelium statt in die Sündenvergebung und Versöhnung in die Mittheilung der Gnosis gesetzt, und dadurch umgewandelt in einen phänomenologischen Proceß. Erst aus der Stellung, welche die Gnosis als solche in diesen Systemen behauptet, erklärt sich jene von der Gnosis her dem Christenthume drohende „Gefahr der Verallgemeinerung und Verflüchtigung seines Inhaltes durch Ideen, in welchen das christliche Bewußtsein in seiner

---

44) Vergl. *Clem. Al.* strom. II, 4, 16 sq. p. 157 sq. *Sylb.* 436 sq. *Potter*: *πιστὴ τοίνυν ἡ γνῶσις, γνωστὴ δὲ ἡ πίστις θείᾳ τινὶ ἀκολουθίᾳ τε καὶ ἀντακολουθίᾳ γίνεται. — εἰ τοίνυν ἡ πίστις οὐδὲν ἄλλο ἢ πρόληψίς ἐστι διανοίας περὶ τὰ λεγόμενα, καὶ τοῦτο ὑπακοή τε εἴρηται σύνεσίς τε πειθώ, οὐ μὴν μαθήσεταί τις ἄνευ πίστεως, ἐπεὶ μηδὲ ἄνευ προλήψεως. ἀληθὲς δ' οὖν ὂν πάντως μᾶλλον ἀποδείκνυται τὸ ὑπὸ τοῦ προφήτου εἰρημένον· ἐὰν μὴ πιστεύσητε, οὐδὲ μὴ συνῆτε* (Jes. 7, 9). strom. II, 6, 31. p. 161 *Sylb.* 445 *Pott.*: *στοιχείων γοῦν τῆς γνώσεως τῶν προειρημένων ἀρετῶν στοιχειωδεστέραν εἶναι συμβέβηκε τὴν πίστιν οὕτως ἀναγκαίαν τῷ γνωστικῷ ὑπάρχουσαν, ὡς τῷ κατὰ τὸν κόσμον τόνδε βιοῦντι πρὸς τὸ ζῆν τὸ ἀναπνεῖν. ὡς δ' ἄνευ τῶν τεσσάρων στοιχείων οὐκ ἔστι ζῆν, οὐδ' ἄνευ πίστεως γνῶσιν ἐπακολουθῆσαι. αὕτη τοίνυν κρηπὶς ἀληθείας.* strom. II, 11, 51. p. 165 *Sylb.* 456 *Pott.*: *πέπηγεν οὖν τῇ πίστει ὁ γνωστικός.* Vergl. auch strom. V, 1. p. 233 *Sylb.* 643 *Pott.* VII, 16. p. 322 *Sylb.* 891 *Pott.*

45) Nach *Iren.* I, 6, 1 erklären sich die Valentinianer für die *πνευματικοὶ ἄνθρωποι*, welche die *τελεία γνῶσις* haben und in die Mysterien eingeweiht sind; die *ψυχικοὶ ἄνθρωποι* dagegen sind nur in den psychischen Dingen unterrichtet: *οἱ δι' ἔργων καὶ πίστεως ψιλῆς βεβαιούμενοι καὶ μὴ τὴν τελείαν γνῶσιν ἔχοντες· εἶναι δὲ τούτους ἀπὸ τῆς ἐκκλησίας ἡμᾶς λέγουσι.* Deshalb sei auch für die Psychiker die *ἀγαθὴ πρᾶξις* nothwendig, denn anders könnten sie nicht gerettet werden, sie selbst würden nicht durch die *πρᾶξις*, sondern vermöge ihrer pneumatischen Natur des Heiles theilhaftig. Vergl. *Clem. Alex.* strom. II, 3, 10. p. 156 *Sylb.* 434 *Pott.*: *οἱ δὲ ἀπὸ Οὐαλεντίνου τὴν μὲν πίστιν τοῖς ἁπλοῖς ἀπονείμαντες ἡμῖν, αὑτοῖς δὲ τὴν γνῶσιν τοῖς φύσει σωζομένοις κατὰ τὴν τοῦ διαφέροντος πλεονεξίαν σπέρματος ἐνυπάρχειν βούλονται, μακρῷ δὴ κεχωρισμένην πίστεως ἢ τὸ πνευματικὸν τοῦ ψυχικοῦ λέγοντες.*

46) *Clem. Alex.* strom. VII, 7, 41. p. 316 sq. *Sylb.* 854 sq. *Pott.*: *ἵνα οὖν μηδὲ ἐπὶ ταύτῃ αὐτῶν τῇ ἀθέῳ σοφίᾳ ὡς ξένῃ ἐγκαλλύνωνται αἱρέσει, μαθέτωσαν προειλῆφθαι μὲν ὑπὸ τῶν Κυρηναϊκῶν λεγομένων φιλοσόφων, ἀντιῤῥήσεως δ' ὅμως τεύξεσθαι κατὰ καιρὸν ἡ τῶν ψευδωνύμων τούτων ἀθέσμως γνῶσις, ὡς μὴ νῦν παρεισδυομένη τὸ ὑπόμνημα οὐκ ὀλίγη οὖσα ἡ τούτων καταδρομὴ διακόπτῃ τὸν ἐν χερσὶ λόγον, δεικνύντων ἡμῶν μόνον ὄντως θεῖον καὶ θεοσεβῆ τὸν τῷ ὄντι κατὰ τὸν ἐκκλησιαστικὸν κανόνα γνωστικόν.* VII, 15, 90. p. 320 *Sylb.* 867 *Pott.*: *ὡς ἀπεσχέσθαι χρὴ τὸν ἐπιεικῆ καὶ μηδὲν ὧν ὑπέσχηται ψευδοῦν κἂν ἄλλοι τινὲς παραβαίνωσι συνθήκας, οὕτως καὶ ἡμᾶς κατὰ μηδένα τρόπον τὸν ἐκκλησιαστικὸν παραβαίνειν προσήκει κανόνα· καὶ μάλιστα τὴν περὶ τῶν μεγίστων ὁμολογίαν ἡμεῖς μὲν φυλάττομεν, οἱ δὲ παραβαίνουσι.* VII, 16, 94 sq. p. 321 *Sylb.* 890 *Pott.*: *δεῖ δ' οἶμαι τῷ τῆς ἀληθείας ἐραστῇ ψυχικῆς εὐτονίας, σφάλλεσθαι γὰρ ἀνάγκη μέγιστα τοὺς μεγίστοις ἐγχειροῦντας πράγμασιν, ἢν μὴ τὸν κανόνα τῆς ἀληθείας παρ' αὐτῆς λαβόντες ἔχωσι τῆς ἀληθείας. οἱ τοιοῦτοι δὲ ἅτε ἀποπεσόντες τῆς ὀρθῆς ὁδοῦ καὶ τοῖς πλείστοις τῶν κατὰ μέρος σφάλλονται, εἰκότως διὰ τὸ μὴ ἔχειν ἀληθῶν καὶ ψευδῶν κριτήριον συγγεγυμνασμένον ἀκριβῶς τὰ δέοντα αἱρεῖσθαι. εἰ γὰρ ἐκέκτηντο, ταῖς θείαις ἐπείθοντο ἂν γραφαῖς.* §. 95. *Καθάπερ οὖν εἴ τις ἐξ ἀνθρώπου θηρίον γένοιτο παραπλησίως τοῖς ὑπὸ τῆς Κίρκης φαρμαχθεῖσιν, οὕτως ἄνθρωπος εἶναι τοῦ θεοῦ καὶ πιστὸς τῷ κυρίῳ διαμένειν, ἀπολώλεκεν ὁ ἀναλακτίσας τὴν ἐκκλησιαστικὴν παράδοσιν καὶ ἀποσκιρτήσας εἰς δόξας αἱρέσεων ἀνθρωπίνων.* §. 97. p. 322 *Sylb.* 892 *Pott.*: *τοῖς μὲν γὰρ ἐν μέσῳ καὶ προχείρως ἐντυχόντες παρ' ἡμῖν, ὡς εὐτελῶν κατεφρόνησαν, ὑπερβῆναι δὲ σπουδάσαντες τὸ κοινὸν τῆς πίστεως, ἐξέβησαν τὴν ἀλήθειαν. μὴ γὰρ μαθόντες τὰ τῆς γνώσεως τῆς ἐκκλησιαστικῆς μυστήρια μηδὲ χωρήσαντες τὸ μεγαλεῖον τῆς ἀληθείας μέχρι τοῦ βάθους τῶν πραγμάτων κατελθεῖν ἀποραθυμήσαντες ἐξ ἐπιπολῆς ἀναγνόντες παρεπέμψαντο τὰς γραφάς.* — §. 98: *ἡ παρ' ἡμῖν δὲ τῆς ἀληθείας ἐπίγνωσις ἐκ τῶν ἤδη πιστῶν τοῖς οὔπω πιστοῖς ἐκπορίζεται τὴν πίστιν, ἥτις οὐσία ὡς εἰπεῖν ἀποδείξεως καθίσταται.* §. 104. p. 324 *Sylb.* 896 *Pott.*: *ὁ γνωστικὸς ἄρα ἡμῖν μόνος ἐν αὐταῖς καταγηράσας ταῖς γραφαῖς τὴν ἀποστολικὴν καὶ ἐκκλησιαστικὴν σώζων ὀρθοτομίαν τῶν δογμάτων κατὰ τὸ εὐαγγέλιον ὀρθότατα βιοῖ, τὰς ἀποδείξεις ἃς ἂν ἐπιζητήσῃ ἀνευρίσκειν, ἀναπεμπόμενος ὑπὸ τοῦ κυρίου, ἀπό τε νόμου καὶ προφητῶν.* Vergl. VII, 17. p. 325 *Sylb.* 898 seq. *Pott.*, wo sich Clemens wie Irenäus auf die Einheit der katholischen Lehre und auf ihre bis auf Christum und die Apostel zurückgehende Ueberlieferung beruft. Welches der *ἐκκλησιαστικὸς κανών* sei, wird in den angeführten Stellen des Clemens nicht in zusammenhängender Weise erörtert. Vergl. dafür außer den bekannten Stellen bei Irenäus und Tertullian auch *Orig.* De princip. prooemium.

schrankenlosen Erweiterung seinen specifischen geschichtlichen Charakter völlig verlieren mußte" [47]).

Die Gnosis ist sonach allerdings der erste Versuch einer christlichen Philosophie; aber indem sie mit allzukühnem Selbstvertrauen an die große Aufgabe ging, widerfuhr es ihr, daß sie in vornehm-separatistischer Verachtung des schlichten historischen Heilsglaubens sich selbst mit dem Christenthume identificirte, und so den Boden sich selbst untergrub, auf dem sie gewachsen war. Das Christenthum blieb ihr freilich auch in ihrer weitesten Entfremdung von der geschichtlichen Glaubenssubstanz noch immer die absolute Religion, die Erscheinung Christi der Wendepunkt der Geschichte; aber indem sie allmählich den Fundamentalsätzen des historischen Christenthums einen durchaus verschiedenen Sinn unterschob, konnte man vom kirchlichen Standpunkte aus diese erste „Philosophie des Christenthums" in allen wesentlichen Punkten nur als eine *ψευδώνυμος γνῶσις* bestreiten [48]); der weitere Fortschritt des christlichen Denkens aber konnte nur darin bestehen, daß man durch schärfere Hervorhebung der *πίστις* als unentbehrlicher Unterlage der *γνῶσις* der Gefahr einer Auflösung des praktischen Glaubensinhaltes zuvorkam.

In dem so eben Entwickelten liegt nun auch schon von selbst der Schlüssel zur Lösung des nach der Baur'schen Auffassung noch immer gebliebenen Räthsels, wie die Gnosis auf der einen Seite das Christenthum grade in seine absolute Bedeutung einsetzen konnte, indem sie es in den Mittelpunkt der gesammten kosmischen Entwickelung stellte, und es doch zugleich andererseits mit so viel fremdartigen Elementen vermischte, daß das specifisch Christliche fast zu verschwinden schien. Daraus, daß man die specifische Bedeutung des historischen Christenthums verflüchtigte, um seinen ideellen, speculativen Charakter auf den höchsten, universellsten Ausdruck zu bringen, erklärt sich die Möglichkeit eines im weiteren Fortschritte der gnostischen Bewegung immer mehr zunehmenden Synkretismus. Indem man den Kreis der Betrachtung unaufhörlich erweiterte, und von allen Seiten Bausteine herbeitrug, folgte man zwar einem dem christlichen Geiste selbst wesentlich innewohnenden Triebe; aber je mehr das Historische, Positive am Christenthume unter der Masse des neuherzugeschafften Stoffes verschwand, desto schwächer ward das Gegengewicht des praktischen Glaubens gegen die immer siegesgewisser einherschreitende Speculation, desto schwächer also auch die Widerstandskraft, welche das specifisch christliche Element dem eindringenden Fremden entgegenzustellen vermochte. Es kann nach dem Allen kein Zweifel sein, daß das massenhafte Eindringen heidnischer Ideen nur als ein allmählich sich vollziehender Verschmelzungsproceß der christlichen Grundanschauung mit fremdartigen Elementen gedacht werden kann. Wir

47) Baur, Christenthum der drei ersten Jahrhunderte S. 176.

48) Vergl. außer dem bekannten Titel der fünf Bücher des Irenäus Adv. haer. auch 1 Tim. 6, 20. *Hegesipp.* ap. *Eus.* H. E. III, 32 (wenn wir hier Hegesipp's eigene Worte haben). *Clem. Al.* str. II, 11, 52. p. 165 *Sylb.* 457 *Pott.* III, 18, 110. p. 203 *Sylb.* 562 *Pott.* VII, 7, 41. p. 307 *Sylb.* 854 seq. *Pott.*

bemerkten bereits, daß die nachweislich ältesten Systeme sich noch wesentlich auf dem Boden der alttestamentlichen Religionsgeschichte bewegen, während eine umfassendere Berücksichtigung der heidnischen, namentlich der griechischen Mythologie, schon eine auf ein vorgerücktes Stadium der Entwickelung deutende Erweiterung des ursprünglichen Gesichtskreises sei. Es wird sich weiter zeigen, daß gewisse heidnische Bestandtheile schon sehr frühe in die Gnosis eingedrungen sein müssen; das Charakteristische ist aber, daß diese wesentlich dem religiösen Mythenkreise des Orients angehören, grade von hellenischer Philosophie aber noch gar nicht berührt sind. Erst der weitere Verlauf der gnostischen Bewegung führt zu einer näheren Befreundung auch mit der griechischen Speculation, wie dies in dem Valentinianischen Systeme, namentlich in seinen späteren Schößlingen, aber auch bei den Basilidianern der Philosophumena, und jener ganzen Gruppe von Sectenmeinungen der Fall ist, welche Pseudoorigenes mit den Naassenern in nähere Berührung bringt. Platon, Pythagoras, theilweise wol auch Aristoteles, die Lehren der Stoa und Epikur's mischen sich mit den gnostischen Grundanschauungen zu einem so buntscheckigen Meinungengewirr, daß es schwer hält, überall das ursprüngliche Gewebe von dem späteren Einschlage richtig zu sondern. Faßt man diese Erscheinungen so ins Allgemeine hin ins Auge, ohne ihnen genauer auf den Grund zu sehen, so kann man freilich zu der Ansicht kommen, daß man die Gnosis schon durch die Etikette „Synkretismus" hinlänglich charakterisirt habe, oder sich mit Jacobi unter Abwehrung jeder schärferen Begriffsbestimmung bei dem Resultate beruhigen, die Gnosis sei „eine eklektische religiöse Philosophie" [48a]).

Ist mit solchen vagen, Alles oder Nichts sagenden Kategorien überhaupt nicht von der Stelle zu kommen, so vermögen wir nach dem Entwickelten auch Baur nicht beizustimmen, wenn dieser in den Naassenern, Peraten und Sethianern der Philosophumena die älteste Gestalt des Gnosticismus erkennen will. „Der wesentliche Inhalt dieser Lehren, die sich immer wieder auf dieselben Probleme, die Einheit, Zweiheit, Dreiheit der Principien, ihre Gegensätze und ihre Vermittelung, die Herabkunft aus der oberen Welt in die untere, und die Rückkehr aus der unteren in die obere beziehen, ist so allgemein, daß sie längst vor dem Ursprunge der specifisch christlichen Gnosis vorhanden sein konnten, und so erst in der Folge, je mehr sie in der allegorisirenden und synkretistischen Anschauungsweise sich erweiterten, ihre christliche Färbung und Modification erhielten. Es ist durchaus das zerflossene und zerfahrene, an alles Mögliche sich anhängende, in dem ganzen bunten Gemische der alten Symbole und Mythen immer wieder einen neuen Ausdruck für die allgemeine Grundanschauung suchende Wesen der Gnosis, das uns in den angeblichen Lehren der Ophiten, der Gnostiker, der Peraten, der Sethianer, besonders in einer Darstellung, wie die der Philosophumena ist, ent-

48a) Am Schlusse der angeführten Abhandlung in Herzog's Realencyklopädie.

gegentritt"[49]. Fast möchte man aus den letzten Worten einen leisen Zweifel herauslesen, der den scharfsinnigen Forscher schließlich noch selbst an der Glaubwürdigkeit „einer Darstellung, wie die der Philosophumena ist," überkommen hat. Wenn er trotzdem nicht nur (worin wir ihm in der Hauptsache beistimmen) die Ophiten als die älteste Secte, sondern auch die von Pseudoorigenes gegebene Darstellung ihrer Lehre als die „einfachere" bezeichnet und demgemäß der bisherigen Gestalt des Ophitischen Systemes substituirt, so wird eine schärfere Analyse immer sicherer zu der entgegengesetzten Erkenntniß führen. Es ist gewiß ganz richtig, daß die allgemeinen jenem synkretistischen Mythengemische zu Grunde liegenden Ansichten längst vor dem Ursprunge der specifisch christlichen Gnosis vorhanden sein konnten; aber wie sie bei Pseudoorigenes vorliegen, sind sie ohne Zweifel schon durch sehr viele Wandlungen hindurchgegangen. Bei aller synkretistischen Verflüchtigung der christlichen Ideen ist doch auch hier das Christenthum noch das diese rudis indigestaque moles zusammenhaltende Princip, und wir können es daher umgekehrt nur für ein ziemlich spätes Stadium des Gnosticismus halten, in welchem das specifisch christliche Element bereits so wie hier durch fremdartige Beimischungen zersetzt erscheint. Andererseits verrathen diese Sectenmeinungen in ihrer durchaus unsystematischen Form und in ihrer Abwendung von den doch noch überall hindurchscheinenden mythologischen Grundlagen bereits eine solche Ermattung des speculativen Triebes, daß die scheinbare größere Einfachheit nur als unproductive Vereinfachung, theilweise auch als eine Wiederannäherung an die katholische Lehre betrachtet werden muß.

Eine eingehendere Charakteristik der gnostischen Systeme wird daher wesentlich den innern Entwickelungsgang derselben ins Auge fassen, und erst in diesem Zusammenhange auch gewissen häufig wiederkehrenden gnostischen Meinungen ihre Stelle anweisen müssen. Die Aufgabe ist hierbei dasjenige, was nothwendig zum Begriffe der Gnosis gehört, von dem zu sondern, was sich als eigenthümliche Fortbildung in vielen oder wenigen Systemen an den Grundstamm angesetzt hat. Diese Sonderung kann nur gelingen, wenn auch die Gnosis selbst wieder in ihrer geschichtlichen Entwickelung dargestellt wird, da auch umgekehrt Vieles, was an sich im gnostischen Grundcharakter lag, und demgemäß auch schon in dem Bisherigen für uns in Betracht kam, sich doch nur erst allmählich schärfer herausstellt.

Wie bei jeder geschichtlich sich entwickelnden Erscheinung, so sind auch bei der Gnosis die Grenzlinien Anfangs nur fließende; nur sehr allmählich hat sich die Ausscheidung der gnostischen Meinungen als häretischer, den Glaubensgrund umstürzender Irrthümer vollzogen. Wie der katholische Gegensatz gegen die Gnosis, so hat sich umgekehrt auch der gnostische Gegensatz gegen die allgemeinchristliche Pistis nur erst im Verlaufe einer längeren Entwickelung schärfer herausgebildet. Wir sind unglücklicherweise grade über die ersten Anfänge der Gnosis nur sehr unvollständig unterrichtet, und Vieles wird dermalen lediglich auf dem Wege der geschichtlichen Hypothese sich ermitteln lassen; doch versteht es sich freilich auch wieder ganz von selbst, daß die Aufmerksamkeit der Kirchenlehrer erst dann in höherem Grade der Gnosis sich zuwenden konnte, als dieselbe bereits eine weitverbreitete gefährliche Zeitmeinung geworden war, d. h. als sich der Ausscheidungsproceß im Wesentlichen schon vollzogen hatte.

Wir haben schon im Obigen darauf hingewiesen, wie die meisten der bisher besprochenen gnostischen Ideen dem Kreise von Erscheinungen, mit dem wir es hier zu thun haben, nicht ausschließlich eigen sind. Der Gegensatz von πίστις und γνῶσις und der damit zusammenhangende Unterschied der Pneumatiker und Psychiker, der allen gnostischen Systemen mehr oder minder eignende Dualismus, endlich die im weiteren Verlaufe der gnostischen Bewegung immer stärker hervortretende Neigung zu doketischen Vorstellungen — Alles dieses begründet an sich so wenig einen specifischen Unterschied der gnostischen Systeme, daß man vielmehr im Stande ist, diese sämmtlichen Ideen auch außerhalb des eigentlich gnostischen Gebietes nachzuweisen. Was den Gegensatz der Pneumatiker und Psychiker betrifft, so finden wir denselben gleichzeitig mit den ausgebildeteren gnostischen Systemen auch im Montanismus, der doch sonst als das grade Widerspiel des Gnosticismus bezeichnet werden muß; und wie die „häretische" Gnosis nur durch die Gegenüberstellung einer katholischen Gnosis überwunden werden konnte, so konnte die Kirche den Montanismus erst dadurch zurückdrängen, daß sie die Hierarchie in ähnlicher Weise als mit specifischer Begabung ausgerüstete Geistesträgerin dem Laienthume gegenüberstellte, wie die Montanisten ihre Prophetie den psychischen Katholikern. Das, was bei aller Aehnlichkeit aber doch wieder einen wesentlichen Unterschied begründet, ist die Stellung, welche die Montanisten zum katholischen Dogma einnehmen. Es ist bekannt, welchen hervorragenden Antheil grade dem Montanismus — man denke nur an Tertullian — in der Bekämpfung der häretischen Gnosis und an der Ausbildung der Glaubensregel gebührt; und diese dogmatische Uebereinstimmung mit der katholischen Kirche wird den Montanisten nicht nur von ihren Bestreitern ausdrücklich bescheinigt, sondern von ihnen selbst gradezu als ein Zeugniß für die Echtheit ihrer Prophetie geltend gemacht[50]. Während also die Scheidung von Pneumatikern und Psychikern sich auch sonst innerhalb der christlichen Kirche in immer neuer Gestalt wiederholt, so ist das eigenthümlich Gnostische nur die speciell auf das Wissen gerichtete Wendung dieses Gegensatzes, oder da dieses letztere uns auch bei Origenes begegnet, die immer schärfer sich ausbildende Verdrängung der praktischen Glaubenssubstanz durch die γνῶσις in ihrer absoluten Bedeutung, wobei jedoch schon hier nicht außer Acht gelassen werden darf, daß auf dem letzten Stadium der gnostischen Bewegung, auf

49) Das Christenthum der drei ersten Jahrhunderte S. 195.

50) Vergl. Ritschl, Entstehung der altkatholischen Kirche, 2. Aufl. S. 477 fg.

welchem sie der katholischen Lehre wieder sich näherte, auch die πίστις der γνῶσις gegenüber in ihr urchristliches Recht wieder eingesetzt wird.

Auch den mit jenem Gegensatze der Pneumatiker und Psychiker, wie oben auseinandergesetzt wurde, aufs Engste zusammenhangenden Dualismus haben die Montanisten in ihrer Weise verschärft. Die Idee von dem Teufel als Beherrscher dieser Welt und die Erwartung des mit der Wiederkunft eintretenden Unterganges dieses dämonischen Mächten verfallenen Kosmos, und seiner Ersetzung durch eine völlig neue, der bisherigen entgegengesetzte göttliche Schöpfung geht bekanntlich durch alle christlichen Schriften der ersten beiden Jahrhunderte hindurch; aber erst der Montanismus war es, der diesen Dualismus des αἰὼν οὗτος und des αἰὼν ὁ μέλλων, der Weltherrschaft des Teufels und des bevorstehenden irdischen Reiches Christi aufs Neue zu schwärmerischer Leidenschaft anfachte. Es kann nichts Dualistischeres geben, als die schroffe, tumultuarische Art, mit welcher der Montanismus in einer Zeit, wo das Christenthum sich bereits mit der damaligen Weltordnung zu vertragen begann und den geordneten Verlauf geschichtlicher Entwickelung nahm, noch einmal alle Brücken zwischen Gegenwart und Zukunft abzubrechen, an die Stelle geschichtlicher Vermittelung die Hoffnung auf den plötzlichen, absolut supranaturalen Eintritt des Messiasreiches zu setzen versuchte. Aber das Charakteristische ist auch hier wieder, daß der montanistische Dualismus nur eine Erneuerung und Steigerung der urchristlichen Grundanschauung selbst ist, und grade in dem, was den eigentlichen Kern und Mittelpunkt der ganzen Bewegung bildet, in der Predigt seines ὁ κύριος ἐγγύς am wenigsten angegriffen werden konnte. Dagegen steigert sich der gnostische Dualismus frühzeitig zu solcher Schroffheit, daß er weder mit dem christlichen Monotheismus, noch mit der Lehre von der Willensfreiheit, noch überhaupt mit den historisch-praktischen Grundlagen des katholischen Glaubens länger vereinbar war. Es ist von **Baur** aufs Treffendste nachgewiesen worden, wie sämmtliche Ideen der gnostischen Systeme mit diesem Dualismus aufs Innigste zusammenhangen, und es ist hier die Stelle, wo wir auf die neueste Darstellung **Baur's** als auf eine unsere Entwickelung ergänzende hinweisen können; die Hauptsache ist aber, daß man begreift, wie die dem Urchristenthume ebenso wie dem späteren Judenthume überhaupt eignende, dualistische Anschauungsweise zu diesen das christliche Bewußtsein so tief verletzenden Folgerungen fortschreiten konnte. Beruft man sich auf den **metaphysischen** Charakter des gnostischen Dualismus im Unterschiede von der mehr ethisch-praktischen Form, in welcher jene dualistischen Meinungen im Urchristenthume, ebenso wie nachmals noch im Montanismus erscheinen, so ist damit ohne Zweifel etwas völlig Richtiges gesagt; der letzte Grund aber, warum jener Dualismus metaphysisch sich gestaltet, während dieser einfach ein ethisch-praktischer blieb, wird schließlich doch wieder nur in dem Begriffe der γνῶσις selbst, oder in der absoluten Bedeutung gefunden werden können, welche die gnosti-

schen Systeme dem Wissen einräumten. Erst hierdurch ergab sich die Möglichkeit, heidnischen Einflüssen, die ja grade in der schroffen dualistischen Färbung dieser Systeme und zumal der späteren ganz unverkennbar sind, einen größeren Spielraum zu gestatten.

Die Richtigkeit dieser Auffassung kann sich nur bestätigen, wenn wir auch die Wendung, welche der gnostische **Doketismus** nahm, etwas schärfer beleuchten. Es ist schon bemerkt worden, daß auch dieser kein specifisch gnostisches Merkmal ist; einmal findet er sich gar nicht in allen gnostischen Systemen und zum Anderen kommt er auch außerhalb des Gnosticismus vor. Außer dem Briefe des Barnabas, der für die vorgnostische Zeit das classische Beispiel einer doketischen Christologie bildet, verräth wie bekannt auch Clemens von Alexandrien eine ziemliche Hinneigung zum Doketismus, und selbst Irenäus streift, wenigstens nach der einen Seite seiner Lehre hin, da, wo er mit den Patripassianern sich berührt, hart genug an eine ähnliche Vorstellungsweise. Aber der Unterschied ist, daß nur die Gnostiker es gewagt haben, diesen Doketismus unverhüllt und im directen Gegensatze gegen das gemeinchristliche Bewußtsein auszusprechen. Was sich im Urchristenthume von doketischen Vorstellungen findet, sind freilich Nichts als die Prämissen, aus welchen die Gnostiker die völlig richtigen Consequenzen zogen; aber jener älteste Doketismus, allein aus dem Streben, die Gottheit Christi festzustellen, hervorgegangen, ist noch durchaus naiv und unreflectirt, man ist sich der darin enthaltenen Gefahr für die Realität des geschichtlichen Erlösungswerkes noch gar nicht bewußt. Bei den späteren Kirchenlehrern aber, wie namentlich bei Clemens, wo dieses Bewußtsein im Gegensatze zu den Gnostikern längst sich entwickelt hatte, kämpft die christliche Grundanschauung von dem wahrhaft menschlichen Erlöser einen ununterbrochenen Kampf mit den dieselbe eigentlich aufhebenden, philosophischen Voraussetzungen, und man kann daher von Clemens mit demselben Rechte behaupten, daß seine Lehre doketisch sei, wie daß sie es nicht sei. Nur um so bezeichnender ist es daher, daß der nächste Schritt, den die alexandrinische Speculation über Clemens hinaus in Origenes that, vor Allem darauf Bedacht nahm, die wahre Menschheit des Erlösers sicherzustellen, und zwischen dem ewigen Logos und der menschlichen Seele Christi zu scheiden, die zwar mit dem Logos zu untrennbarer Einheit zusammengegangen sei, aber nur durch freien Entschluß und heilige Liebe. In der wesentlich realistischen Grundanschauung des Irenäus endlich ist der Doketismus überhaupt nur noch ein verschwindendes Moment, und so wenig es auch bei ihm schon zu einer allseitigen, speculativen Ueberwindung der doketischen Anschauung des Erlösers gekommen ist, so entschieden will doch Irenäus Christum als vollen wahren Menschen gedacht wissen. Daß der Gnosticismus in diesem Punkte eine wesentlich andere Stellung einnimmt, trotzdem daß eine doketische Christologie gar kein nothwendiges Merkmal dieser Systeme ist, dies kann wieder nur, wie bereits gezeigt wurde, aus dem Gesammtverhältnisse ihrer Gnosis zur gemeinchristlichen Pistis abgeleitet werden. Daß aber diese zunächst nur im Allgemeinen aufgewiesene Möglichkeit doketischer Meinungen in den meisten der ausgebildeten Systeme zur Wirklichkeit wurde, erklärt sich allerdings aus jenem unter außerchristlichen Einflüssen immer schroffer ausgeprägten Gegensatze zwischen Geist und Materie. Weil die Geisterwelt mit der Materie nicht in unmittelbare Berührung treten kann, so vermag auch der seiner Substanz nach pneumatische Christus nicht in einem materiellen Leibe zu erscheinen, folglich auch nicht die Affectionen der Materie zu theilen.

Sind einmal die Wurzeln jenes Dualismus im inneren Wesen der γνῶσις selbst, folglich auch die Möglichkeit des Eindringens fremder dualistischer Vorstellungen aufgewiesen, so tritt nun allerdings für die Forschung das Recht wie die Pflicht ein, den Quellen dieser fremden Elemente näher nachzuspüren. Nur möchte auch hier der Beweis noch strenger zu führen sein, daß diese Aufnahme außerchristlicher Ideen ebenso wenig wie etwa in der jüdisch-alexandrinischen Religionsphilosophie so ganz ohne Auswahl und Unterschied erfolgt sei; ja selbst da, wo ganz entschieden heidnische Elemente vorliegen, sind dieselben nicht einfach herübergenommen, sondern in eigenthümlicher Weise umgestaltet und weitergebildet.

Nirgends zeigt sich dies wol deutlicher als bei der Lehre vom Demiurgen. Die Trennung des unvollkommenen Schöpfers der Körperwelt und Beherrschers des Judenthums von dem rein geistigen, vollkommenen Gotte gehört so sehr zu den allen gnostischen Systemen gemeinsamen Merkmalen, daß schon Weiße[51]) und Schliemann[52]), zuletzt noch Hilgenfeld[53]) hierin die Grundlehre der Gnostiker gefunden haben, „aus welcher sich alle weiteren Eigenthümlichkeiten ihrer Weltansicht von selbst ergeben." Wirklich möchte sich wol keine Lehre der Gnostiker angeben lassen, welche so durchgängig in allen ihren Systemen sich wiederfände. Markion, der sonst durch die Freiheit seiner Anschauungen von mythologischen Bestandtheilen unter allen Gnostikern eine so hervorragende Ausnahme bildet, daß die meisten gewöhnlich zutreffenden Kriterien auf ihn gar keine Anwendung leiden, hält dennoch die Lehre vom Demiurgen nicht nur fest, sondern sie tritt grade bei der sonstigen, von den meisten Gnostikern abweichenden Anlage seines Systems nur um so bedeutsamer und schroffer hervor. Die Clementinischen Homilien dagegen, welche Baur als eine besondere Classe der Gnosis aufgeführt hat, sind von den meisten Forschern grade darum, weil sie die Trennung des Weltschöpfers vom höchsten Gotte nicht nur nicht kennen, sondern ausdrücklich bekämpfen, aus der Zahl der im engeren Sinne gnostischen Systeme ausgesondert worden. Baur hat dagegen erinnert, daß ja auch nach dem Systeme der Homilien nicht Gott unmittelbar, sondern die mit ihm als Seele stets verbundene Sophia das weltschöpferische Princip sei, durch welches Gott aus sich hervorgeht und die Monas zur Dyas wird. Die Sophia werde daher ausdrücklich die demiurgische Hand Gottes genannt (*Hom.* 16, 12 χεὶρ δημιουργοῦσα τὸ πᾶν) und der Unterschied der Sophia der Homilien von der der gnostischen Systeme wäre somit nur, daß sie nicht von Gott getrennt, sondern in dasselbe immanente Verhältniß zum Wesen Gottes gesetzt werde, in welchem auch die Materie zu ihm stehe[54]). So richtig diese Bemerkungen sind, so fragt sich doch, ob nicht schon dieser von Baur zugegebene Unterschied ein so bedeutender sei, daß dadurch die Ausscheidung des Clementinischen Systemes gefordert werde. Wenn nach der von Baur selbst angeführten Stelle *Hom.* 18, 22 die beiden Begriffe Gott und Weltschöpfer für das religiöse Bewußtsein „schlechthin identisch" sind, die Sophia oder das weltschöpferische Princip also nicht von Gott getrennt wird, sondern in einem immanenten Verhältnisse zu ihm steht, so folgt daraus grade, daß der Sinn, in welchem auch die Homilien wieder von einer demiurgischen Hand Gottes reden, eine wesentlich verschiedene Vorstellung einführt als der gnostische Begriff des Demiurgen. Wenn die Clementinen auch die Monas zur Dyas sich entfalten lassen, so fällt ihnen doch wieder alles Gewicht so sehr auf die göttliche Monarchie, daß sie die gnostische Trennung des Demiurgen vom höchsten Gott nur als eine Verletzung ihres monotheistischen Bewußtseins bekämpfen können. In der That ist nun auch die Art, in welcher sie die Sophia als weltschöpferisches Princip betrachten, von der jüdisch-alexandrinischen Anschauung nicht wesentlich verschieden. Auch für das Buch der Weisheit Salomo's, welches hier bekanntlich auf noch ältere Vorgänge im palästinensischen Judenthume zurückweist, ist ja die göttliche Sophia nicht blos ausdrücklich das weltschöpferische Princip, sondern sie ist es eben auch in demselben Sinne, in welchem die Homilien ein Hervorgehen Gottes aus sich selbst, eine Entfaltung der Monas zur Dyas setzen. Grade die Weiterbildung des Monotheismus selbst führte zu der Nothwendigkeit, zwischen dem in seinem Ansich schlechthin jenseitigen Gotte und seiner Offenbarung durch seine weltschöpferische Weisheit zu scheiden. Es ist dies so bekannt, daß ein weiteres Erörtern dieses Punktes überflüssig wäre; da uns nun aber ganz dieselbe Anschauung in der Philonischen Logosidee und in der von den Apologeten und den christlichen Alexandrinern auch ausdrücklich auf den göttlichen Logos selbst angewendete Unterscheidung eines λόγος ἐνδιάθετος und λόγος προφορικός begegnet, so fragt sich nur um so mehr, worin denn nun das specifisch Gnostische der Homilien liegen soll. Sie sind eben in demselben Sinne gnostisch als dies — um von den jüdischen Alexandrinern zu schweigen — die katholischen Alexandriner auch sind, und mit demselben Rechte, mit welchem Baur das System der Homilien unter die im engeren Sinne gnostischen Systeme stellt, müßte er es, wie schon Ritschl

51) In der Recension von Baur's Gnosis, Theol. Studien und Kritiken 1837, I. S. 190.

52) Clementinen S. 539 fg.

53) Die Clementinischen Recognitionen und Homilien S. 298 fg. Urchristenthum S. 94 fg.

54) Das Christenthum der drei ersten Jahrhunderte S. 219. Vergl. auch die Recension des Schliemann'schen Werkes Theol. Jahrb. 1844. S. 581 fg.

bemerkt hat[55]), mit dem des Clemens von Alexandrien auch thun. So gewiß daher in jener Vorstellung von der demiurgischen Sophia ein dem eigentlichen Gnosticismus verwandtes Element liegt, so gewiß reicht dieses zu der von Baur vorgezogenen Anordnung nicht aus. Das specifisch Gnostische der Homilien könnte daher nur darin liegen, daß „Gott auch nicht der eigentliche Regent der Welt ist, welcher der gnostische Demiurg vorsteht, sondern ein Wesen, das nach der einen Seite hin sogar noch in einem schärferen Gegensatze zu Gott steht als der Demiurg Marcion's." Dieses dem Demiurgen analoge Wesen wäre mit einem Worte der böse Weltherrscher, und das eigentlich Gnostische müßte in dem Dualismus gefunden werden, welcher die ganze Weltordnung in zwei Reiche, das gegenwärtige (linke) unter dem bösen Weltherrscher oder dem Teufel und das künftige (rechte) unter dem guten Weltherrscher Christus theilt. Aber auch dies ist nach dem früher Entwickelten so wenig ein specifisch gnostisches Element, daß hiernach so ziemlich alle Literaturproducte der beiden ersten Jahrhunderte unter dem Begriffe des Gnosticismus befaßt werden müßten[56]). Grade die Hauptmerkmale des gnostischen Demiurgen fehlen aber dem bösen Weltherrscher der Clementinen ganz, ebenso wie dem gemeinen altchristlichen Teufel; er ist weder Weltschöpfer noch Judengott. Baur selbst muß sich schließlich fragen, worin zuletzt noch der eigentlich gnostische Charakter der Clementinischen Homilien bestehe, und das Letzte, worauf er hinauskommt, ist der die Weltentwickelung bedingende Gegensatz einer männlichen und weiblichen Prophetie[57]). Unstreitig liegt hierin ein gnostisches Element, das aber, wie Ritschl mit vollem Rechte gezeigt hat[58]), grade dadurch im antignostischen Sinne verwerthet wird, „daß der Dualismus den Marcion zwischen dem alten und dem neuen Testamente feststellte, von den Homilien in dem alten Testamente selbst nachgewiesen wurde." Allerdings weist schon die Unterscheidung echter und unechter Bestandtheile im alten Testamente auf ein ziemlich enges Verwandtschaftsverhältniß zur Gnosis hin; da aber ähnliche kritische Operationen schon bei den Essenern vorausgesetzt werden müssen, so könnte man sich auf die Syzygienlehre höchstens als auf eine eigenthümlich gnostische Form dieser Anschauung berufen. Wirklich kann diese weder auf rein jüdischem, noch auf rein christlichem Boden erwachsen sein, sondern führt in ganz ähnlicher Weise, wie dies bei der Gnosis der Fall ist, auf das Eindringen heidnischer Einflüsse. Da jedoch die Substanz des mit dem Christenthume identischen Judenthums auf den höchsten Gott selbst zurückgeführt wird, so wird schon hiermit ein von den übrigen Systemen principiell abweichender Charakter der Clementinischen Homilien verbürgt[59]). Die letzte Entscheidung kann wieder nur in der Verhältnißbestimmung zwischen πίστις und γνῶσις liegen, und grade diese entscheidet **gegen** die Einreihung der Homilien in die Reihe der eigentlich gnostischen Systeme. Die πίστις der Homilien ist freilich nicht die katholische des alexandrinischen Clemens, aber auf ihrem judenchristlichen Standpunkte halten sie die historisch-praktische Substanz des christlichen Gemeindebewußtseins nicht minder fest, und das Gnostische an ihnen ist ebenso wie bei Clemens theils aus dem allgemeinen, speculativen Zeitbedürfnisse überhaupt, theils aus der bei der Polemik gegen die Gnostiker nun einmal unvermeidlichen Rückwirkung derselben zu erklären.

Auf der andern Seite muß man freilich zugestehen, daß auch jenes von uns aufgestellte Kriterium des eigentlichen Gnosticismus wenigstens für die Anfangs- und Endpunkte der gnostischen Bewegung immer nur einen fließenden Unterschied gestattet. Die Gnosis als geschichtliche Erscheinung stellt erst in ihrem weiteren Verlaufe alle in ihrem Begriffe liegenden Momente vollkommen heraus, und so wenig jener Gegensatz der γνῶσις zur πίστις gleich von Vornherein in seiner ganzen Schärfe hervortrat, so wenig hat es auch in der Folgezeit an Annäherungsversuchen der Gnosis an das kirchliche Glaubensprincip gefehlt. Es wird sich vielmehr zeigen, daß die Gnosis auf jener steilen Höhe der Speculation, die sie namentlich im Valentinianischen Systeme erreichte, nicht bleibend verharren konnte, sondern vielmehr im letzten Stadium ihrer Entwickelung auch den ethisch-praktischen Interessen größere Rechnung trug. In dem Maße, als dieses geschieht, mildert sich auch der Gegensatz zwischen Wissenden und Glaubenden, Gnostikern und Pistikern wieder, bis die Gnosis zuletzt auf den Punkt kommt, an sich selbst zu verzweifeln. Natürlich ist mit der allmählichen Ueberwindung jenes Gegensatzes auch ein allmähliches Wiedereinmünden der Gnosis in die katholische Weltanschauung gegeben, und es möchte schwer zu sagen sein, worin denn z. B. ein Markionit von der Richtung des Apelles sich noch specifisch von einem Clemens oder Origenes unterscheidet. Auch die katholische Glaubensregel richtet hier keine Scheidewand auf, da z. B. Apelles dieselbe ihrem wesentlichen Inhalte nach ebenfalls unterschreiben konnte. In sofern man also den Gesichtspunkt erweitern, und auch noch die Theologie der katholischen Alexandriner in die Kette der gnostischen Erscheinungen mit aufnehmen will, läßt sich freilich auch gegen die Hereinziehung der Clementinischen Homilien Nichts einwenden, nur müßten wir freilich unsererseits darauf bestehen, daß auch dieses merkwürdige Denkmal des kirchlichen Alterthums ebenfalls nur in demselben

55) Entstehung der altkatholischen Kirche, 1. Aufl. S. 217.
56) Ritschl, Entstehung der altkatholischen Kirche, 1. Aufl. a. a. O. 57) a. a. O. S. 220 fg. 58) a. a. O. S. 218 fg.
59) Vergl. auch Hilgenfeld, Clementinische Recognitionen S. 2?0. Nur einem Argumente Hilgenfeld's müssen wir hier entgegentreten. Indem er das allgemeinere Wesen der Gnosis in die Annahme eines tieferen geistigen Sinnes der Schrift über dem buchstäblichen, also in die Anwendung der allegorischen Auslegung setzt, zieht er hieraus den Schluß, daß das System der Homilien schon darum, weil es die allegorische Auslegung nicht kenne, principiell von der Gnosis abweiche. Aber die Allegorie ist nur die vornehmste Form, in welcher die Gnosis im allgemeineren Sinne des Worts ihre Auseinandersetzung mit den noch immer als göttlich festgehaltenen Autoritäten vollzieht; wenn die Clementinen daher ganz ähnlich wie Markion an ihre Stelle vielmehr die Ausscheidung echter und unechter Bestandtheile setzen, so kommt dies, wie oben gezeigt worden ist, der Sache nach völlig auf dasselbe hinaus.

Sinne mit herbeigezogen werde, als es z. B. in dem Baur'schen Werke mit dem alexandrinischen Clemens geschehen ist. Da aber so betrachtet die Geschichte der Gnosis überhaupt kein Ende hat, so muß man dann auch mit Baur bis auf die neuesten Zeiten herabgehen. Will man aber die Betrachtung auf jenen bestimmten Kreis von geschichtlichen Erscheinungen, die den Namen der gnostischen Systeme führen, beschränken, so läßt sich bei aller Anerkennung des Fließenden, welches von dem Begriffe einer geschichtlichen Bewegung überhaupt unabtrennbar ist, die Grenzlinie lediglich da ziehen, wo entweder die gnostische Speculation oder die positiv kirchliche Lehrsubstanz der Ausgangspunkt der Bewegung ist. So kommt z. B. das Markionitische System, welches nur als eine Weiterbildung der echt gnostischen Anschauungen Kerdon's betrachtet werden kann, noch innerhalb des Bereiches des Gnosticismus zu stehen, trotz der für Markion's Person so mächtig überwiegenden ethischen Interessen; umgekehrt gehören die Clementinischen Homilien, die von dem ethisch-praktischen Standpunkte des Judenchristenthums ausgehen, und nur als ein nothwendiges Moment in der Geschichte des judenchristlichen Bewußtseins begriffen werden können, nicht mehr in diese Reihe, unbeschadet des fließenden Unterschiedes, der auf speculativem Gebiete zwischen ihnen und dem so eifrig von ihnen bekämpften Markionitismus besteht.

Sind aber die Clementinischen Homilien aus der Reihe der eigentlich gnostischen Systeme auszuschließen, so verdient der Umstand um so größere Beachtung, daß nun die Trennung des Weltschöpfers vom höchsten Gotte „in der Weise, wie man sie gewöhnlich nimmt," wirklich als „das Hauptkriterium der Gnosis" angesehen werden zu müssen scheint.

Es gibt in der That kein einziges gnostisches System, in welchem die Schöpfung der Körperwelt und die Gesetzgebung der Juden unmittelbar als Werk und Willensausdruck des höchsten Gottes betrachtet würde; es fragt sich nur auch hier wieder vor Allem, worin der tiefere Grund dieser Erscheinung zu suchen sei. Hilgenfeld erkennt nun, wie schon früher bemerkt, in der Trennung des Judengottes vom höchsten Gotte der Christen den metaphysischen Ausdruck für das Neue und Absolute der christlichen Religion [60]) und auch Baur selbst hat keine Ursache gefunden, gegen diese Begriffsbestimmung etwas Wesentliches einzuwenden [61]). Auch nach derjenigen Auffassung der Gnosis, welche wir im Bisherigen vertreten haben, liegt grade in der absoluten Bedeutung, welche die Gnostiker dem Christenthume als allgemeinem Weltprincipe anweisen, „der nächste Fortschritt der christlichen Lehrentwickelung nach den Gegensätzen der apostolischen Zeit," und wir müßten es bei dem ganzen Gange, welchen diese Entwickelung genommen hat, geradezu als nothwendig sehen, daß, wie schon in der apostolischen Zeit die Auseinandersetzung mit dem Judenthume das eigentlich treibende Moment in allen weiteren Wendungen war, so auch der nächste, umfassendere Fortschritt über die wesentlich heilsgeschichtliche Betrachtungsweise der apostolischen Zeit hinaus, zu einer weltgeschichtlichen Begründung des christlichen Princips, von eben jener Auseinandersetzung mit dem Judenthume seinen Ausgangspunkt nahm. Hiermit stimmt, was schon Hilgenfeld bemerkt, vollkommen zusammen, daß bereits der erste bekannte Gnostiker, Kerinth, jene Abtrennung des Gesetzgebers der Juden vom höchsten Gotte vollzogen hat, indem er dem Ersteren seinen Platz unter den weltschöpferischen Engeln anwies. Wesentlich dieselbe Stellung hat der Judengott noch bei Saturnin [62]) und bei den Ophiten des Irenäus [63]), nur daß diese Systeme auch den übrigen „Sterngeistern," den Genossen des Gesetzgebers einen Antheil an der alttestamentlichen Prophetie zugestehen. Die Namen der Ophitischen Sterngeister oder weltschöpferischen Engel sind, so weit wir sie bis jetzt zu entziffern vermochten, alttestamentliche Gottesnamen, ja aus einer Vergleichung mit dem, was *Epiph.* Haer. 26 von den *Γνωστικοί* oder *Ἀρχοντικοί* berichtet, erhellt, daß selbst der im specifischen Sinne als Judengott vorgestellte Engel nur von einem Theile der „Gnostiker," d. h. eben der Ophiten, als Jaldabaoth, von Anderen dagegen als Sabaoth bezeichnet wird, und es fragt sich noch sehr, welche Ansicht die ältere war. Auch darüber ist durch die Forschungen von Baur und Hilgenfeld schon hinreichendes Licht verbreitet, wie es kam, daß der Weltschöpfer und der Gott der Juden für die Gnostiker zwei aufs Unzertrennlichste verbundene Begriffe waren; diese Identität nahm man eben einfach aus dem alten Testamente. War einmal die Abtrennung des höchsten Gottes vom Gesetzgeber der Juden vollzogen, so konnte die Schöpfung der Körperwelt nur demjenigen zugeschrieben werden, der nach der alttestamentlichen Grundanschauung grade in der Weltschöpfung seine Macht am herrlichsten offenbart hatte.

Die Mittheilungen der Philosophumena (V, 22 fg.) setzen uns nun in den Stand, die gnostische Idee vom Demiurgen bis in ihre frühesten Stadien zurückzuverfolgen. Es kann keinem Zweifel unterliegen, daß das von dem Gnostiker Justin so hochgehaltene Buch Baruch, wenn es auch selbst erst nach der Mitte des zweiten Jahrhunderts entstanden sein kann, dennoch in allen seinen Grundanschauungen eine der ältesten, wo nicht die allerälteste der uns jetzt bekannten Gestalten der Gnosis darstellt. Auch diese Schrift kennt einen, vom höchsten Gotte unterschiedenen Demiurgen, der, wie schon der Name Elohim verräth, kein anderer zu sein scheint, als der Gott des alten Testamentes. Aber Elohim ist hier nicht wie bei Kerinth zu einem der weltschöpferischen Engel herabgedrückt, sondern er steht noch ganz in alttestamentlicher Weise als Herr und Vater über den Engeln. Die *πατρικοὶ ἄγγελοι* sind seine Geschöpfe, sie bilden in seinem Auftrage und seinen Absichten gemäß den Menschen aus den feinsten Erdenstoffen, während aus den gröberen Thiere und Pflanzen entstehen, und einer aus ihrer Mitte, der Engel Baruch, wird dem durch die bösen psychischen

60) Urchristenthum S. 100.

61) Tüb. Schule 2. Aufl. S. 58.

62) *Epiph.* Haer. 23, 2. *Iren.* I, 24, 1 *Mass.* und darnach Phil. VII, 28.

63) *Iren.* I, 30, 5 seq.

Engel bedrängten Menschengeschlechte vom Vater zu Hilfe gesandt, um ihnen die göttliche Wahrheit zu offenbaren. Baruch redet so im Auftrage des Vaters zu Mose, zu den Propheten und zuletzt zu Jesus, dem Sohne Joseph's und der Maria. Moses und die Propheten hatten nämlich, durch die bösen Engel bethört, die ihnen gewordene Offenbarung immer wieder verfälscht; Jesus allein bleibt standhaft allen Versuchungen gegenüber, verkündigt die göttliche Wahrheit rein, und wird dafür gekreuzigt. Das Merkwürdige und von den sämmtlichen übrigen Systemen Abweichende ist hierbei, daß das Christenthum, ganz ähnlich wie in den Clementinischen Homilien, mit dem wahren Judenthume identificirt, und demgemäß zwischen echten und unechten Bestandtheilen des ersteren, zwischen einer wahren und einer falschen, einer männlichen und einer weiblichen Prophetie geschieden wird. Hiermit hängt zusammen, daß die christliche Offenbarung selbst so wenig als eine über den Standpunkt des Demiurgen hinausgehende betrachtet wird, daß es vielmehr dieser selbst ist, welcher wie im alten, so im neuen Testamente die Botschaft von dem ἀγαθὸς θεός durch seinen Engel Baruch verkündigen läßt. Der Demiurg ist nämlich selbst seinem Wesen nach pneumatisch, ist ἀπρόγνωστος καὶ ἄγνωστος καὶ ἀόρατος, er haucht dem Menschen das πνεῦμα ein, und erhebt sich nach vollendeter Schöpfung zur Rechten des guten Gottes, um diesen niemals wieder zu verlassen. Alle diese Anschauungen weichen in solchem Grade von den gewöhnlichen gnostischen Ideen ab, daß man versucht sein könnte, die Lehre des Buches Baruch, ebenso wie die der so nahe verwandten Clementinischen Homilien überhaupt aus dem Kreise der eigentlichen Gnosis zu sondern. Man könnte, zumal um der auf den Elohim angewendeten Stelle Ps. 109, 1 willen, auf die Vermuthung kommen, daß Elohim hier in ein ganz ähnliches Verhältniß zu dem höchsten Gotte gesetzt sei, wie die Sophia der Clementinen und der Logos des alexandrinischen Clemens. Dennoch ist auf der anderen Seite die Art, wie das Buch Baruch das Verhältniß des Elohim theils zu dem guten Gotte, theils zur Edem bestimmt, schon eine so ernstliche Bedrohung des jüdisch-christlichen Monotheismus durch heidnisch-mythologische Elemente, daß man aus demselben Grunde, welcher die Clementinen aus den eigentlich gnostischen Systemen auszuscheiden nöthigte, die Lehre des Buches Baruch denselben zuweisen muß. Elohim ist durchaus nicht, wie die Sophia der Clementinen, in ein immanentes Verhältniß zu Gott gesetzt, sondern er steht demselben Anfangs so fern, daß er grade so wie der Demiurg der übrigen Gnostiker von dem über ihm seienden höchsten Gotte gar keine Kenntniß hat. Es ist mit einem Worte ein zwar pneumatisches, aber doch an Macht und Einsicht beschränktes Wesen. Eine tiefere Stufe der Vollkommenheit wird schon dadurch bezeichnet, daß er nicht wie der ἀγαθὸς θεός über jeder Berührung mit der Körperwelt erhaben ist, sondern umgekehrt anfänglich im ehelichen Bunde und in schönster Harmonie mit Edem, der mythologischen Personification der Erde, die Schöpfung der Engel und der Menschen vollbringt. Noch

analoger dem eigentlichen Gnosticismus ist die Art, wie er zur Rechten des guten Gottes erhoben wird. Elohim von Natur ἀνωφερής, mit einem Zuge nach der oberen Welt begabt, erhebt sich nach vollbrachter Weltschöpfung mit seinen Engeln in die höheren Regionen, um zuzusehen, daß Nichts fehle. Er kommt an die Grenze über den Himmel, schaut plötzlich ein besseres Licht, als er gebildet hat und spricht: „Macht mir die Pforten auf, damit eintretend ich den Herrn bekenne; denn ich glaubte selbst der Herr zu sein." Eine Stimme von Oben ruft: „das ist die Thür des Herrn, Gerechte gehen durch sie ein;" sofort öffnet sich die Thür, der Vater geht zu dem guten Gotte ein und sieht, ἃ ὀφθαλμὸς οὐκ εἶδε καὶ οὖς οὐκ ἤκουσε καὶ ἐπὶ καρδίαν ἀνθρώπου οὐκ ἀνέβη. Da spricht zu ihm ὁ ἀγαθός: „Setze dich zu meiner Rechten." Der Vater will vorher nochmals in die von ihm geschaffene Welt zurückkehren, um sein dort gebundenes πνεῦμα (die dem Menschen eingehauchte pneumatische Substanz) in Empfang zu nehmen; der gute Gott hindert ihn jedoch daran, weil Elohim, nachdem er einmal zu ihm gekommen sei, nichts Uebles thun könne. Da die Welt in Uebereinstimmung von Elohim und Edem geschaffen sei, so möge die Letztere die Creatur besitzen, so lange sie wolle, Elohim aber bei ihm bleiben. Edem, von Betrübniß ergriffen, daß Elohim sie verlassen hat, umgibt sich mit ihren Engeln (den zwölf μητρικοὶ ἄγγελοι) und schmückt sich, so herrlich sie es vermag, um Elohim aufs Neue mit Begierde nach ihr zu entflammen. Wie dieser trotzdem nicht wieder herab zu ihr kommt, gebietet sie dem ersten ihrer Engel, der Βάβελ oder Aphrodite, Ehebruch und Ehetrennung unter den Menschen anzustiften, damit, wie sie von Elohim getrennt ist, auch das von Elohim geschaffene πνεῦμα in dem Menschen durch solche χωρισμοί betrübt werde, und Aehnliches leide, wie sie selbst in ihrer Verlassenheit. Sie gibt ferner ihrem dritten Engel Naas (נחש, ὄφις) große Macht, das πνεῦμα Elohim's mit allen möglichen Strafen zu verfolgen, damit dadurch Elohim selbst gestraft werde, welcher vertragswidrig seine συνθήκας verließ. Wie der Vater dies sieht, sendet er den Baruch, seinen dritten Engel, den Menschen zu Hilfe. Baruch tritt in die Mitte der μητρικοὶ ἄγγελοι, in die Mitte des Paradieses, und verbietet den Menschen vom Baume der Erkenntniß zu essen, während ihnen der Genuß aller übrigen Baumfrüchte gestattet sein soll, d. h. die Menschen erhalten die Anweisung, allen anderen eilf Engeln der Edem zu gehorchen, denn sie haben zwar πάθη, aber keine παρανομία, dem Naas aber sollen sie nicht gehorchen, denn er ist παράνομος. Die Menschen gehorchen aber nicht und lassen sich von Naas zu allerlei παρανομία verleiten; mit Eva treibt er Ehebruch, mit Adam Päderastie. So kommt das Böse und das Uebel in die Welt, dessen mittelbarer Urheber der Vater ist, sofern seine Entfernung von Edem diese ganz unheilvolle Wendung veranlaßt hat; andererseits ist er es aber wieder, der durch sein Hinaufsteigen zum ἀγαθός allen denen, welche hinaufsteigen wollen, den Weg zeigt.

Diese ganze Darstellung ist offenbar ganz im Geiste

der sonstigen gnostischen Mythologien gehalten. Die Erhebung Elohim's zum ἀγαθός nimmt hier einen ähnlichen Platz ein, wie anderwärts die Belehrung des Demiurgen. Wie der Demiurg anderer Systeme hat er Anfangs keine Ahnung von der höheren Gottheit, das Licht, aus welchem er die Menschen gebildet hat, ist ein geringeres als das Licht der oberen Welt, d. h. er ist allerdings pneumatischen Wesens, steht aber doch an Vollkommenheit unter dem ἀγαθός. Wie der Demiurg Valentin's und der Basilidianer unterwirft er sich, sobald er zur besseren Erkenntniß gekommen ist, freiwillig der höheren Ordnung und wird nun ihr dienendes Werkzeug, um alles Pneumatische zu befreien und in das Reich des guten Gottes einzuführen. Nähert sich Elohim in dieser Beziehung der Stellung, welche bei den Valentinianern und Basilidianern der Soter einnimmt, so bietet andererseits die Geschichte seiner Erhebung eine Parallele zu der Wiederbringung der Achamoth. Seine Beschränktheit ist ebenso wie sein Aufenthalt unter dem Lichtreiche nur eine zeitweilige; wie er von Haus aus den Trieb nach Oben hat, so kommt er, nachdem seine Unwissenheit von ihm genommen und das obere Licht ihm offenbart worden war, durch ein freiwilliges, der Buße und der ὁμολογία der Sophia entsprechendes Bekenntniß zum ἀγαθός unmittelbar ins Lichtreich zur Rechten des Guten, bleibt also nicht wie der Valentinianische Demiurg am Orte der Mitte. Das Wichtigste aber ist, daß auch seine Erhebung ganz wie in den übrigen Systemen durch die Mittheilung der γνῶσις oder durch die Einweihung in die oberen Mysterien vermittelt erscheint. Er schwört daher, als er zum ἀγαθός kommt, diesem als dem Herrn über Alles einen Eid, worin er gelobt, die Mysterien zu bewahren, sie Niemandem (d. h. Keinem, der nicht pneumatischen Wesens und daher selbst zum Empfange der γνῶσις befähigt ist) zu verrathen und sich nicht von dem Guten zurückzuwenden zur Creatur. Es erhellt hieraus, daß die Erhebung des Elohim, ganz ebenso wie die Rückkehr der Achamoth eine typische Darstellung ist für die Wiederbringung des endlichen Geistes zum Unendlichen. Im ursprünglichen Verkehre mit der Materie kennt der Geist seine höhere Bestimmung nicht, als endlicher Geist ist er an Macht und Einsicht beschränkt; der eigentliche Wendepunkt seiner Entwickelung ist also der, wo ihm das Bewußtsein des Unendlichen, mit dem er an sich schon eins war, erwacht. Daher ist denn die Rückkehr aller pneumatischen Seelen Nichts als derselbe im Verlaufe der Weltgeschichte sich vollziehende Proceß, Elohim ist der Ersterlöste und der Erlöser zugleich, daher alle Pneumatiker bei ihrer Einweihung in die Mysterien des ἀγαθός denselben Eid schwören müssen wie Elohim, und dann ebenso wie er schauen werden: „Was kein Auge gesehen, kein Ohr gehört und in keines Menschen Sinn gekommen ist."

So deutlich sich in dem Allen der echt gnostische Charakter des Systemes verräth, so schwierig ist die Frage, wie das Buch Baruch überhaupt zu seinem Demiurgen kommt. Aus dem Bisherigen erhellt, daß Elohim zwar als Weltschöpfer und Gesetzgeber vom höchsten Gotte gesondert wird, da er aber zugleich die an Jesus ergehende Offenbarung vermittelt, und da diese Offenbarung keine andere ist, als die, welche er schon Mose und den Propheten hat verkündigen lassen, so folgt, daß wenigstens hier der Demiurg nicht der metaphysische Ausdruck sein kann für das Neue und Absolute der christlichen Religion.

Dieses Ergebniß ist um so überraschender, da die Lehre des Buches Baruch, wenn wir von einigen für die Grundanschauung des Ganzen völlig bedeutungslosen Zusätzen und Erweiterungen aus der Zeit nach Markion absehen, nicht als eine spätere Mischung des ausgebildeten Gnosticismus mit dem Judenchristenthume betrachtet werden kann. Das Buch bezeichnet vielmehr den Uebergang des Judenchristenthums in die Gnosis. Die Idee des Demiurgen kann also, wenn wir nach ihren letzten Ursprüngen fragen, nicht im antijüdischen Interesse in die Gnosis aufgenommen worden sein, was offenbar nach der Hilgenfeld'schen Ansicht der Fall sein würde. So gewiß der Demiurg ein allgemein gnostisches Kriterium ist, so gewiß hat dieses Kriterium nicht schon von Anfang an den Sinn einer Trennung der beiden Götter des alten und des neuen Testamentes. Wir hätten hierdurch nun auch die historische Bestätigung dessen gewonnen, was wir schon oben (S. 36) aus inneren Gründen der Ableitung Hilgenfeld's entgegenstellen mußten. Andererseits kann aber auch nun erst recht keine Rede davon sein, den gnostischen Demiurgen aus dem Platonischen abzuleiten, wenn auch der Name δημιουργός, welcher bekanntlich weit später ist als die Sache selbst, am einfachsten aus dem Einflusse des Platonismus sich erklären wird [64].

Dagegen zeigt sich auf den ersten Blick, daß in demselben Maße, als wir in die ursprüngliche Gestalt dieses räthselhaften Demiurgen eindringen, auch die Kluft sich schließt, welche den Schöpfer und Gesetzgeber des alten Testamentes von dem über Alles seienden Gotte trennt. Er steht nicht als Vertreter des psychischen, von Natur zu höherer Entwickelung unfähigen Principes unter dem pneumatischen, seine Gesetzgebung ist daher auch so wenig eine unvollkommene, dem Untergange bestimmte, daß sie nur von unechten Zuthaten gereinigt zu werden braucht, um zur Erlösung der pneumatischen Seelen völlig auszureichen. Wie der Judengott und der Christengott, so sind Judenthum und Christenthum wesentlich eins, Elohim ist in beiden Religionen nur das Organ eines höheren Willens, und wie er Jesum den ἀγαθός offenbaren läßt, so hat er dieselbe Verkündigung schon an Mosen und die Propheten gerichtet. Es ist hier der Punkt, wo sich die Idee des Demiurgen an bereits ältere Vorgänge im Judenthume anschließt. Hilgenfeld weist ganz richtig auf die nicht blos aus dem neuen Testamente, sondern auch im Judenthume selbst nachweisbare Vor-

64) Wenn *Theodoret. Haer. fab.* II, 4 schon von Kerinth sagt: οὐκ αὐτὸν (τὸν τῶν ὅλων θεὸν) εἶναι τοῦ κόσμου δημιουργόν, ἀλλὰ δυνάμεις τινὰς κεχωρισμένας, so hat er den ihm sonst geläufigen Ausdruck δημιουργός auf eigene Gefahr gewählt. Die Bezeichnung läßt sich vor Valentin, dem Platoniker, in keinem gnostischen Systeme nachweisen.

stellung hin, daß die Mosaische Gesetzgebung nicht unmittelbar vom höchsten Gotte, sondern in seinem Auftrage von Engeln vollzogen worden sei (Gal. 3, 19. Hebr. 2, 2. Act. 7, 53. *Jos.* Antt. XV, 5, 3, vergl. Deut. 33, 2, LXX)[65]) und dieselbe vermittelnde Thätigkeit wurde den Engeln nach jüdischer Anschauung auch schon bei der Weltschöpfung zugeschrieben, vergl. *Philo*, De opificio mundi I, 46. 45 *Pf.* Der Grund, warum man die Engel bei der Weltschöpfung und Gesetzgebung als Werkzeuge des göttlichen Willens dachte, ist eben kein anderer, als die gesteigerte monotheistische Anschauung von der Erhabenheit Gottes über die Körperwelt, und die ganze Idee ist also wesentlich auf demselben Boden erwachsen, wie die Theologumenen von der göttlichen Weisheit und dem göttlichen Logos, dem göttlichen Machtworte (מימרא) und der göttlichen Herrlichkeit (שכינא). Diese gemeinsamen Grundlagen müssen wir auch für die Lehre vom Demiurgen festhalten. Während nun aber Hilgenfeld nur durch einen Sprung, der grade auf judenchristlichem Boden schlechthin unerklärbar ist, von diesen jüdischen Vorstellungen zu der gnostischen Unterscheidung der beiden Götter des alten und des neuen Testamentes gelangt, findet sich in dem Demiurgen des Buches Baruch das Mittelglied. Derselbe ist zwar der Gesetzgeber, aber darum doch durchaus noch nicht der Judengott, wie schon der Ophitische Jaldabaoth; nachdem einmal die anfängliche Unwissenheit von ihm genommen ist, beansprucht er durchaus nicht, als höchster Gott und Vater verehrt zu werden, sondern wird ein dienendes Werkzeug des höchsten Gottes. Letzteres thut nun zwar der Valentinianische und Basilidianische Demiurg ebenfalls, aber der Unterschied ist, daß er erst durch Christus zu dieser Erkenntniß kommt, und auch dann nur mit einem beschränkten Wissen vorlieb nehmen muß, während hier der Demiurg gleich nach der Weltschöpfung zur vollkommenen γνῶσις gelangt, und nun bei der Gesetzgebung des Moses, bei der Aussendung der Propheten, endlich bei der Berufung Jesu von Nazareth durch seinen Engel Baruch die Offenbarung des höchsten Gottes sich angelegen sein läßt. Daß er aber selbst schon den hebräischen Gottesnamen Elohim empfängt, kann ursprünglich nur in dem Sinne gemeint gewesen sein, wie auch sonst in jüdischen und judenchristlichen Kreisen der Gottesname auf die Organe der göttlichen Wirksamkeit übertragen wird, sofern eben in ihnen Gott sich offenbart. Andererseits liegt aber auch die Möglichkeit nahe genug, wie an die für den strengen Monotheismus doch schon äußerst gefährliche Uebertragung hebräischer Gottesnamen auf Wesen, die doch immer Gott untergeordnet sind, die Vorstellung sich anknüpfen konnte, daß der Judengott selbst nur ein untergeordnetes Wesen sei. Offenbar war aber diese Vorstellung nicht länger mit einem judenchristlichen Standpunkte vereinbar, sondern konnte nur wie bei den Ophiten entweder von Vornherein im antijüdischen Interesse aufgestellt werden, oder, was ziemlich auf

dasselbe hinausläuft, in eine durchaus antijüdische Betrachtung umschlagen.

Wird auch hierdurch das oben ausgesprochene Urtheil von der geschichtlichen Stellung des Buches Baruch als einer Uebergangsstufe von dem Judenchristenthume zur Gnosis bestätigt, so muß dennoch die hier vorliegende Lehre ihrer ganzen Beschaffenheit nach durchaus schon den eigentlich gnostischen beigezählt werden, wofür wir nur auf das oben schon Entwickelte verweisen können. Den Ausschlag gibt, daß Elohim nur nach der einen Seite hin noch wie in den älteren jüdischen Vorstellungen von der Weltschöpfung und der Gesetzgebung als dienendes Organ der höchsten Gottheit erscheint, nach der anderen Seite aber bereits in echt gnostischer Weise eine mythologische Personification des endlichen und in dieser seiner Endlichkeit beschränkten Geistes ist, der sich des seinem Wesen widersprechenden Bandes mit der Erde zu entledigen strebt, aber erst durch die γνῶσις zum Bewußtsein des Unendlichen und dadurch zugleich zur Erkenntniß seines eigenen, dem pneumatischen Reiche angehörigen Wesens erwacht. Der Eintritt dieser speculativen Idee ist das eigentlich Neue in unserem Systeme, sie bietet ganz wie bei den späteren Gnostikern den Schlüssel zum philosophischen Verständnisse des Christenthums, gleichsam den gnostischen Augenpunkt, von welchem aus man erst im Stande ist, von der heilsgeschichtlichen Betrachtung zur weltgeschichtlichen fortzuschreiten. Natürlich begann man auf gut judenchristlich diese neue christliche Philosophie noch nicht mit der schroffen Entgegensetzung der alttestamentlichen und der neutestamentlichen Religion, sondern man suchte mit der absoluten Bedeutung des Christenthums zugleich seine Identität mit der echten, dem Moses und den Propheten gewordenen Offenbarung aufrecht zu erhalten. Da sich dies, wie schon die Entwickelung des apostolischen Zeitalters ahnen ließ, auf die Dauer als unmöglich erwies, so schritt man auf dem nächstfolgenden Stadium der Gnosis dazu fort, das Neue und Absolute der christlichen Religion im Gegensatze zum Judenthume zu behaupten, womit denn die Nothwendigkeit eines Hinausgehens über den beschränkten Boden der alttestamentlichen Geschichte und die allmähliche Erweiterung des Gesichtskreises auch auf die Betrachtung des Heidenthumes von selbst gegeben war. Erst auf diesem bereits fortgeschrittenen Stadium der Gnosis kann daher der Demiurg das geworden sein, was er nach Hilgenfeld gleich von Anfang an für die Gnosis war, der metaphysische Ausdruck für das Neue und Absolute der christlichen Religion. Dagegen hat Hilgenfeld ganz Recht, wenn er diese Bedeutung schon für das aus Irenäus und Epiphanius bekannte System der Ophiten in Anspruch nimmt, welches durch seinen noch ganz auf die Auseinandersetzung mit dem alten Testamente gerichteten Gedankenkreis sich als der nächste Schritt über die dem Buche Baruch zu Grunde liegende Lehre hinaus, also jedenfalls schon darum als eine im Vergleiche mit dem Valentinianischen Systeme frühere Gestalt der Gnosis charakterisirt. Auch darin hat Hilgenfeld völlig das Richtige gesehen, wenn er Neander's Darstellung gegen-

65) Urchristenthum S. 100. Galaterbrief S. 166 fg. Vergl. Dähne, Jüdisch-Alexandrinische Religionsphilosophie II, 71 fg.

über den Begriff des Demiurgen und seines Verhältnisses zum höchsten Gott nicht als einen sich gleich bleibenden, sondern mehre Stadien durchlaufenden faßt[66]), nur daß es ihm noch nicht gelungen ist, diesen Entwickelungsgang schon völlig richtig zu bestimmen, was eben mit jenem anderen Irrthume zusammenhangt, daß ihm die Trennung der beiden Götter des alten und neuen Testamentes selbst schon als das charakteristische Merkmal der eigentlich gnostischen Systeme erscheint.

Es wäre nun jedenfalls von der äußersten Wichtigkeit, wenn wir die Lehre **Kerinth's** genauer, als es bei der dermaligen Beschaffenheit unserer Quellen möglich ist, mit dem Buche Baruch vergleichen könnten. Nach Epiphanios (Haer. 28, 1) war er Judenchrist, und hielt namentlich an der Beschneidung fest, während er die Autorität des Paulus verwarf (Haer. 28, 2—5); das Matthäusevangelium soll er theilweise anerkannt haben, namentlich wegen der Christi menschliche Abkunft bezeugenden Genealogie[67]). Hiermit stimmt nicht nur seine, von den Berichterstattern einstimmig gemeldete, Ebionitische Christologie, nach welcher Jesus ein natürlich erzeugter Sohn Joseph's und der Maria war[68]), sondern auch seine sehr realistischen Vorstellungen vom tausendjährigen Reiche, gegen die schon der römische Presbyter Cajus polemisirte[69]). Wenn ihm Epiphanios (Haer. 28, 1) ein *προσέχειν τῷ Ἰουδαϊσμῷ ἀπὸ μέρους* zuschreibt, so hat auch dieses gewiß seine völlige Richtigkeit. Vermuthlich unterschied er ebenso wie das Buch Baruch, das *Κήρυγμα Πέτρου* und die daraus erwachsenen Clementinischen Recognitionen und Homilien, zwischen echten und unechten Bestandtheilen des alten Testamentes, sonderte also wol namentlich die Bestimmungen über die blutigen Opfer aus. Führt diese Ansicht offenbar auf Essenische Grundlagen zurück, so zeigt sich sein Gnosticismus nach allen Berichterstattern in der Trennung des Demiurgen vom höchsten Gott. Aber über das Weitere stimmen die Angaben nicht völlig mit einander überein. Nach Irenäus, den Pseudoorigenes hier buchstäblich ausgeschrieben hat, lehrte er[70]), *οὐχ ὑπὸ τοῦ πρώτου θεοῦ γεγονέναι τὸν κόσμον, ἀλλ' ὑπὸ δυνάμεώς τινος κεχωρισμένης [καὶ ἀπεχούσης] τῆς ὑπὲρ τὰ ὅλα ἐξουσίας, καὶ ἀγνοούσης τὸν ὑπὲρ πάντα θεόν.* Ueber das Verhältniß dieses tief unter dem höchsten Gott stehenden Wesens zur jüdischen Gesetzgebung gibt Irenäus nichts Näheres an; nach dem, was er aber über die bei der Taufe erfolgende Herabkunft des „Christus" auf Jesum und über

die damals erst eingetretene Verkündigung des *πατρὸς ἀγνώστου* berichtet[71]), scheint geschlossen werden zu müssen, daß die weltschöpferische *δύναμις* bis zu diesem Zeitpunkte in ihrer *ἀγνοίᾳ* verharrte, wie denn der „Christus" auch nicht vom Demiurgen, sondern *ἀπὸ τῆς ὑπὲρ τὰ ὅλα αὐθεντίας* gesandt wurde. Hieraus würde sich ergeben, daß Kerinth den Demiurgen nicht in einem so engen Verhältnisse zum höchsten Gott gedacht haben kann als das Buch Baruch nach der obigen Darstellung seinen Elohim. Die Angaben des anonymen libellus adv. haereses, des Epiphanios und Theodoret, stimmen nun in dem bisher Berichteten mit Irenäus überein, außer daß sie statt von einer weltschöpferischen *δύναμις* von mehren sprechen[72]). Diese niederen *δυνάμεις* werden vom libellus und von Epiphanios ausdrücklich als Engel bezeichnet, und beide fügen den Irenäus ergänzend hinzu, das Gesetz und die Propheten rührten von den weltschöpferischen Engeln her, deren einer von Epiphanios noch speciell als der Gesetzgeber, vom libellus als der Judengott bezeichnet wird[72a]).

Dürfen wir nun die beiderseitigen Angaben mit einander combiniren, so wäre die weltschöpferische Macht des Irenäus nur der oberste der bei der Weltschöpfung überhaupt betheiligten Engel, und jedenfalls derselbe, dem Epiphanios als dem Gesetzgeber *κατ' ἐξοχήν* auch bei diesem allen weltschöpferischen Engeln gemeinsamen Werke den hervorragendsten Antheil zuschreibt. Es käme diese Vorstellung im Wesentlichen mit der Lehre Saturnin's, sowie mit dem überein, was die Ophiten des Irenäus von Jaldabaoth und den sechs unter ihm stehenden Archonten erzählen. Da auch die Propheten ihnen gemeinsam sein sollen, so wäre wol am einfachsten, an eine ähnliche Vertheilung der verschiedenen Propheten unter die verschiedenen Engel zu denken wie bei den Ophiten (*Iren.* Haer. I, 30, 9 *Mass.*). Die jüdische Ansicht von den weltschöpferischen und gesetzgeberischen Engeln bildet auch hier offenbar die Grundlage; die Frage ist nur, in welches Verhältniß Kerinth dieselben zu dem unbekannten Vater gesetzt hat. Hierfür kann nicht

---

66) Die Clementinischen Recognitionen S. 299. 67) Haer. 28, 5: *χρῶνται* (sc. die Anhänger Kerinth's) *τῷ κατὰ Ματθαῖον εὐαγγελίῳ ἀπὸ μέρους καὶ οὐχὶ ὅλῳ, ἀλλὰ διὰ τὴν γενεαλογίαν τὴν ἔνσαρκον καὶ ταύτην μαρτυρίαν φέρουσιν ἀπὸ τοῦ εὐαγγελίου, πάλιν λέγοντες ὅτι, Ἀρκετὸν τῷ μαθητῇ, ἵνα γένηται ὡς ὁ διδάσκαλος* (Mt. 10, 25). Sie hatten also wol einen Text des Matthäusevangeliums, welcher zwar die Genealogie, aber nicht die übernatürliche Empfängniß enthielt. 68) *Iren.* Haer. I, 26, 1 *Mass.* Phil. VII, 33. Libell. adv. omn. haer. 3. *Theodoret.* Haer. fab. II, 3. 69) *Cajus* apud *Eus.* H. E. III, 28. Vergl. *Dionys. Alex.* ibid. u. VII, 25 und darnach *Theodoret.* l. c. 70) Wir geben den griechischen Text, wie er aus Pseudoorigenes sich herstellen läßt.

71) *καὶ τότε κηρύξαι* (sc. *τὸν Χριστὸν*) *τὸν ἄγνωστον* (so ist nach dem lateinischen Texte statt *γνωστὸν* zu lesen) *πατέρα*. 72) *Theodoret.* l. c.: *ἐδίδαξε δὲ οὗτος, ἕνα μὲν εἶναι τὸν τῶν ὅλων θεόν, οὐκ αὐτὸν δὲ εἶναι τοῦ κόσμου δημιουργόν, ἀλλὰ δυνάμεις τινὰς κεχωρισμένας, καὶ παντελῶς αὐτὸν ἀγνοούσας.* Theodoret lehnt sich also fast buchstablich an die Ausdrücke des Irenäus an, mit dem einzigen im Texte angegebenen Unterschiede. 72a) Libellus adv. omn. haer. l. c.: post hunc (Carpocratem) Cerinthus haereticus erupit, similia docens. Nam et ipse mundum institutum esse ab illis dicit (d. i. von den angeli et virtutes distantes longe a superioribus virtutibus, wie es vorhin hieß); Christum ex semine Joseph natum proponit, hominem illum tantummodo sine divinitate contendens, ipsam quoque legem ab angelis datam perhibens, Judaeorum deum non dominum sed angelum promens. *Epiph.* Haer. 28, 1: *τὰ ἴσα γὰρ τῷ προειρημένῳ* (*τῷ Καρποκρᾶτι*) *εἰς τὸν Χριστὸν συκοφαντήσας ἐξηγεῖται καὶ οὗτος, ἐκ Μαρίας καὶ ἐκ σπέρματος Ἰωσὴφ τὸν Χριστὸν γεγεννῆσθαι, καὶ τὸν κόσμον ὁμοίως ὑπὸ ἀγγέλων γεγενῆσθαι. — φάσκει δὲ οὗτος τὸν νόμον καὶ τοὺς προφήτας ὑπὸ ἀγγέλων δεδόσθαι, καὶ τὸν δεδωκότα νόμον ἕνα εἶναι τῶν ἀγγέλων τῶν τὸν κόσμον πεποιηκότων.*

das System Saturnin's und noch weniger das der Ophiten maßgebend sein, da wir bei Kerinth auf alle Fälle ein noch früheres Stadium der Gnosis annehmen müssen. Hätte er freilich, wie der libellus berichtet, den deus Judaeorum ausdrücklich für einen Engel erklärt, so läge schon bei ihm jene Unterscheidung der beiden Götter des alten und des neuen Testamentes vor, welche den späteren gnostischen Systemen eigen ist. Aber grade diese Angabe müssen wir um des Judenchristenthums des Kerinth willen beanstanden. Das Wahrscheinlichste bleibt also die Annahme, daß der Weltschöpfer und Gesetzgeber — den der Berichterstatter im libellus auf eigene Hand so gradezu mit dem Judengotte identificirt — sammt den übrigen Engelsmächten (zusammen wol sieben, wie bei Saturnin und den Ophiten) nur als dienendes Organ des höchsten Gottes gehandelt habe. Der Unterschied Kerinth's von dem Buche Baruch läge also nur darin, daß jener auch den Weltschöpfer und Gesetzgeber selbst mit den Engeln zusammenfaßte, während dieselben nach diesem selbst wieder seine Boten und Werkzeuge waren: eine Ansicht, die an sich ebenso gut die ältere als die jüngere sein könnte. Für das Letztere scheint nun die oben besprochene Angabe des Irenäus zu entscheiden, daß die Mittheilung der γνῶσις erst durch den Christusgeist bei der Taufe Jesu erfolgt sei; da man aber dann zugleich annehmen müßte, daß der Demiurg sammt den übrigen Engeln psychischer Natur, die Gesetzgebung und die alttestamentliche Prophetie also nur eine unvollkommene, durch die christliche Gnosis beseitigte gewesen wäre, so käme man hierdurch abermals in Widerspruch mit dem glaubwürdig berichteten Judenchristenthume Kerinth's. Will man also diesem Gnostiker nicht ohne Noth eine Inconsequenz aufbürden, die durch seine vorauszusetzende Scheidung echter und unechter Bestandtheile des alten Testamentes nur noch schreiender würde, so bleibt nur übrig, eine ähnliche Ungenauigkeit des Referates anzunehmen, wie wir sie schon oben in der Angabe argwöhnen mußten, daß der „Christus" bei der Taufe auf Jesum herabgekommen sei. Hiernach würde sich folgende Auffassung der Lehre Kerinth's ergeben. Die Welt ist von Engeln, von pneumatischen, aber endlich beschränkten und daher anfänglich in Unwissenheit über den höchsten πατὴρ τῶν ὅλων befangenen Wesen, nach dem Willen des Letzteren geschaffen, unter denen einer, der vielleicht auch Elohim hieß[73]), der oberste war. Im Auftrage des Vaters, zu dessen γνῶσις sie inzwischen, ähnlich wie im Buche Baruch, gelangt sein müssen, senden sie Mosen und die Propheten; aber die echte Lehre wird immer wieder verfälscht, bis sie endlich durch das πνεῦμα ἅγιον dem Menschen Jesus bei der Taufe aufs Neue offenbart und von diesem nun endlich lauter verkündet wird. Nur bei dieser Auffassung möchte es gelingen, die Lehre Kerinth's von den inneren Widersprüchen zu befreien, in welche sie die um die feineren Unterschiede von späteren gnostischen Lehren wenig bekümmerten Kirchenväter ver-

73) So würde sich wenigstens am leichtesten die Angabe des libellus, daß er der Judengott gewesen, erklären.

wickelt haben. Der Demiurg bezeichnete also auch bei Kerinth noch keineswegs „das Neue und Absolute der christlichen Religion," vielmehr wäre seine Lehre der des Buches Baruch wesentlich verwandt.

Fassen wir die gewonnenen Ergebnisse nochmals zusammen, so entsprang die Idee des Demiurgen, wie sie zuerst in den gnostischen Systemen auftritt, ganz aus derselben Vergeistigung des Gottesbegriffes, die schon im späteren Judenthume überall zur Einschiebung von Mittelwesen zwischen Gott und der Schöpfung und namentlich zur Ausbildung angelologischer Speculationen hindrängte. Sie ist also in dieser Beziehung nichts specifisch Gnostisches. So lange daher die Gnosis noch ganz auf judenchristlichem Boden sich bewegte, war der Demiurg nur eine andere Wendung eines mit dem jüdisch-christlichen Monotheismus an sich durchaus nicht unvereinbaren Gedankens; ein Bruch mit dem monotheistischen Bewußtsein trat erst ein, als der Demiurg gradezu mit dem Judengotte identificirt ward. Damit hängt zusammen, daß allerdings von einer bestimmten Fixirung dieser Idee erst dann die Rede sein konnte, als sie zum metaphysischen Ausdrucke der schlechthinigen Erhabenheit des Christenthums über das Judenthum gestempelt wurde, und von da an ist sie das charakteristische Merkmal des Gnosticismus geblieben. Andererseits ist, wie schon im späteren Judenthume und namentlich bei den Essenern, so auch bei der Ausprägung der Lehre vom Demiurgen gleich von Vornherein die Einwirkung heidnisch-dualistischer Elemente unverkennbar, nur daß dabei durchaus kein willkürlicher Synkretismus, sondern eine eklektische Aneignung dessen stattfand, wofür es ohnehin in der inneren Entwickelung des christlichen Denkens Anknüpfungspunkte gab. Die Möglichkeit für die Schärfung dieses Dualismus bis zum antichristlichen Gegensatze liegt, wie bemerkt, im Begriffe dieser Gnosis selbst und ihrem Verhältnisse zur gemeinchristlichen πίστις. Die ersten Quellen dieser heidnischen Einflüsse sind aber nicht sowol in der griechischen Speculation, sondern in den orientalischen Religionssystemen zu suchen. Nur in den phönikischen und chaldäischen Kosmogonien gab es einen Demiurgen in ähnlichem Sinne, wie er uns in der Gnosis begegnet; und es muß als sehr bemerkenswerth gelten, daß grade in Syrien eine ganze Reihe von Spuren auf eine Mischung jüdischer und jüdisch-christlicher Ideen mit altheidnischen Anschauungen hinführen. Syro-chaldäisch ist die Idee der Syzygien, die nicht blos im Buche Baruch, bei den Elkesaiten und in den Clementinen, sondern auch bei den Mendaiten sich wiederfindet. Die phantastisch ausgemalte Verbindung zwischen Elohim und Edem, aus welcher alles Gewordene entstanden ist, während über ihnen selbst der höchste Herr und Gott steht, weist auf kosmogonische Mythen der Phönikier hin, auf die Syzygie des Himmels und der Erde, welche aus dem obersten männlichen oder mannweiblichen Principe hervorgeht; Edem wenigstens bezeichnet nach ausdrücklicher Angabe die Erde, wird also vielleicht, wenn auch sprachwidrig genug mit אֲדָמָה combinirt; und diese Vermuthung erhält durch die ganz ähnlichen Vorstellungen der angeblich Simonianischen ἀπό-

φύσις μεγάλη keine geringe Bestätigung [74]). Kurz wir stoßen hier durchaus auf einen mit orientalischer Mythologie getränkten Boden; und auch bei den Clementinischen Homilien möchte noch sehr zu untersuchen sein, wie Vieles unter den von fremdher entlehnten Bestandtheilen sich statt aus dem Stoicismus, wie Uhlhorn wahrscheinlich zu machen sucht [75]), aus syro-chaldäischem Heidenthume erklärt.

Das Charakteristische bei dieser Vergleichung ist nur immer wieder, daß diese heidnisch-mythologischen Elemente in den vom kirchlich-praktischen Interesse und vom directen Gegensatze gegen die Gnosis bewegten Clementinen dem monotheistischen Bewußtsein aufs Entschiedenste untergeordnet werden, während die Gnosis ihnen nicht nur einen weit freieren Spielraum gewährt, sondern selbst gradezu als eine Fortsetzung und Erneuerung der kosmogonischen Mythenbildung des Orientes bezeichnet werden muß. Es ist dies ein Punkt, auf den wir im Verlaufe unserer Untersuchung noch einmal zurückkommen werden.

Für jetzt ist die Frage am wichtigsten, welche Bedeutung überhaupt die mythologischen Personen der Gnosis für die Veranschaulichung des Grundgedankens aller dieser Systeme haben. In dieser Beziehung hat nun schon Baur an der geistvollsten und tiefsinnigsten dieser gnostischen Mythologien, der Valentinianischen Aeonenlehre, gezeigt, daß dieser Reichthum mythischer Gestalten eine wesentlich speculative Bedeutung habe [76]). Die Aeonen sind Nichts, als mythische Personificationen der im Processe des Geistes selbst enthaltenen Momente, was daher im Pleroma sich zuträgt, wiederholt sich in der unteren Welt, die nur ein noch tiefer stehendes Abbild der oberen ist, der oberen Ogdoas entspricht die Ogdoas, in welcher die Achamoth thront, Achamoth selbst dem Bythos, der Demiurg dem Monogenes, die vom Demiurgen geschaffenen Engel und Erzengel der Hebdomas den übrigen Aeonen des Pleroma. Der Unterschied dieser abbildlichen Welt von der oberen, ist nach der Lehre des Valentinianers Markus nur der, daß hier das Ewige, Unbegrenzte, Zeitlose der oberen Ogdoas in Zeiten, Perioden und viele Jahre umfassenden Zahlen sich ausbreitet *Iren.* I, 17, 2. Das Uebergeschichtliche tritt in die Geschichte ein, was an sich im Wesen des Geistes gelegen ist, entfaltet sich hier unten in der Form der endlichen, zeitlichen Entwickelung. Dieselbe Auseinanderlegung des geistigen Processes in seine einzelnen, mythisch-fixirten Momente finden wir, wenn wir seine andere Seite, die Rückkehr des endlichen Geistes zum unendlichen ins Auge fassen. Die Reinigung der oberen Sophia wiederholt sich bei der unteren, was bei dieser geschieht, hat seine Parallele in der Bekehrung des Demiurgen, und alle diese mythologischen Darstellungen veranschaulichen auch hier in typischer Weise immer wieder denselben Erlösungsproceß. Auch in dem Systeme des Buches Pistis Sophia wird diese typische Bedeutung der Sophia hervorgehoben. Der Verfasser läßt sie aus-

74) Phil. VI, 13; vergl. auch, was VI, 14 von der Bildung des Menschen aus der Edem erzählt wird. 75) Die Homilien und Recognitionen des Clemens Romanus S. 404 fg. 76) Gnosis S. 81 fg. 142 fg.

drücklich sagen, die von ihr selbst für sie erflehte Erlösung werde sich auf alle *ὕλαι* und *ψυχαί* erstrecken, sie sei zugleich ein *τύπος* propter *γένος* procreandum [77]). In ähnlicher Weise vollzieht sich die Erlösung nach den Basilidianern der Philosophumena; das Evangelium kommt von der oberen Sohnschaft durch Vermittelung des *μεθόριον πνεῦμα* zu dem Sohne der Ogdoas, von diesem zu dem Sohne der Hebdomas und von diesem wieder hinab in die *πανσπερμία τοῦ κόσμου* zu Jesus dem Sohne der Maria [78]).

Man muß es als eins der am meisten charakteristischen Merkmale des Gnosticismus betrachten, daß für ihn in einer Reihe von einzelnen mythologisch fixirten Momenten auseinanderfällt, was die katholische Gnosis in der Einheit ihres Logosbegriffes zusammenfaßt. Die Kirchenväter sehen hierin ein Zurücksinken ins Heidenthum, und geben sich die Mühe, im Einzelnen den Quellen nachzuspüren, aus welchen jene gnostischen Anschauungen geflossen sein möchten. Wie viel Irriges und Schiefes bei diesen Nachweisungen mit untergelaufen sei, so ist der Vorwurf in der Hauptsache völlig begründet. Selbst ein System wie das Markionitische, welches sich sonst so frei von mythologischen Auswüchsen hielt, hat doch wenigstens seinen tief unter dem guten Gotte stehenden, nur gerechten Judengott; noch deutlicher tritt dieser heidnische Charakter aber bei den emanatistischen Systemen hervor. Die Emanationen entsprechen den heidnischen Theogonien und Kosmogonien, die einzelnen Aeonen, Archonten, Mächte und Engel den verschiedenen Göttern des heidnischen Pantheons, und selbst die Vertheilung bestimmter Functionen an bestimmte einzelne Gottheiten findet in den gnostischen Systemen ihre Parallelen [79]). Die Verwandtschaft mit den heidnischen Volksreligionen liegt aber weniger in einzelnen sachlichen Uebereinstimmungen, als in der ganzen poetisch-mythologischen Darstellungsweise, eben in der Auseinanderlegung des Gott-Welt-Processes in seine einzelnen, in phantastischer Anschaulichkeit ausgemalten, zu concreten mythischen Persönlichkeiten ausgeprägten Momente. Die Gnosis nimmt in ihrem weiteren Verlaufe Alles, was sie in den heidnischen Kosmogonien und Mythen Brauchbares findet, in sich auf, aber nur um in dieselben ebenso wie in die Erzählungen und Aussprüche des alten und neuen Testamentes ihre eigenen Mythen hineinzudeuten. Der Grund ihrer Verwandtschaft mit den heidnischen Volksreligionen muß also tiefer liegen, als in einer blos äußerlichen Berührung oder Verschmelzung. Schon Baur hat darauf aufmerksam gemacht, daß, „was uns in so vielen Mythen der alten Religionen nur in der engen beschränkten Sphäre des jährlichen Wechsels des Naturlebens erscheint, auf dem hohen, speculativen Standpunkte der gnostischen Systeme zum großen, die höchsten Principien und Gegensätze, Gott und Welt, Geist und Materie, Gutes und Böses, Sünde und Erlösung, Abfall und Rückkehr umfassen-

77) Köstlin a. a. O. S. 143. 78) Phil. VII, 25 seq. 79) Am ausgeprägtesten ist diese Anschauung im Buche Pistis Sophia, vergl. Köstlin a. a. O. S. 24 fg.

den Gegensatze geworden ist“ [80]). Der Unterschied der gnostischen Mythen von den Mythen der Volksreligionen liegt also in ihrem speculativen Gehalte, in den tieferen ihnen gleichsam einverleibten philosophischen Ideen; das, worin aber trotzdem beide zusammentreffen, liegt auch abgesehen von ihrer gemeinsamen bildlichen Form eben darin, daß die Gnosis das Hervorgehen wie die Rückkehr, den Fall wie die Erlösung des endlichen Geistes nur im Zusammenhange mit der gesammten Weltentwickelung als einen geschichtlichen, in einer Reihe von einzelnen Momenten sich auseinanderlegenden Proceß begreifen kann. In wiefern die mythologische Form mit dieser Grundanschauung selbst schon gegeben war, ist eine noch weiter unten näher zu erörternde Frage, die Hauptsache ist aber, daß in demselben Maße, als die gnostische Weltbetrachtung sich der heidnischen nähert, sie sich gleichzeitig von der katholischen entfernt. Wenn das Hervorgehen des Endlichen aus dem Unendlichen nur als ein, sei es theogonischer, sei es kosmogonischer Proceß, dessen Stadien die mythischen Personen der Gnosis bezeichnen, gedacht werden konnte, so war damit an die Stelle des absoluten göttlichen Schaffens ein Naturproceß, an die Stelle der unveränderlich vollkommenen innergöttlichen Selbstanschauung ein Defect, ein Moment der Negativität im Absoluten gesetzt, wodurch auch die Möglichkeit einer adäquaten Selbstoffenbarung des göttlichen Wesens von Vornherein abgeschnitten war. Ebenso war, wenn der Erlösungsproceß in eine Reihe von verschiedenen Momenten zerfiel, gleichsam wie ein Drama in verschiedene Rollen, welche wie im Valentinianischen Systeme dem Monogenes, dem Horos, dem oberen Christus, dem Soter, der Achamoth, dem Demiurgen und dem psychischen Christus zugetheilt wurden, die absolute Bedeutung der christlichen Erlösung gefährdet. Ist daher die Gnosis der erste umfassendere Versuch, das Christenthum als die absolute Religion, und die Offenbarung in Christus als den Wendepunkt der gesammten Weltentwickelung zu begreifen, so kann dieser Versuch nur als ein vorerst noch unvollkommener und in seiner letzten und höchsten Tendenz mißlungener bezeichnet werden. Eine das christliche Bewußtsein befriedigende Lösung des Welträthsels konnte bei dieser gnostischen Dramatisirung des Welt- und Erlösungsprocesses nicht stehen bleiben, weil hierdurch die Absolutheit des christlichen Princips selbst wieder gefährdet wurde. War Christus, wie die Kirche glaubte, der alleinige Erlöser für Alle, so mußte er für Alles, was im Himmel, auf Erden und unter der Erde ist, genuggethan haben; war er aber, um der absolute Erlöser zu sein, zugleich die absolute Offenbarung der Gottheit, so konnte auch beim Hervorgehen des Endlichen aus dem Unendlichen kein Defect in das göttliche Wesen selbst gesetzt, folglich keinerlei emanatistische Vorstellungsweise geduldet werden. In Christus als dem absoluten göttlichen Logos, der dem Wesen des Vaters schlechthin adäquaten Selbstoffenbarung der Gottheit lag also der einzige schlechthin zureichende Schlüssel zum Verständnisse der Weltgeschichte, die

80) Gnosis S. 35.

weltschöpferische und die welterlösende Thätigkeit des Logos war eine und dieselbe. Wenn daher die katholische Gnosis des Clemens von Alexandrien, und zwar hierin im vollständigsten Einklange mit dem auch von den Apologeten und von Irenäus ausgesprochenen kirchlichen Bewußtsein, das, was die Gnostiker in eine Reihe einzelner Momente auseinanderlegten, in der Einheit ihres Logosbegriffes zusammenfaßte, so liegt hierin nicht blos, wie schon oben bemerkt, der Unterschied des katholischen von dem specifisch gnostischen Standpunkte, sondern auch der nächste, auch speculativ nothwendige Schritt über den Gnosticismus hinaus zur Verwirklichung des gnostischen Grundgedankens selbst, der Erhebung des Christenthums zum allgemeinen und absoluten Weltprincipe.

Nun liegt es allerdings im Wesen des menschlichen Denkens begründet, sich dessen, was es an sich schon enthält, erst im Wege der logischen Analyse, also durch Herausstellung und Unterscheidung der verschiedenen, im Begriffe enthaltenen Momente bewußt zu werden; die Aufhebung der Unterschiede kann also nur das höhere Stadium sein, welches jene Entgegensetzung als eine bereits vollzogene Operation des Denkens voraussetzt. In dieser Beziehung kann auch die Gnosis nur als ein nothwendiger Durchgangspunkt in der inneren Entwickelung des christlichen Denkens begriffen werden, und selbst jene Annäherung an heidnische Anschauungen, welche in Hinsicht auf die Absolutheit des christlichen Principes selbst nur ein Rückfall in einen vom Christenthume bereits überwundenen Standpunkt war, hat philosophisch betrachtet ihr gutes geschichtliches Recht. Andererseits zeigt doch jene Auseinanderlegung des christlichen Weltbewußtseins in einzelne, gegen einander verselbständigte Momente wieder dasselbe Uebergewicht des Begrifflichen über das Historische, dieselbe Verdünnung des positiven Glaubensinhalts zu allgemeinen speculativen Ideen, in welcher wir überhaupt den Grundcharakter der Gnosis erkennen müssen. Wie bedeutsam daher auch philosophisch betrachtet die Stelle sein mag, welche die Gnosis in der Entwickelung des christlichen Denkens einnimmt, möglich war die ganze Entscheidung doch wieder nur durch jene Zurückstellung der πίστις hinter die γνῶσις, oder durch jene absolute Bedeutung, welche die Gnostiker dem Wissen an sich für ihre gesammte Weltbetrachtung einräumten.

Es ist dies diejenige Seite der Sache, wo die Gnosis ihre größte Verwandtschaft mit der neueren Religionsphilosophie an den Tag legt, ein Gesichtspunkt, den zuerst in umfassender Weise geltend gemacht zu haben das Hauptverdienst der Baur'schen Untersuchungen ist. Auch die Hegel'sche Speculation legt bekanntlich das höchste Gewicht auf das Wissen in seiner specifischen, absoluten Bedeutung, und betrachtet den Glauben oder die Religion nur als einen untergeordneten Standpunkt, auf welchem das Denken sich noch nicht von der Vorstellung zum Begriffe erhoben hat; da der Geist wesentlich Denken ist, so kann die höchste Stufe der Entwickelung nur diese sein, wo diese Identität von Denken und Sein nicht blos an sich, sondern zugleich für den Geist ist, oder wo dieser aus allen untergeordneten Stufen seiner

Existenz sich zum Bewußtsein oder zum Denken seiner selbst erhoben hat. Die ganze Weltgeschichte ist daher Nichts als der Proceß des Geistes, der durch das Heraussetzen und Wiederaufheben der in seinem Wesen als Geist an sich gesetzten Momente seinen eigenen Inhalt für sich selbst explicirt, oder aus dem ewigen Schweigen seines Ansich in die Objectivität des Daseins eingeht, um diese Objectivität wieder in die Subjectivität des Bewußtseins zurückzunehmen. Indem der Geist im endlichen Sein sich äußerlich wird, so tritt er damit nur in eine unendliche Reihe endlicher Momente ein, durch welche er seinen eigenen Inhalt realisirt, und wie er auch in dieser Verendlichung oder Entäußerung seiner selbst nicht aufhört, mit sich selbst identisch zu sein, so dient der ganze Proceß dieses Setzens und Wiederaufhebens nur dazu, damit der Geist auch in seiner Endlichkeit dieser seiner Identität mit sich selbst sich bewußt werde. Die Einheit des endlichen und des unendlichen Geistes ist also wie der Ausgang so der Zielpunkt aller Entwickelung, und die Form, in welcher der unendliche Geist sich selbst realisirt, ist eben der logische oder hier vielmehr phänomenologische Proceß, die Genesis des Bewußtseins vom Absoluten im endlichen Geiste. Es ist diese ganze Betrachtungsweise, wenn man vorläufig abstrahirt von der hier und dort grundverschiedenen Methode, der Sache nach von der gnostischen nicht wesentlich verschieden. Wie dort der absolute Geist von Anfang an den Trieb in sich trägt, aus seinem Ansich hervorzugehen und in der ganzen Reihe von endlichen Momenten, welche den Weltverlauf bilden, seinen eigenen unendlichen Inhalt für das Bewußtsein zu offenbaren, so ist auch die Gnosis nach dieser Seite hin nur zu bezeichnen als „der merkwürdige Versuch, Natur und Geschichte, den ganzen Weltverlauf mit Allem, was er in sich begreift, als die Reihe der Momente aufzufassen, in welchen der absolute Geist sich selbst objectivirt und mit sich selbst vermittelt“[81]). Was für die Hegel'sche Speculation der der Genesis des Bewußtseins, dem Processe des Ich analoge Proceß des Absoluten ist, die immanente Nothwendigkeit, sich durch Herausstellung aller in ihm gesetzten Momente seines unendlichen Inhaltes bewußt zu werden, das sind für die meisten der ausgebildeteren gnostischen Systeme die Aeonenreihen, in welchen sie das Hervorgehen des ἄγνωστος und ἀνεκλάλητος θεός aus dem Schweigen zum Reden, die Genesis des immanenten göttlichen Selbstbewußtseins ebenso wie der transeunten Selbstoffenbarung Gottes veranschaulichen. Wie aber dort diese Selbstentfaltung nur in der Form der Endlichkeit erfolgen kann, so ist auch hier die Emanation der Aeonen schon eine Verendlichung Gottes, und die im Absoluten so mit dem ersten Momente seiner Selbstoffenbarung gesetzte Negativität muß auf den tieferen Stufen des göttlichen Daseins zu einem ähnlichen Abfalle vom Absoluten führen, wie in der Hegel'schen Speculation das Setzen einer objectiven Welt nur als ein solcher Bruch im Absoluten begriffen werden kann.

81) Baur, Gnosis S. 21.

Die Abtrennung der untern Sophia und die Bildung der materiellen Welt bis zu immer tieferen Stufen des Daseins herunter erscheint nur als die Wiederholung desselben Processes, die Materie überhaupt nur als der in der Objectivität des Seins erstarrte, seines eigentlichen Wesens bis zur äußersten möglichen Grenze entäußerte Geist. Es ist dies freilich nur die eine Form der Gnosis, welche auch in dieser Hinsicht eine Parallele zuläßt; die Basilidianer der Philosophumena setzen an die Stelle des nur noch auf den mittlern Stufen des Daseins festgehaltenen Emanationsprocesses einen durchaus abstracten, alle innere Bewegung und concrete Lebendigkeit von sich ausschließenden Gottesbegriff und in der unteren Welt eine allmähliche Scheidung aus einer anfänglichen Mischung, sodaß von den beiden Hauptmomenten, durch welche die übrigen Systeme sich hindurchbewegen, dem Fall und der Wiederbringung, nur diese letztere übriggeblieben ist, was dem ganzen Systeme, freilich im Widerspruche mit seinem ursprünglichen und in manchen Stücken auch noch jetzt vorausgesetzten Charakter, jene Richtung von Unten nach Oben gibt, welche den graden Gegensatz zu der emanatistischen Vorstellung zu bilden scheint. Können wir nun auch in diesem Systeme nur eine secundäre Gestaltung sehen, so ist doch andererseits auch diejenige Form, in welcher außer dem Valentinianischen Systeme schon das der Ophiten und Barbeloniten bei Irenäus, geschweige denn das der Pistis Sophia erscheint, sicher nur eine speculative Weiterbildung älterer Grundlagen. Der Proceß des Geistes vollzieht sich hier vorzüglich durch die beiden Momente des Falles und der Erlösung der Sophia, in welcher auch alles in der unteren Welt Geschehende vorgebildet ist; wie aber der Fall der Sophia schon durch das erste Hervorgehen des schweigenden Gottes zum Reden vorbereitet ist, so ist umgekehrt die Wiederbringung nur die Vollendung des nach vollkommenem Bewußtsein ringenden innergöttlichen Lebensprocesses selbst. Dagegen steht in andern streng dualistischen Systemen dem Geiste die Materie von Anfang an gegenüber; statt der Aeonenreihen haben wir es nur mit weltschöpferischen Engeln zu thun, die von Haus aus eine niedere Stufe des Daseins einnehmen, und statt des gesammten vorweltlichen, im innern Leben des Absoluten sich entfaltenden Processes, der in jenen ausgeprägt emanatistischen Systemen gleichsam als der Prolog im Himmel erscheint, beginnt hier der Proceß des Geistes einfach mit der Schöpfung dieser unteren Welt. Zu den Systemen dieser letzteren Art gehört namentlich das des Saturnin, während das des Basilides nach Irenäus zwischen beiden Gattungen in der Mitte steht. Aus dem Buche Baruch ersehen wir jetzt, daß diese einfachere Form der Gnosis sogar auch ohne jenen ursprünglichen Gegensatz zwischen Geist und Materie denkbar ist und statt dessen auch eine Auffassung zuläßt, nach welcher Pneumatisches und Hylisches in der Welt Anfangs ungeschieden beisammen sind und erst im weitern Verlaufe einander feindlich gegenübertreten. Wie wenig für diese Gestalt des Gnosticismus der schroffe Dualismus zwischen einem guten und einem bösen Principe ein unentbehrliches Merkmal ist, lehrt weiter die Geschichte des Markionitischen Systemes, welches erst durch die ihm von Prepon gegebene Weiterbildung seinen Gegensatz des guten und des gerechten Gottes zu einem principiellen Gegensatze Gottes und des Satans steigerte, zwischen welchen beiden der Demiurg in ähnlicher Weise wie bei den Ophiten des Irenäus in der Mitte steht[82]. So gewiß nun diese Gruppe von Systemen auch schon bei Markion selbst in einer ausgebildeteren Gestalt vorliegt, so gewiß können wir doch andererseits diese einfachere Form der Gnosis, wie sie noch durch das Buch Baruch und nach ihrer streng dualistischen Abzweigung durch Saturnin repräsentirt wird, nur für die ältere, noch weniger entwickelte ansehen, und wir müssen es schon für ein fortgeschrittenes Stadium der Gnosis halten, wenn an die Stelle des einfach kosmogonischen Processes der im Laufe der Zeit, wie das Buch Pistis Sophia zeigt, immer weiter ausgesponnene theogonische getreten ist.

Dennoch läßt sich nicht verkennen, daß diese Fortbildung, welches auch immer die von Außen her hinzutretenden Einflüsse sein mochten, im inneren Wesen der Gnosis begründet liegt. Auch schon in diesen einfacheren Gestalten ist es der Proceß des Geistes selbst, um den sich die ganze weltgeschichtliche Entwickelung bewegt. Ist es bei Saturnin ein Lichtraub oder Seelenfall, welcher wesentlich schon die Stelle des Falles der Sophia einnimmt, so setzt auch das Buch Baruch schon durch die Stellung, die es seinem Elohim anweist, voraus, daß der Geist eigentlich dem oberen Lichtreiche angehört und nur dieses seines inneren Wesens sich bewußt zu werden braucht, um den Platz einzunehmen, der ihm gebührt[83]. Es war daher nur eine weitere Consequenz des in der gnostischen Grundanschauung an sich enthaltenen Gedankens, daß jener Proceß schon in seine ersten Anfänge hinauf verfolgt und in das Absolute selbst hineinverlegt wurde. Gehörte der endliche Geist seinem Wesen und Ursprunge nach dem oberen Lichtreiche an, so mußte auch in diesem selbst der Grund jenes Herabsinkens liegen, worin anders aber konnte dieser Grund gefunden werden, als darin, daß schon im Wesen des Absoluten selbst der Trieb lag, vom Schweigen zum Reden, von der Unbegreiflichkeit zur Begreiflichkeit, vom Einfach-Einen zu der concreten Mannigfaltigkeit fortzugehen, dadurch aber aus seinem eigenen Schooße den endlichen Geist zu erzeugen? Es ist also auch in dieser Beziehung kein Grund, den der modernen Speculation verwandten Grundcharakter der Gnosis deshalb zu leugnen, weil nur die eine Classe von Systemen jenen innergöttlichen Selbstentfaltungsproceß weiter entwickelt hat; noch weit bestimmter und durchgreifender tritt aber die Verwandtschaft vor

82) Phil. VII, 31, wozu man vergl. Volkmar, Die Philosophumena und Marcion. Theol. Jahrbücher 1854, 1. S. 105 fg.

83) Auch die Basilidianer der Philosophumena kennen einen dem Sündenfalle analogen, nicht-sein-sollenden Zustand, durch welchen die ganze Weltentwickelung bedingt ist, wenn auch Grund und Ursprung desselben in diesem Systeme sich nicht mehr erklären lassen. Vergl. Baur, Theol. Jahrb. 1856, 1. S. 143.

Augen, wenn man auch die andere Seite, die Wiederbringung, näher betrachtet. Es ist auch dieses bereits von Baur so gründlich erörtert worden, daß es hier genügen wird, uns die Hauptmomente kurz zu vergegenwärtigen. Das, worauf es nach allen gnostischen Systemen ebenso wie nach der Hegel'schen Religionsphilosophie wesentlich ankommt, ist die Erhebung des Geistes zum Bewußtsein seines überweltlichen Wesens oder seiner Identität mit dem Absoluten; dieses Erwachen aus dem Naturleben ist das dem Geiste seinem innern Wesen nach vorgeschriebene Ziel, und die Vollendung des Weltdrama's kann also hier wie dort nur in die volle Herstellung dieser Identität oder darein gesetzt werden, daß der Geist nach Realisirung aller in ihm an sich gesetzten Momente Alles, was er ist, auch für das Bewußtsein ist. Das Ziel der Gnosis wie der Hegel'schen Philosophie ist also mit einem Worte das absolute Wissen: aber erreichbar ist dieses Ziel eben nur durch einen langen, eine ganze Reihe von Momenten durchlaufenden Proceß, dessen Entwickelung den Inhalt der Natur- und Weltgeschichte ausmacht. Man sieht leicht aus der ganzen Anlage der gnostischen Systeme, wie auch in ihnen der gesammte Verlauf der Weltgeschichte darauf angelegt ist, diesen Proceß als einen erst durch den Kampf der Gegensätze hindurch sich vermittelnden anzuschauen. Die gesammte Weltentwickelung erscheint als ein wohlzusammenhangendes Ganze, welches in mythologischer, concret intuitiver Form doch, was die letzten speculativen Gedanken betrifft, in ganz ähnlicher Weise von Stufe zu Stufe vorwärtsschreitet, wie nach der neueren philosophischen Methode der Begriff sich mit innerer Nothwendigkeit durch alle seine Momente dialektisch hindurchbewegt. Es ist diese innere Planmäßigkeit und Stetigkeit neuerdings von Baur an dem von den Philosophumena mitgetheilten Systeme der Basilidianer geistreich und, was die Hauptmomente anlangt, treffend nachgewiesen worden; dasselbe ließe sich mit leichter Mühe auch an allen übrigen Systemen zeigen. Am reichsten, aber freilich verwickeltsten erscheint dieser Proceß in der Pistis Sophia, anschaulicher und übersichtlicher im Valentinianischen Systeme, in welchem dieselbe Geschichte, welche mit der obern Sophia sich zuträgt, mit der untern Sophia und so fort auf allen tieferen Stufen des Daseins sich wiederholt. In der einfachsten Gestalt zeigen dasselbe diejenigen Systeme, welche wie das Ophitische und das des Buches Baruch sich noch fast ganz auf dem beschränkteren Boden der alttestamentlichen Religionsgeschichte bewegen. Ueberall strebt die ganze Entwickelung einem und demselben Ziele zu, und wie die vorchristliche Zeit nur das Vorspiel des mit der Erscheinung Christi beginnenden Umschwungs, so ist die Zeit nach Christus nur die Fortsetzung und Weiterführung des mit Christus begonnenen. Es ist daher ein ebenfalls nur aus dem Grundcharakter der Gnosis erklärbares Merkmal aller dieser Systeme, von denen nur das Markionitische in gewissem Sinne eine Ausnahme macht, daß Vorchristliches und Christliches näher aneinandergerückt wird. Schon im Heidenthume und Judenthume erscheint dasselbe pneumatische Princip wirksam, welches im Christenthume die schließliche Erlösung herbeiführt. Der Geist oder, gnostisch ausgedrückt, der pneumatische Same ist eben auf allen Stadien seines Daseins identisch mit sich selbst, und es wird diese Identität auch von denjenigen Systemen noch respectirt, welche sonst die in der vorchristlichen Zeit herrschenden Mächte in ein möglichst feindseliges Verhältniß zu den Pneumatikern setzen. Wir begegnen hier unbeschadet des oben über die gnostische Auseinandersetzung des katholischen Logosbegriffes in seine einzelnen Momente Bemerkten, doch in der Hauptsache ganz derselben Erscheinung, wie bei den Apologeten und den christlichen Alexandrinern. Wie dort der Logos nur einer ist, in seiner vorchristlichen wie in seiner christlichen Offenbarung, so ist es hier die Einheit des pneumatischen Princips, welches die Continuität zwischen der Zeit vor und der Zeit nach Christus vermittelt. Die epochemachende Bedeutung des Christenthums kann daher nur in dem vollen Durchbruche des pneumatischen Elementes durch die bisher dasselbe umschleiernden Nebel gefunden werden. Wie bei Justin dem Märtyrer und den Apologeten, so bezeichnet bei den Gnostikern die Erscheinung Christi die volle und ganze Offenbarung der Wahrheit, was dort die Erhebung von spermatischer zu absoluter Erkenntniß ist, das ist auch hier die Mittheilung der vollkommenen Gnosis, nur daß diese Gnosis für unsere Systeme eine noch weit ausgeprägtere speculative Bedeutung hat. Das Historische der Erscheinung Christi hat zwar auch nach Clemens und Origenes nur untergeordneten Werth, um so mehr aber wird von beiden das Princip der Willensfreiheit geltend gemacht[84]), sodaß die Ergreifung des in Christus offenbarten Heiles bei ihnen vorwiegend als ethische That erscheint, während sie für den Gnosticismus im engeren Sinne nur der nothwendige Umschwung in der Geschichte des pneumatischen Samens ist. Der Fortschritt der dem Lichtreiche angehörigen Seelen zum Bewußtsein dessen, was sie an sich schon sind, ist nur der natürliche Entwicklungsgang des Geistes selbst, die Erlösung hat daher zunächst eine rein ideelle, metaphysische Bedeutung. Der Unterschied liegt auch hier wieder nur in der eigenthümlichen Stellung, welche die Gnostiker ihrer γνῶσις überhaupt und im Verhältnisse zur πίστις insbesondere einräumen, und es bedarf kaum der Bemerkung, daß diese Systeme auch hier wieder sich der neueren Religionsphilosophie in demselben Maße nähern, als sie sich von der katholischen Gnosis trotz der ziemlich fließenden Grenzlinien entfernen. Der große Wendepunkt in der Weltgeschichte ist allerdings auch für alle gnostischen Systeme die Verkündigung des Evangeliums in dem Sinne, wie es die Basilidianer der Philosophumena bestimmt haben, in Christus liegt also der Schlüssel zum Verständniß der Weltgeschichte, aber die Christologie ist doch für alle Formen der Gnosis „nur die concrete Anschauung der Hauptideen, die den Inhalt des Systemes ausmachen"[85]). Je nach dem verschiedenartigen

84) Vergl. Baur, Gnosis S. 489 fg. Das Christenthum der drei ersten Jahrhunderte (2. Aufl.) S. 251. 85) Baur, Theol. Jahrb. a. a. O. S. 134.

Charakter der einzelnen Systeme modificirt sich auch ihre Christologie, aber worin sie alle zusammenstimmen, ist dieses, daß mit Christus die pneumatischen Seelen zum Bewußtsein der übersinnlichen Welt und ihres eigenen übersinnlichen Ursprungs erwachen. Mag nun die nähere Verhältnißbestimmung des Göttlichen und Menschlichen in der Person des Erlösers sein, welche sie wolle, die Hauptsache bleibt immer, daß die Gnostiker mit der Erscheinung ihres Christus denselben Fortschritt des Geistes vom unbewußten, nur objectiven Sein zum subjectiven Bewußtsein bezeichnen, welcher auch nach der neueren Religionsphilosophie der eigentliche Wendepunkt in der Geschichte des Geistes ist.

Bei allen diesen Berührungspunkten mit der neueren Speculation wird jedoch auch der Unterschied nicht übersehen werden dürfen. Wir finden denselben zunächst schon in dem Verhältnisse, in welchem der Geist zur Materie steht. Es ist charakteristisch für die Gnosis, daß die Erlösung wesentlich als ein Scheidungsproceß des ungehörig Verbundenen bezeichnet wird. Pneumatisches, Psychisches und Materielles sind ihrer Natur nach so verschieden, daß sie nur äußerliche Mischungen und Verbindungen eingehen können, ohne irgend welche innerliche Ueberwindung der Gegensätze: der Endpunkt aller Entwickelung kann daher nur dieser sein, daß das Pneumatische aus dieser ungehörigen Verbindung wieder befreit und zu dem Orte erhoben werde, wohin das Psychische seiner Natur nach nicht zu gelangen vermag, während das Hylische als völlig erlösungsunfähig schließlich vernichtet wird. Es ist dies der dualistische Charakter der Gnosis, den Baur auch an dem neubekannt gewordenen Basilidianischen Systeme treffend nachgewiesen hat; es kommt aber hier weniger auf den allerdings verschiedene Fassungen gestattenden Begriff des Dualismus an, als auf das Verhältniß, in welchem die Gegensätze zu einander gedacht werden, ob die Trennung der Principien, wie die Gnosis in allen ihren Formen lehrt, eine dauernde ist, oder ob alle diese Unterschiede wieder zur Einheit sich aufheben. Das Letztere ist bekanntlich bei der Hegel'schen Speculation der Fall, die Materie ist nur der sich selbst äußerlich gewordene Geist, die Schranke der Negativität, an welche er gebunden ist, damit er sich selbst zum Dasein entfalten könne, die er aber immer wieder im continuirlichen Processe überwindet. Das Valentinianische System faßt das Hervorgehen der Materie in ähnlicher Weise, auch nach ihm ist der Geist das allein Substantielle, das Psychische wie die Materie nur ein Accidens. Dennoch aber bleibt bei der Rückkehr des endlichen Geistes jene Scheidung der verschiedenen Principien bestehen, das Psychische rückt nur bis zum Orte der Mitte auf, ohne Fähigkeit, ins Pleroma einzugehen, und wenn man auch die Vernichtung der aller pneumatischen und psychischen Elemente beraubten Materie nur als den mythologischen Ausdruck des speculativen Gedankens auffassen wollte, daß das Materielle das in sich selbst Wesenlose, nur Negative, mit der Rückkehr des endlichen Geistes zum Absoluten wieder Verschwindende sei, so bleibt doch wenigstens in der dauernden Scheidung des Psychischen vom Pneumatischen die Trennung der Principien bestehen. Noch weit ausgeprägter tritt dieser metaphysische Gegensatz bei denjenigen Systemen heraus, welche die Materie in streng dualistischer Weise dem Geiste entgegensetzen. Psychisches und Materielles gehen hier nicht aus dem geistigen Principe hervor, sondern sind ihm nur äußerlich beigemischt, daher das Ziel des gesammten Weltverlaufes nur um so mehr die Trennung des unnatürlich Verbundenen sein muß.

Am gemildertsten erscheint der Dualismus in dem Buche Pistis Sophia. Allerdings besteht nach der Auffassung des Verfassers überhaupt kein metaphysischer Unterschied zwischen pneumatischen, psychischen und hylischen Seelen, wie in allen der geistige Lichtkeim ist, so ist auch in allen die Materie oder der böse Trieb, der Bußruf und die Verheißung ergehen gleicherweise an alle, und auch die ψυχαὶ ὑλικαί, selbst diejenigen, die schon der caligo externa anheimgefallen sind, können noch gerettet werden. Der Unterschied kann daher nur in das verschiedene sittliche Verhalten gesetzt werden, die einen gehen gleich nach dem Tode wenigstens zu vorläufiger Seligkeit ein, während den anderen noch lange Metempsychosen und schwere Läuterungsqualen bevorstehen, und nur diejenigen, welche in ihrer Bosheit verharren, werden sammt der Materie und den gottlosen Weltherrschern beim Weltende vernichtet. Dennoch kann selbst dieses System seine dualistische Grundlage nicht ganz verleugnen. Es zeigt sich dies schon darin, daß der Naturbestimmtheit doch immer ein Einfluß auf die innere Beschaffenheit der Seelen zugeschrieben wird, indem unter verschiedenen Conjuncturen bald pneumatische, bald hylische Seelen geboren werden, und daß auch die letzteren wieder bald aus feinerem, bald aus gröberem Stoffe gebildet sind. Die Seelen stehen, ehe sie die Lichtmysterien empfangen haben, ganz unter dem Einflusse der bösen Weltherrscher und der Gestirne, auch das Böse ist ein Verhängniß, dem sie sich nicht zu entziehen vermögen, und gewisse rettende und beseligende Einwirkungen von Oben hängen in ihrer Möglichkeit von der Constellation der Gestirne ab. Damit stimmt überein, daß auch durch die συντέλεια der theils durch das ethische Verhalten bedingte, theils aber auch auf metaphysischen Voraussetzungen ruhende Unterschied nicht ganz wieder aufgehoben wird. Die Seelenschöpfung hat überhaupt nur den Zweck, den abgefallenen Weltherrschern die misbrauchte Lichtkraft wieder zu entziehen, daher tritt nur die zur Erreichung dieses Zwecks erforderliche Anzahl Seelen ins Dasein, und wenn die Weltherrscher völlig ausgeschöpft, alle geraubten Lichtfunken zum Lichtreiche wieder hinaufgebracht sind, so erfolgt bei der συντέλεια τοῦ αἰῶνος die solutio universi, die Vernichtung dieses unteren κεραμός des κόσμος perniciei, sammt den bösen Weltherrschern durch Feuer. Aber wie die böse gebliebenen Seelen in dieser Vernichtung mit inbegriffen sind, so ist überhaupt aus der Mitte der geschaffenen Seelen nur eine zum Voraus festgesetzte Anzahl zur wirklichen Vereinigung mit dem Lichtreiche bestimmt, und die consummatio tritt ein, sobald der ἀριθμὸς ψυχῶν τελείων erfüllt ist. Ja selbst unter die-

sen wird auch eine Rangordnung bestehen, welche der innergöttlichen Abstufung des Lichtreiches entspricht, und die Stufe ihrer Vollkommenheit hängt ab von dem Grade der Erkenntniß, deren sie gewürdigt sind, je nachdem sie höhere oder niedere Mysterien empfangen haben *).

Der Unterschied der in allen diesen Systemen bei allen Modificationen wiederkehrenden Grundanschauung von der modernen Religionsphilosophie kann nach allem Gesagten allerdings dahin bestimmt werden, daß dieselben immer mehr oder minder dualistisch sind; der Ausgangspunkt dieses Dualismus ist aber nicht in dem Gegensatze zwischen Geist und Materie zu suchen, sondern in dem inneren Wesen einer nur als Geheimlehre sich aufbauenden Gnosis selbst. Während das Verhältniß zwischen Geist und Materie in den verschiedenen Systemen sehr verschieden modificirt erscheint, stimmen darin alle überein, daß sie eine Stufenfolge von höheren und niederen Geisterordnungen setzen, deren Unterschiede nur auf die größere oder geringere Empfänglichkeit zur Erkenntniß des Absoluten sich zurückführen lassen. Es zeigt sich hier jenes dem Alterthume überhaupt eigene Mysterienwesen, welches nicht blos innerhalb der heidnischen Kreise so mannigfaltige Bildungen hervorgetrieben hat, sondern, wie die Ordensverfassung der Essener und selbst mancherlei Spuren im katholischen Christenthume beweisen, auch außerhalb des Heidenthums bedeutenden Beifall fand.

Wir haben hier jene, allem Ordenswesen eigene Gliederung in verschiedene über einander stehende Grade der Vollkommenheit, von denen immer der jedesmal höhere sich zu dem niederen ausschließend verhält, jene Stufenfolge von immer vollkommeneren Weihen und immer höheren Mysterien, welche nachmals auf praktischem Gebiete innerhalb der katholischen Kirche als Hierarchie sich ausbildete. So gewiß nun auch diese ganze Anschauungsweise als dualistisch bezeichnet werden muß, so wenig können wir damit einverstanden sein, diesen Dualismus selbst als die letzte Kategorie, auf welche alle diese Erscheinungen zurückgeführt werden müssen, zu betrachten. Es ist dies vielmehr, wie Neander **) ganz richtig gesehen hat, der „Aristokratismus der alten Welt," überhaupt dasselbe particularistische, auf die Aufrichtung von immer neuen Scheidewänden bedachte Wesen, welches nicht blos dem Judenthume, sondern allen orientalischen Völkern, ja auch den Hellenen eigen war. Der Orient ist die Heimat wie der Kastenunterschiede, so der exclusiven Priesterweisheit, der priesterlichen Geheimlehre und Geheimschriften; auf griechischem Boden mag das Mysterienwesen, welches namentlich seit dem Zeitalter des sogenannten Hellenismus eine so ungeheure Ausdehnung erhielt, wol schon in seinen ältesten Formen unter orientalischen Einflüssen entstanden sein, aber in dem Gegensatze von Freien und Sklaven, in der Absonderung der verschiedenen

---

*) Die Nachweise bei Köstlin a. a. O. S. 88 fg. 171 fg. Ueber die Auffassung des ganzen Systemes vergl. auch Baur, Das Christenthum der drei ersten Jahrhunderte (2. Aufl.) S. 226 fg.

**) Kirchengeschichte. 2. Aufl. I, 2. S. 632 fg.

Stämme und in dem Cantönligeiste der zahllosen Mittel- und Kleinstaaten zeigen sich doch ohne Zweifel Spuren desselben der alten Welt nun einmal überhaupt eigenen Particularismus.

Es führt uns dies auf einen noch weit umfassenderen Standort der Betrachtung. Erst das Christenthum hat, als die universelle Religion, den Geist dieses antiken Particularismus überwunden, oder ringt vielmehr noch immer nach dessen Ueberwindung. Jener Kampf, welchen Paulus gegen das Judenchristenthum führt, hat den großen Weltkrieg des Christenthums als der Menschheitsreligion gegen alles beschränkte, particularistische Wesen eröffnet; der erste Feind, auf den das neue christliche Princip stieß, war der Particularismus einer als das erwählte Gottesvolk sich ansehenden Nation. Das Princip des Christenthums behauptete sich in diesem Streite als Sieger, aber das particularistische Wesen war damit noch durchaus nicht in allen seinen Formen überwunden, und brach vielmehr in der mannigfaltigsten Gestalt innerhalb des Christenthums selbst von Neuem hervor. Indem das Christenthum dazu fortschritt, sich nicht blos als das höchste Heilsprincip, sondern auch als das absolute Erkenntnißprincip aufzustellen, traf es auf jenen Gegensatz zwischen Wissenden und Nichtwissenden, zwischen Eingeweihten und Profanen; das Christenthum constituirte sich selbst wieder als Geheimlehre und die erste Form, in welcher das christliche Denken zu einer umfassenderen Weltbetrachtung sich erweiterte, war eben jener Kreis von Erscheinungen, um deren Erklärung es sich gegenwärtig handelt. In dem Begriffe dieser Gnosis selbst war schon ein Gegensatz zwischen Vollkommneren und minder Vollkommnen gesetzt, und die Geschichte dieser für die innere Entwickelung des Christenthums so bedeutsamen Erscheinung bietet uns daher das merkwürdige Schauspiel dar, daß der erste Versuch, die universelle Bedeutung des Christenthums denkend zu erfassen, dennoch nur wieder in particularistischer Form, als Geheimlehre und mit der Behauptung einer in der Natur der Dinge begründeten Stufenleiter der Erkenntniß auftrat. Nirgends vielleicht zeigt sich der Unterschied der neueren christlichen Speculation von der älteren Gnosis so deutlich als darin, daß sie diese particularistische, esoterische Darstellungsform überwunden hat. Unsere heutige Philosophie kennt keine Geheimlehre, keine von Natur auserwählten und ausschließlich zu den höheren Mysterien befähigten Jünger; denn sie kennt keine solchen metaphysischen Unterschiede, welche den Geist nöthigten, auf irgend einer untergeordneten Daseinsstufe ewig zu verharren. In Allen offenbart sich ein und derselbe Geist, und strebt über alle Unterschiede hinaus immer wieder zur Einheit; die tieferen Stufen sind daher keine zu ewiger Dauer fixirten Momente, sondern nur Durchgangs- und Uebergangspunkte und grade das, was der alten Gnosis so vollständig abgeht, die Idee der unendlichen Entwickelungsfähigkeit des Geistes in allen seinen individuellen Erscheinungen ohne Unterschied, macht grade das Charakteristische des heutigen philosophischen Denkens aus, in welchem es schwer fallen möchte, den Einfluß des christlichen Universalismus zu verkennen. Man braucht sich daher nur zu diesem allgemeinen Standpunkte der Betrachtung zu erheben, um die Stelle, welche die Gnosis in der Entwickelung des christlichen Denkens einnimmt, richtig zu erkennen; ja sie steht so wenig als eine isolirte Erscheinung da, daß sich ganz dasselbe exclusive, particularistische Wesen auch auf anderen Gebieten des christlichen Lebens wiederholt. Neander hat völlig richtig gesehen, daß der Gegensatz zwischen Wissenden und Gläubigen auf theoretischem Gebiete ganz dasselbe ist, was der Gegensatz zwischen Priestern und Laien auf praktischem Boden. Wie das Christenthum als universelle Offenbarung erst noch durch den innerchristlichen Gegensatz der Wissenden und Gläubigen hindurchmuß, so muß das Christenthum als universelles Heilsprincip erst noch in jene hierarchischen Formen eingehen, welche die Idee des allgemeinen Priesterthums wieder zu vernichten scheinen. Auch die Stufenleiter der Erkenntniß, welche die Gnostiker aufstellen, ist ja nur eine Hierarchie von anderer Art, und es darf uns daher um so weniger wundern, wenn wir die himmlische und die kirchliche Hierarchie nachmals von dem Pseudoareopagiten auch ausdrücklich auf einander bezogen sehen. Grade dieser „himmlischen Hierarchie" räumten aber ja schon die Gnostiker einen so bedeutenden Platz in ihren Systemen ein.

Es ist sehr charakteristisch, daß grade Systeme, die wie das Valentinianische und in noch weit höherem Grade das Basilidianische der Philosophumena die Materie zu etwas blos Negativen, Nichtseinsollenden und nur als Schranke des Geistes zur Entwickelung Nothwendigen herabsetzen, dieses Mysterienwesen nur um so künstlicher ausbilden, gleich als sollte, was auf der einen Seite von der Schärfe des metaphysischen Gegensatzes verloren geht, auf der anderen Seite durch eine desto reichere Mannigfaltigkeit der Erkenntnißgrade innerhalb der Geisterwelt selbst wieder gut gemacht werden. Nirgends ist die Stufenfolge dieser Mysterien so ausgesponnen wie im Systeme der Pistis-Sophia, während doch grade dieses System es ist, dessen ethische Grundanschauung den metaphysischen Gegensatz von Pneumatikern, Psychikern und Hylikern fast ganz überwunden hat. Dem entsprechend wird auch die schon von den Valentinianern künstlicher ausgeprägte Aeonenreihe ins Unermeßliche ausgebreitet, das Motiv dazu kann aber weder allein in dem Einflusse des heidnischen Polytheismus, noch auch nur in dem speculativen Streben einer Vermittelung des Unendlichen und des Endlichen gefunden werden, sondern, wie schon Köstlin[87]) dies erkannt hat, in dem Bedürfnisse, alle Unterschiede und Gegensätze innerhalb der diesseitigen Welt, namentlich die verschiedenen Arten und Stufen der Geschöpfe (also auch die durch die verschiedene geistige Begabung und die derselben entsprechende Verschiedenheit der Erkenntniß gesetzten) von verschiedenen Wesen und Sphären innerhalb der jenseitigen Welt abzuleiten. Köstlin legt in dieser Beziehung das Hauptgewicht auf die „Idee absoluter Gerechtigkeit in der Ordnung des Universums, kraft

87) a. a. O. S. 24.

welcher jeder Art von Gesinnungs- und Handlungsweise, jedem Verdienste und jeder Schuld, jedem größeren oder geringeren Grade des Einen oder des Anderen, jeder einzelnen höheren oder niederen Stufe geistiger Erkenntniß und Reinheit, zu welcher der Mensch sich erhebt, auch ein bestimmter Ort und Grad der Belohnung oder Strafe, eine bestimmte Abstufung der Seligkeit und Herrlichkeit oder der Qual und Verdammniß entsprechen muß." Es ist dies ganz richtig, und auch der Hinweis auf die verwandte Idee der ἀποκατάστασις bei den Basilidianern der Philosophumena kann nur als vollkommen in der Sache selbst begründet betrachtet werden. Nur ist es grade die allerdings in der Pistis-Sophia so stark hervortretende ethische Seite, welche, wenn auch durchaus nicht bei Basilides selbst, so doch bei den Basilidianern der Philosophumena nur eine untergeordnete Bedeutung hat, und wenn wir zur Vergleichung schon vorhin auch die Aeonenlehre der Valentinianer herbeiziehen mußten, so zeigt sich nur um so mehr, wie das allen Systemen gemeinsame, eigentlich treibende Moment doch wieder auf die intellectuelle Seite zu stehen kommt. Die absolute Gerechtigkeit besteht darin, daß jedes den Platz einnimmt, der ihm gebührt; wie es aber eine Stufenfolge der geistigen Begabung gibt, so gibt es auch eine Stufenfolge der Geisterreiche, und das, was jedes einzelne Reich von dem anderen unterscheidet, ist eben die höhere oder niedere Stufe seiner Mysterien. Es ist dies der Punkt, wo auch die Valentinianische Aeonenlehre sich bei aller Verwandtschaft mit der Hegel'schen Philosophie doch wieder von derselben unterscheidet: was hier rein ideelle Momente im dialektischen Processe des Geistes sind, die daher ebenso wol gesetzt als wiederaufgehoben werden, sind bei den Valentinianern concrete, mythologische Personen, welche grade in dem verschiedenen Grade ihrer Erkenntnißfähigkeit ihre individuelle Bedeutung und in dieser individuellen Selbständigkeit ewiges Bestehen haben. Wenn sie daher auf der einen Seite zur Bezeichnung der verschiedenen Momente dienen, in welche sich das Absolute bei seiner Objectivirung auseinanderlegt, so veranschaulichen sie auf der anderen Seite wieder eine Stufenreihe in der subjectiven Erkenntniß des Absoluten, und die sinnlich concrete Form dieser Aeonen, als ewiger Stufenfolgen von an Vollkommenheit der Erkenntniß unterschiedenen Geistern, gehört so sehr zum Wesen der Sache selbst, daß man jene nicht abstreifen kann, ohne dieser einen wesentlich anderen Charakter zu leihen. Auch das System des alexandrinischen Clemens kennt eine solche Stufenreihe der subjectiven Erkenntniß, „in welcher sich der allgemeine Entwickelungsproceß des Naturlebens reflectirt"[88]), selbst die gnostische Hebdomas und Ogdoas lehren bei ihm wieder. Der Hauptunterschied dieser Lehre von der gnostischen ist aber dieser, daß, obgleich auch nach ihm jene Hebdomas selbst nur ein Abbild jenes Cyklus der Siebenzahl ist, in welcher sich der ganze κόσμος bewegt[89]), dennoch der Proceß des Geistes selbst aus der realen Welt in das wissende Subject zurückverlegt wird. Clemens kennt zwar einen dem Naturprocesse analogen, in typischen Zahlen veranschaulichten Stufengang der geistigen Entwickelung, aber darum keine Stufenreihe von Aeonen und hypostasirten Potenzen, in welchen sich der Proceß des Geistes mythologisch fixirt, sondern faßt Alles, was sich auf die Selbstoffenbarung des unendlichen Geistes und die Wiederbringung des endlichen bezieht, in der Einheit seines Logosbegriffes zusammen. Zeigt sich hierin einerseits, wie oben entwickelt wurde, die Unterordnung des in den gnostischen Systemen zum absoluten Maßstabe erhobenen speculativen Elementes unter das Positive, so liegt darin doch andererseits ein nothwendiger Fortschritt des speculativen Denkens selbst, welches in jenen mythologischen Gestalten doch immer nur in bildlich symbolischer Hülle zur Erscheinung kommt. Den Gnostikern ist die mythologische Fixirung des geistigen Processes in seinen einzelnen Momenten so sehr die unentbehrliche Form ihrer Speculation, daß selbst ein Markion sich derselben nicht völlig zu entschlagen vermag; dafür kommt aber auch dieser sowol geistige als kosmische Proceß, als ein durch bestimmte Entwickelungsstufen sich hindurch bewegender, bei ihnen weit mehr als dies bei Clemens der Fall ist, zu seinem Rechte, und in demselben Maße, als sie wie in Markion's Systeme die symbolisch bildliche Hülle abgestreift haben, verringert sich zugleich der Reichthum und die Mannigfaltigkeit der speculativen Ideen. Diese sinnlich concrete Anschaulichkeit der gnostischen Speculation, in welcher Bild und Begriff sich so innig durchdringen, daß das Eine nicht ohne das Andere zu bestehen vermag, ist die Ursache, wenn im wesentlichen Einverständnisse mit Neander und Matter namentlich Weiße die Gnosis überhaupt nicht als Philosophie, sondern als Theosophie oder noch genauer als Mystik und Mythologie bezeichnet wissen will[90]). Indem Weiße die Ideenverwandtschaft der Gnosis namentlich auch mit der neueren Religionsphilosophie ausdrücklich anerkannte, legte er grade darauf das Hauptgewicht, daß die Erkenntnißweise oder die Art, in welcher die Gnostiker zu ihrem der Religionsphilosophie so nahe stehenden Erkenntnißgehalte gelangten, eine von dieser wesentlich verschiedene sei. Das Wahre ist nach ihm, „daß beide auf verschiedenen Wegen zu verwandten Inhaltsbestimmungen oder Ergebnissen gelangten, die Gnosis und Mystik auf dem Wege religiöser Intuition, die Religionsphilosophie auf dem Wege logischer und metaphysischer oder mit Logik und Metaphysik anhebender Speculation." Die Gnostiker bedienen sich des Organes der dichtenden Einbildungskraft, „sie unterfingen sich, die Früchte speculativer Erkenntniß, welche nur in einem langsamen Entwickelungsprocesse unter der strengen Zucht der Glaubensregel reifen konnten, im wilden Sturme einer halb dichterischen, halb religiösen Begeisterung vorauszunehmen." Aus diesem Grunde verlangt Weiße

88) Baur, Gnosis S. 511. Das Christenthum der drei ersten Jahrhunderte (2. Aufl.) S. 249.

89) Vergl. die von Baur selbst angeführte Stelle Strom. VI, 16.

90) In der angeführten Recension von Baur's Gnosis, Theol. Studien und Kritiken 1837, 1. S. 194 fg. Philosophische Dogmatik I, 170 fg.

eine engere Zusammenstellung der Gnosis mit den späteren Mystikern, Paracelsus, Böhme, Helmont, Swedenborg u. A. Wir können in dem Allen, was die Sache betrifft, nur auf Weiße's Seite treten, und müssen es als ein wesentliches Verdienst dieses geistvollen Denkers hervorheben, daß er diese in der Baur'schen Darstellung doch nicht völlig zu ihrem Rechte gekommene Seite der Sache aufs Nachdrücklichste betont. Wenn Baur in seiner christlichen Gnosis außer Jakob Böhme auch Schelling, Schleiermacher und Hegel mit den Gnostikern zusammenstellt, so gehören die Gnostiker hinsichtlich der Erkenntniß- und Darstellungsweise ihrer Ideen doch jedenfalls mit Böhme weit näher als mit Schleiermacher und Hegel zusammen. Bei weitem enger als mit Hegel ist schon ihre Verwandtschaft mit Schelling. Um von der „positiven Philosophie," welche noch weit überraschendere Parallelen zum Gnosticismus darbietet, zu schweigen, so sind die Grundanschauungen der „Naturphilosophie" wesentlich dieselben wie die der Hegel'schen Speculation. Schelling war der erste, welcher den psychologischen Proceß des Fichte'schen Ich zum allgemeinen Gesetze der Weltentwickelung erhob, und Hegel ist damit so einverstanden gewesen, daß er eine Zeit lang seine und Schelling's Philosophie gradezu identificirte. Das aber, was zwischen beiden Männern doch wieder eine mit der Zeit immer weiter sich aufthuende Kluft eröffnete, war eben die grundverschiedene Art ihres Speculirens. Was für Schelling die Frucht genialer Intuition, unmittelbarer schöpferischer Einbildungskraft war, vermittelt sich für Hegel auf dem Wege der strengsten wissenschaftlichen Methode. Schelling war bei all seiner bahnbrechenden Stellung auf dem Gebiete der neueren Speculation (oder soll man lieber sagen, grade wegen dieser?) mehr Dichter als Philosoph, und mit ihm brach jene Eintfluth romantischer Velleitäten, phantastischer Einfälle und geistreicher Albernheiten in die neuere Philosophie ein, welche schon der alte strenge Fichte so bitter, aber auch so treffend geschildert hat [91]). Man kann Alles, was Fichte in seiner derben Weise gegen die Naturphilosophie sagt, auch schon gegen die Gnostiker, gegen Paracelsus und Böhme, und, um auch einiger Neueren nicht zu geschweigen, gegen Swedenborg, Oetinger und Baader anwenden, und der Unterschied liegt höchstens darin, daß es vor der Wissenschaftslehre überhaupt noch keine Möglichkeit gab, den Proceß des Geistes anders als in poetisch-phantastischer Weise zu schildern, während die moderne, romantische Philosophie die strengen Formen des philosophischen Denkens zwar vorfand, aber im genialen Uebermuthe zerschlug.

Es ist daher vollkommen berechtigt, wenn Weiße diese aller Mystik und philosophischen Poesie eigene Unmittelbarkeit der schöpferischen Einbildungskraft, jenes productive Anschauen und anschauende Produciren, welches bekanntlich Schelling als die Grundbedingung alles Philosophirens hinstellt, für die Gnosis ebenfalls als charakteristisches Merkmal in Anspruch nimmt. Sofern man diese producirende Thätigkeit der Phantasie nach der Weiße'schen Terminologie dem „Gemüthe" zuschreibt, möchte in der Sache auch gegen die weitere Bestimmung nicht viel zu erinnern sein, daß der Gnosticismus unmittelbar aus den durch das Christenthum so mächtig aufgeregten Tiefen des „religiösen Gemüthes" entsprungen sei. Indessen bedarf, auch abgesehen von der Terminologie, welche an diesem Orte auf sich beruhen muß, schon diese Bestimmung einer näheren Verständigung. Was Weiße gegen Baur hier geltend macht, gilt doch nicht von dem Gnosticismus an sich, sondern nur von derjenigen Seite an ihm, auf welcher er sich überhaupt productiv verhielt. Die aller Mystik eigene Mischung von Bild und Begriff beginnt, wie Weiße selbst nicht unbeachtet gelassen hat [92]), überall da, wo man die durch den Standpunkt des Zeitalters dem wissenschaftlichen Denken gezogenen Grenzen überschreitet. Weil hier die Vorstellung sich noch nicht zum Begriffe erhoben hat, bleibt der Ausdruck bei der sinnlichen anschaulichen Bildlichkeit stehen, und das Denken vermag sich vom Bilde nicht loszulösen, ohne damit an der Sache selbst erhebliche Einbuße zu leiden. Es ist dies, worauf schon Baur mit Recht aufmerksam gemacht hat, bei allen Volksreligionen mehr oder minder der Fall, und so sehr man sich hüten muß, Religion und religiöse Vorstellung zu identificiren, so charakteristisch ist für sie alle jenes symbolisch-mythische Element, als welches für die über ihren eigenen Inhalt noch nicht begrifflich verständigte religiöse Intuition überhaupt das einzige Vehikel ist, um den Reichthum ihres Bewußtseinsinhaltes zu Tage zu fördern. Es gilt dies ebenso wol von den ethischen wie von den Naturreligionen (daher wir auch die Entgegensetzung von ethisch und mythisch uns nicht aneignen können), nur daß bei letzteren der mythologische Bildungstrieb durch die Beschaffenheit des Gegenstandes selbst eine weit reichere Nahrung findet; dagegen ist noch in jeder Religion, die eine Geschichte erlebt hat, dieses mythologische Element allmählich durch das begriffliche Denken zurückgedrängt worden. Ganz dasselbe Entwickelungsgesetz, was sich hier auf dem Gebiete der religiösen Erkenntniß zeigt, gilt aber für jedweden geistigen Erkenntnißstoff überhaupt. Das Neue wird niemals zuerst auf dem Wege des begrifflich vermittelten Denkens eintreten, sondern stets als etwas Unreflectirtes, Unmittelbares, auf dem Wege der so zu sagen künstlerischen, scheinbar bewußtlos producirenden Conception. Der Geist, der für einen bisher noch unbekannten Inhalt keine fertigen Formen und Kategorien, keine dialektischen Uebergänge und logischen Bindemittel in Bereitschaft hat, ringt mit dem Ausdrucke in desto angespannterer Thätigkeit, je mächtiger sich die inneren Schauungen hervordrängen, und je weniger er im Stande ist, sie ihrer sinnlichen Unmittelbarkeit und phantastischen Nebelhaftigkeit zu entkleiden. Daher das Fließende in all jenen mythologischen Gebilden, die scheinbare Willkür und Zu-

91) In den Grundzügen des gegenwärtigen Zeitalters. Gesammelte Werke. Bd. VII. S. 114 fg.

92) Vergl. die angef. Recension S. 205.

fälligkeit in der Auswahl, Gruppirung und Benennung der symbolischen Formen, welche leicht den Schein der Absichtlichkeit, der künstlichen Verhüllung abstracter Gedanken gewinnt, während sie in Wahrheit Nichts ist, als ein Zeichen des Unvermögens, den ideellen Gedankengehalt durch die ewig inadäquate Bildform zu bewältigen. Unter diesen Gesichtspunkt ist auch die Gnosis zu stellen, nicht an sich, sondern in sofern sie Mythologie ist. Wir können Baur nicht beipflichten, wenn er den mythischen Charakter der Gnosis eben nur aus dem Positiven, mit dem sie sich als Speculation auseinandersetzen mußte, mit einem Worte aus dem Einflusse der vorhandenen Volksreligionen erklären will [93]); denn grade die Uebereinstimmung in einzelnen positiven Sätzen und volksthümlichen Vorstellungsformen ist, so stark wir sie nach einer andern Seite hin noch werden hervorheben müssen, doch hierbei die Nebensache, das Wichtigste ist die bei aller Abweichung im Materiellen wesentlich identische Darstellungsform, die sinnlich bildliche Anschaulichkeit überhaupt, und was dieser hier wie dort zu Grunde liegt, der eben nur in der angegebenen Weise zu erklärende mythologische Bildungstrieb. In dieser Beziehung müssen wir mit Weiße in den gnostischen Systemen den „durch die innere Natur und Nothwendigkeit der Sache hervorgerufenen Versuch zur Wiedererzeugung der mythologischen Anschauungsweise des Heidenthums" erkennen, wobei die Gemeinsamkeit des Bodens ausdrücklich anerkannt wird, auf welchem sowol die heidnischen Volksreligionen als die gnostischen Speculationen erwuchsen.

Andererseits ging auch Weiße nach unserer Ueberzeugung zu weit mit seiner neuerdings allerdings nicht ausdrücklich wiederholten Behauptung, den gnostischen Systemen liege Nichts ferner, als eine die geschichtlichen Religionen zu ihrem Objecte machende, über die geschichtlichen Religionen reflectirende Philosophie [94]). Gegen diese Ansicht hat Baur begründeten Einspruch gethan [95]), und wir müßten unsererseits zu ihrer eingehenden Bestreitung alles bisher über das Wesen der Gnosis und ihre Bedeutung in der inneren Entwickelung des christlichen Denkens Entwickelte einfach wiederholen. In dem Punkte, der für die allgemeine Stellung der Gnosis allein entscheidend ist, in dem Fortschritte von der heilsgeschichtlichen zu der weltgeschichtlichen Betrachtung des Christenthums stehen die Gnostiker mit völlig klarem Bewußtsein auf derselben Seite wie die Apologeten und Alexandriner, denen wol Niemand den Charakter als christliche Philosophen streitig machen wird; sie machen in sofern die absolute Bedeutung des Christenthums in seinem Verhältnisse zur vorchristlichen Entwickelung allerdings zum Objecte einer wirklichen philosophischen Reflexion. Das Mystische oder Theosophische an ihnen ist vielmehr dieses, worin sie sich von der Apologetik und der katholischen Gnosis unterscheiden. Indem die Gnosis für ihre mit aller philosophischen Klarheit erkannte und gestellte Aufgabe die erforderliche Lösung, für die Absolutheit der christlichen Religion den entsprechenden Ausdruck sucht, überschreitet sie die ihrem wissenschaftlichen Vermögen gezogenen Grenzen. Das Christenthum soll den Schlüssel zur Entzifferung des Welträthsels enthalten, es soll das Hervorgehen des Endlichen aus dem Unendlichen und seine dereinstige Rückkehr zu demselben begreiflich machen, es soll mit einem Worte nicht blos der absolute Wendepunkt in der Geschichte des Geistes sein, den das christliche Bewußtsein mit dem Namen der Erlösung bezeichnet, sondern es soll nach Rückwärts auch die Nothwendigkeit der Erlösung im Wesen des Geistes, folglich die Geschichte desselben bis in seinen letzten Ursprung, bis zu den höchsten Principien alles Seins und Wissens verfolgen. Diese Aufgabe sofort auf rein wissenschaftlichem Wege zu lösen, waren die Gnostiker außer Stande. Sie erheben sich mit vollkommener Klarheit des Bewußtseins als Pneumatiker über den psychischen, d. h. den schlicht gläubigen Standpunkt der katholischen Christen, was nicht möglich wäre ohne ein wirkliches Reflectiren auch über das Positive der christlichen Religion, sie suchen den speculativen Gehalt des Christenthums aus seiner buchstäblich sinnlichen Hülle zu lösen, und verhalten sich zu den Aussprüchen und Erzählungen des neuen Testamentes ganz ebenso wie zu denen des alten Testamentes und zu den heidnischen Göttermythen. Aber indem sie als Wissende über den durchaus als Mythus behandelten positiven Gehalt des christlichen wie des heidnischen und jüdischen Volksglaubens hinausgehen, gelingt es ihnen nicht ebenso, den tieferen Gedankengehalt, den sie gefunden haben, in eine entsprechend wissenschaftliche Darstellung zu kleiden. Da, wo sie sich schöpferisch verhalten, bleibt ihnen keine andere Form des Ausdruckes als das Bild, sie deuten Mythen durch Mythen aus und ersetzen so eine sinnlich concrete Anschauungsweise durch die andere. Mit ihrer Mythendeutung stehen sie auf dem Boden philosophischer Reflexion, mit ihrer Mythenbildung auf dem der mystischen Intuition; sie sind Philosophen, soweit sie Kritiker sind, und Mystiker, soweit sie sich schöpferisch verhalten. So sehr sie daher auch das Wissen in seiner absoluten Bedeutung betonen, die Form, in welcher sie sich der positiven Seite ihrer Arbeit unterziehen, der Erkenntnißweg, auf welchem sie ihren letzten und höchsten Zielen zustreben, ist nicht der Weg der dialektischen Vermittelung, sondern der schöpferischen Einbildungskraft oder Intuition. Wie auch Weiße es ausspricht [96]), wir finden in der neueren, speciell der Hegel'schen Philosophie, dieselben Ideen, welche den wesentlichen Inhalt der alten Gnosis und der gesammten christlichen Mystik ausmachen, aber erst in unseren Tagen sind sie zum speculativen Durchbruch gekommen und in wissenschaftlicher Form vorgetragen worden. Die Gnosis faßt, wie die neuere Philosophie, den Selbstvermittelungsproceß des Geistes als einen geschichtlich durch eine Reihe von Momenten sich hindurch vollziehenden; aber sie kennt diese Momente selbst nicht als dialektische, sondern als

93) Theol. Studien und Kritiken 1837, 2. S. 562 fg. 94) In der angef. Recension S. 194 fg. 95) a. a. O. S. 533 fg. 562 fg.

96) In der angef. Recension S. 215.

mythologische, und so oft auch durch die Hülle des Bildes der Begriff hindurchbrechen will, diese mythologische Form der Entwickelung blieb die für die Gnosis einzig mögliche, freilich aber in ihrer Bildlichkeit auch nie adäquate, daher die Gnostiker sich nicht genugthun können in immer neuen Gestaltungen. Baur hat ganz Recht, wenn er gegen Weiße behauptet, daß z. B. die Valentinianer in ihren mythischen Figuren des göttlichen Pleroma auch mit Bewußtsein philosophische Ideen dichterisch personificirten, und namentlich bei der weiteren Entwickelung dieses geistreichsten aller gnostischen Systeme tritt es deutlich heraus, daß die speculativen Gedanken bei aller Mannigfaltigkeit des bildlichen Ausdrucks den bleibenden und sicher auch als solchen gewußten tieferen Gehalt bilden. Aber woher kommt es denn, daß sich trotzdem das Denken von der Bildlichkeit des Ausdrucks nicht losringen kann? Wie fließend und zufällig auch im Einzelnen diese mythologischen Gestalten sind, die mythologische Darstellungsform selbst ist das in allem Wechsel der Bilder sich gleich Bleibende, und dafür kann der Grund nur darin gefunden werden, daß es den Gnostikern überhaupt nicht möglich war, ihre speculativen Gedanken anders als in sinnlich phantastischer Hülle zum Ausdruck zu bringen. Aus jener Doppelseitigkeit im Begriffe der Gnosis selbst, nach welchem sie einerseits Philosophie, andererseits wieder Mystik ist, erklärt es sich auch, wie bald der Begriff über das Bild hinausgreift, dieses selbst als Bild sich versteht, bald wieder der Begriff ganz von der Bildlichkeit überwältigt, die Idee nur in gewaltsam phantastischer Auffassung ergriffen und dadurch wieder aus ihrer Höhe in die Tiefen des sinnlichen Bewußtseins herabgezogen wird. Die Gnosis ist also wirklich der erste umfassende Versuch einer Philosophie des Christenthums, aber dieser Versuch schlägt Angesichts der ungeheuren Tragweite der den Gnostikern in genialer Weise sich aufdrängenden und doch weit über ihr wissenschaftliches Vermögen hinausgehenden speculativen Ideen in Mystik, Theosophie, Mythologie, kurz in eine durchaus unphilosophische Darstellung um.

Es ist hier der Punkt, wo die Gnosis aufs Innigste mit den mythologischen Volksreligionen sich berührt, daher schließlich die Frage nach dem äußeren Zusammenhange nicht umgangen werden kann. Es handelt sich auch hier nicht darum, ins Einzelne einzugehen, sondern nur die hauptsächlichsten in Betracht kommenden Momente festzustellen. Schon Baur hat die Beziehungen der Gnosis zu den heidnischen Kosmogonien und Mythen ins Auge gefaßt, und namentlich die Frage berücksichtigt, ob bei den Gnostikern das hellenische oder orientalische Element überwiege. Was er bei dieser Gelegenheit ausspricht, gehört zu den tiefsten und fruchtbringendsten Beobachtungen dieses scharfsinnigen Forschers, nur daß er leider seine Entdeckung nur wie gelegentlich hinwirft, ohne von ihr den weiteren Gebrauch zu machen, deren sie fähig war. — Indem Baur die verschiedenen Hauptformen der heidnischen Religionen ins Auge faßt, findet er, daß überall Gott und Welt durch die Momente eines Processes vermittelt gedacht werden, der mehr oder minder

den Charakter eines Naturprocesses trägt. Während aber in der griechischen Religion jener Proceß von Unten nach Oben, vom Unvollkommenen zum Vollkommenen fortgeht, geht dieser Proceß in den orientalischen Religionen den umgekehrten Weg. Nach griechischer Auffassung ist der Naturproceß der der Evolution, sie setzt daher an die Stelle der Kosmogonie die Theogonie, und läßt erst auf der höchsten Stufe den freien seiner selbst sich bewußten Geist über die materielle Welt sich erheben. Die Orientalen setzen als erstes Princip den reinen selbständigen Geist, und lassen die materielle Welt erst dadurch entstehen, daß der Geist durch eine Reihe von Potenzen und Wesen, welche gleich Lichtstrahlen von ihm ausgehen, aber je mehr sie sich vom Urlichte entfernen, an Lichtkraft verlieren, mit der Materie in Berührung kommt. Mag dies nun in der strengeren Form der Emanation geschehen, wie im Parsismus, oder durch einen Fall höherer Geister in die untere Welt, oder auf sonst eine Weise, „immer werden wir als das Wesentlichste und Allgemeinste, das hier in Betracht kommt, dieses ansehen dürfen, daß die Vermittelung zwischen Geist und Materie, den beiden entgegengesetzten Principien, auf irgend eine Weise vom Geiste aus geschieht“[97]). Aus dieser Unterscheidung ergibt sich für Baur die wichtige Erkenntniß, daß die gnostischen Systeme nicht vom griechischen, sondern vom orientalischen Standpunkte ausgehen. Alles dieses ist so richtig und wahr, und wird so vollkommen durch die neueren Forschungen über die ägyptischen, babylonischen und phönikischen Kosmogonien bestätigt[98]), daß es nur darauf ankommt, das hier im Allgemeinen Ausgesprochene in umfassender Weise für die Erkenntniß der einzelnen gnostischen Systeme fruchtbar zu machen. Nach Mosheim's Vorgange, der zuerst auf den „Orientalismus“ in den gnostischen Systemen hinwies, haben daher schon Matter, Gieseler, Neander in der Kirchengeschichte und Baur selbst speciellere Berührungen der Gnosis mit orientalischen Systemen, namentlich mit dem Parsismus nachgewiesen, Schmidt und Baur zogen außerdem auch den Buddhismus in den Bereich dieser Forschungen, und Lassen hat neuerdings in seiner indischen Alterthumskunde[99]) dem Verhältnisse des Buddhismus und der indischen Religionssysteme überhaupt zum Gnosticismus einen eigenen Abschnitt gewidmet. Indessen möchte auch nach diesen neuesten Untersuchungen, die obendrein fast nur eine lichtvolle und vielfach lehrreiche Zusammenfassung und Revision der älteren Forschungen bieten, der Beweis für eine directe und tiefergreifende Einwirkung des Buddhismus auf den Gnosticismus noch immer nicht geführt sein. So gewiß das Manichäische Religionssystem, wie Baur unwiderleglich dargethan hat, auch äußerlich unter dem Einflusse Buddhistischer Anschauungen sich gebildet hat, so wenig läßt sich

97) Gnosis S. 29 fg. 98) Vergl. Ewald, Ueber die Phönikischen Ansichten von der Weltschöpfung (aus dem fünften Bande der Abhandl. der Gött. Ges. der Wissensch. Göttingen 1851). — Bunsen, Aegyptens Stellung in der Weltgeschichte V, dritte Abtheilung, und Bibelwerk, Bibelurkunden I, zweite Ausführung. 99) Dritten Bandes erste Abtheilung (1857) S. 379 fg.

aus den von Lassen geltend gemachten Berührungspunkten des Buddhismus mit dem Gnosticismus irgend eine über die unleugbare innere Ideenverwandtschaft hinausgehende Beziehung entdecken. Es ist wahrscheinlich, daß mittelbar durch den frühe von indischen Einflüssen berührten Parsismus auch einzelne Buddhistische Ideen noch weiter nach Vorderasien und Aegypten gedrungen sind, aber wie sich vor dem Manichäismus kein sicherer äußerer Beweis dafür führen läßt [1]), so möchte es noch schwerer fallen, auf dem Wege innerer Kritik dergleichen Elemente mit Sicherheit auszuscheiden. Ja selbst der für gewisse Systeme allerdings ganz unleugbare Einfluß der Lehre Zoroaster's ist vielfach überschätzt worden, und bei genauerem Eindringen in die vorderasiatischen Religionslehren hat sich Vieles als dort einheimisch herausgestellt, was man bis dahin auf parsische Rechnung zu setzen pflegte. Noch weniger hat es bisher gelingen wollen, aus der ägyptischen Religionsgeschichte neue Aufschlüsse über den Ursprung und Entwickelungsgang der gnostischen Systeme zu gewinnen. Die Naassener der Philosophumena ziehen die Osirismysterien in den Bereich ihrer Mythendeutung herein, indessen hatten grade diese längst eine Stelle in dem allgemeinen Religionssynkretismus des untergehenden Heidenthums erhalten, und grade die Gestalt der Ophitenlehre, welche die Philosophumena schildern, hat ihre Heimat offenbar nicht in Aegypten, sondern in Phrygien. Sicherer scheint die Vermuthung zu sein, welche den gnostischen Schlangendienst überhaupt auf Aegypten, wo derselbe bekanntlich von jeher eine bedeutende Rolle im religiösen Volksleben spielte, zurückführen möchte, und Mosheim hat sich sogar zu der weiteren Vermuthung veranlaßt gesehen, daß es lange vor der Entstehung des Christenthums in Aegypten eine jüdisch gnostische Secte von „Schlangenbrüdern" gegeben habe. Indessen entbehrt auch diese Annahme, die man vergeblich durch *Orig.* c. Cels. VI, 28 belegen wollte, jedes geschichtlichen Anhaltes, und selbst der ägyptische Ursprung der christlichen Ophiten ist mehr als fraglich. Auch die Phöniker hatten ihre Schlangengötter. Der ägyptische Kneph ward bei ihnen als Agathodämon verehrt und wenn auch der phönikische Name dieser Gottheit ungewiß ist, so steht doch fest, daß der Schlangengeist in den syrisch-phönikischen Diensten ganz ebenso wie bei den Aegyptern als die vernünftige Weltseele vorgestellt wurde. Von den Heilkräften der Schlange, welche durch Esmun, den phönikischen Aeskulap, repräsentirt wurden, wußten bekanntlich auch die Hebräer zu erzählen. So wahrscheinlich daher auch eine uralte Abhängigkeit des vorderasiatischen Schlangendienstes von den Aegyptern erscheinen mag, so wenig ist schon das bloße Vorkommen ähnlicher Ideen bei christlichen Gnostikern ein Beweis für directe Entlehnung; und noch weit weniger hat man Ursache, für die andere Seite der Ophitenlehre, nach welcher die Schlange ein boshaftes heimtückisches Wesen ist, auf den ägyptischen Typhon zurückzugehen, da diese Vorstellung in allen hier in Betracht kommenden gnostischen Systemen ausdrücklich an die bekannte Erzählung der Genesis angeknüpft wird. Die Annahme, daß Aegypten die Wiege der christlichen Gnosis sei, ruht in letzter Instanz lediglich auf der Voraussetzung ihrer Abstammung von der jüdisch-alexandrinischen Religionsphilosophie, aber auch hieran möchte bei aller Anerkennung eines inneren Verwandtschaftsverhältnisses Nichts zuverlässig sein als der jüdische Ursprung. Von allen uns bekannten gnostischen Systemen gehört, abgesehen von der Pistis-Sophia, nachweislich nur die Weiterbildung des Basilidianischen und wahrscheinlich auch das Valentinianische Alexandrien an. Endlich ist noch von verschiedenen Forschern, neuerdings namentlich von Matter und in ganz kritikloser Uebertreibung von dem viel belesenen englischen Herausgeber des Irenäus, Harvey, der Versuch gemacht worden, den Ursprung der Gnosis aus der Kabbala abzuleiten. Allein wenn irgend eine Hypothese, so ist diese eine schwere Verirrung. Die neueren Forschungen jüdischer Gelehrten, namentlich aber von Grätz in seiner Schrift: Gnosticismus im Judenthume (Krotoschin 1846), haben aufs Schlagendste nachgewiesen, daß die Kabbala, wenn man absieht von ziemlich unscheinbaren Anfängen, keineswegs älter als der Gnosticismus ist, sondern vielmehr im Ganzen und Großen sich gleichzeitig mit ihm, theilweise unter seinem directen Einflusse entwickelt hat. Dennoch ist ein tieferes Eindringen in die Ursprünge der Kabbala für die Geschichte der Gnosis nicht ohne Frucht. So war die bekannte Lehre der Clementinen vom Adam-Kadmon sicher aus der längstbestehenden Geheimüberlieferung jüdischer Schulen entnommen, ebenso wie die Syzygientheorie, oder der Dualismus zwischen einem männlichen und einem weiblichen Principe der Schöpfung. Eine ganze Reihe weiterer Ideen, deren Aufzählung an dieser Stelle zu weit führen würde, sind der Kabbala mit der Gnosis gemein, und wie Vieles in der Kabbala aus der Gnosis, so wird sich vieles Gnostische aus der Kabbala erläutern lassen, vorausgesetzt, daß man über das gegenseitige Verhältniß beider ins Klare ist. Gnosis und Kabbala sind zwei verschiedene Zweige derselben Wurzel, der Ursprung dieser Theorien ist jedoch ebenso wenig im Judenthume selbst als in parsischen Einflüssen zu suchen, sondern in der Berührung des Judenthums mit dem vorderasiatischen Heidenthume. Syrien und Mesopotamien sind die eigentlichen Heimatländer des Synkretismus, die mannigfaltigsten Gestalten von jüdisch-heidnischen und jüdisch-heidnisch-christlichen Mischreligionen, Mendaiten, Elkesaiten, Massalianer, Audianer, Drusen, Jeziden u. s. w. waren hier zu Hause, und selbst bei den Essenern möchte, was man insgemein auf Rechnung alexandrinischer oder neupythagoreischer Einflüsse bringt, muthmaßlich auf ähnliche einheimische Zusammenhänge zurückzuführen sein.

Eine nähere Betrachtung zeigt, daß kein anderes Land als Syrien die Geburtsstätte auch des christlichen Gnosticismus gewesen ist. Schon die äußeren Zeugnisse weisen mit einer seltenen Einstimmigkeit auf Syrien hin.

1) Nur von Bardesanes ist eine Bekanntschaft mit indischen Lehren und Bräuchen geschichtlich überliefert, vergl. Neander, Gnost. Syst. S. 200 fg. Lassen, Ind. Alterthumskunde a. a. O. S. 361 fg.

Hierher gehört zunächst die allgemeine Annahme der Kirchenväter, daß der Magier **Simon** der Stammvater der gnostischen Ketzereien sei [2]); Simon aber gilt nach der einstimmigen Tradition für einen Samaritaner, Samarien und das ganze syrophönikische Gebiet als der eigentliche Stammsitz der Simonianischen Secte. Was an diesen allerdings sehr verworrenen Angaben Wahres sei, kann zunächst völlig außer Betracht bleiben; so viel aber leuchtet ein, daß die ganze Sage von Simon als dem gnostischen Archihäretiker überhaupt gar nicht hätte entstehen können, wenn die patristischen Erinnerungen nicht das westliche Syrien, wozu ja bekanntlich auch Samarien ebenso wie das ganze Palästina gerechnet wird, sondern ein so entlegenes Land wie Aegypten als das eigentliche Heimatland der Gnosis bezeichnet hätten. Die weitere Ausbildung der gnostischen Meinungen knüpft sich nach Irenäus an die Namen des Saturnin und des Basilides. Beide sollen nach Adv. haer. I, 24, 1 Schüler des **Menander** gewesen sein. Die Existenz dieses Menander möchte von der Kritik mit Unrecht bezweifelt worden sein, wenn auch die sehr verschiedenartigen Nachrichten über seine Person und Wirksamkeit noch einer kritischen Sichtung bedürfen. Wie es sich nun auch mit seinem angeblichen Verhältnisse zu dem Magier Simon verhalten haben mag, in seiner Lehre mußten bereits die Keime der nachmals von Saturnin und Basilides weitergebildeten Systeme gelegen haben. Nach Justin (Apol. I, 26. 56) und Irenäus (Adv. haer. I, 23, 5) war er ebenfalls von Geburt ein Samaritaner, seinen Aufenthalt scheint er aber in der Gegend von Antiochien genommen zu haben, wo Justinus noch Reste seiner Anhänger gefunden haben will (vergl. auch *Epiph.* Haer. 23, 1). Hier in Antiochien soll **Saturnin** die Bekanntschaft des Menander gemacht haben (*Epiph.* Haer. 23, 1; vergl. *Iren.* Adv. haer. I, 24, 1. 7). Nach den angeführten Zeugnissen steht es fest, daß Saturnin ein geborener Antiochener war und seine weitergebildete Lehre in seinem Heimatlande Syrien verkündigte. Sein Mitschüler **Basilides** war nach *Epiph.* Haer. 23, 1. 7. 24, 1 ebenfalls ein Syrer; die entgegenstehende Behauptung des Eusebios (H. E. IV, 7), der ihn zu einem Alexandriner macht, erklärt sich zur Genüge aus einem Misverständnisse des Irenäus [3]). Dieser behauptet aber nur (Adv. haer. I, 24, 1), Basilides sei ebenfalls ein Schüler des Menander gewesen, habe aber nicht wie Saturnin in Syrien, sondern in Alexandrien seine Lehre verbreitet. Pseudoorigenes führt diese letztere Notiz in seiner Weise dahin aus, daß er den Basilides in ägyptischer Weisheit unterrichtet werden läßt (Philos. VII, 27), was freilich damit nicht recht stimmen will, daß derselbe Verfasser das System des Basilides von Aristoteles ableitet. Sicher ist an dem Allen nur, daß Basilides von Syrien nach Aegypten sich wendete und dort seinen bleibenden Aufenthalt nahm; der grade hier sehr genau unterrichtete Epiphanios weiß noch die verschiedenen Gegenden Aegyptens zu nennen, die er durchwanderte (Adv. haer. 24, 1). Seitdem ist Aegypten und namentlich Alexandrien der Hauptsitz der Basilidianischen Secte; nach Basilides wirkte auch sein Sohn Isidoros hier, und aus dieser räumlichen Nähe erklärt sich die genaue Bekanntschaft des alexandrinischen Clemens mit Basilides und den Basilidianern. Mit diesen Ergebnissen stimmt der innere Verlauf des Basilidianischen Systemes. Nach den Untersuchungen **Hilgenfeld's** scheint es uns ausgemacht, daß die dem Systeme Saturnin's verwandte, streng dualistische Form der Basilidianischen Lehre die ältere, die in den Philosophumena vorliegende gräcisirende Gestalt die spätere ist. Erst in Alexandrien, der Metropole griechischer Wissenschaft, kann sich diese Umbildung vollzogen haben; die Einflüsse aber, unter welchen die neue geistvolle Form des Basilidianismus entstand, sind, wie **Uhlhorn** gründlich dargethan hat, vorzugsweise auf die Stoa zurückzuführen, daher die wohlfeile Vermuthung des Pseudoorigenes, Basilides sei in ägyptischer Weisheit unterrichtet worden, um so mehr auf sich beruhen muß. Erst mit Basilides gelangen wir also, wenn man die äußern Zeugnisse zu Rathe zieht, auf den Boden der alexandrinischen Gnosis, aber wohlgemerkt, erst in Folge einer Verpflanzung von Syrien her. Freilich würde dieses Ergebniß bedeutend erschüttert werden, wenn die Angabe Theodoret's (Haer. fab. II, 3) Glauben verdiente, daß schon **Kerinth** in Alexandrien gewirkt habe. Offenbar ist diese Nachricht aus den Philosophumena geschöpft, wo es X, 21 heißt, Kerinth sei *ἐν τῇ Αἰγύπτῳ*, d. h. nach VII, 33: *Αἰγυπτίων παιδείᾳ ἀσκηθείς*. Indessen ist dies nur eine jener vagen Vermuthungen, mit welchen Pseudoorigenes sein Buch so reichlich ausgestattet hat. Irenäus, den dieser Schriftsteller auch hier im Uebrigen wörtlich ausschreibt, versetzt den Kerinth vielmehr nach Asien (Adv. haer. I, 26, 1), und hiermit stimmen alle übrigen Ueberlieferungen zusammen: so die auf Polykarp zurückgeführte Geschichte von dem Zusammentreffen des Kerinth mit Johannes im Bade (*Iren.* Adv. haer. III, 3, 4), desgleichen sein bekannter sinnlicher Chiliasmus und sein Zusammenhang mit dem Montanismus (vergl. die Auszüge aus Cajus und Dionysius Alexandrinus bei *Euseb.* H. E. III, 28), um von der auch sonst bekannten strengen judenchristlichen Richtung Kerinth's zu schweigen, die dem alexandrinischen Spiritualismus diametral entgegengesetzt ist. Auch Epiphanios (Haer. 28, 1) versetzt den Kerinth übereinstimmend mit Irenäus nach Asien. Die weiteren Erzählungen (Haer. 28, 2—4), Kerinth habe die Streitigkeiten in Antiochien über die Beschneidung angeregt, gegen die Taufe des Cornelius protestirt und die Beschneidung des Titus (Gal. 2) verlangt, sind natürlich durchaus fabelhaft und erklären sich aus der auch sonst bezeugten Tendenz, den Kerinth zum Stammvater der Ebioniten zu machen; aber selbst diesen Fabeln liegt wenigstens die richtige Erinnerung zu Grunde, daß nicht Alexandrien, sondern Syrien und Kleinasien der Schauplatz seiner Thätigkeit war. Folglich wird es,

2) So schon *Hegesipp.* bei *Eus.* H. E. IV, 22.

3) Wenn die disputatio Archelai et Manetis ihn zu einem Perser macht, so bedarf es kaum der Bemerkung, daß diese handgreiflich falsche Nachricht nur aus dem Dualismus des Basilidianischen Systemes abstrahirt ist.

wenn man die äußeren Zeugnisse sorgfältig sichtet, trotz Pseudoorigenes und Theodoret dabei sein Bewenden haben müssen, daß nicht Kerinth, sondern Basilides der erste war, welcher die gnostischen Lehren in Alexandrien einheimisch machte. Erst von jetzt an gewinnt das alexandrinisch-hellenistische Element für die Geschichte des Gnosticismus eine tiefere Bedeutung. Von **Valentinus**, der etwa ums Jahr 136 als Lehrer auftrat, gilt es unter den Neueren für ausgemacht, daß er ein Alexandriner war. Epiphanios bemerkt jedoch (Adv. haer. 31, 2), den Meisten sei seine Abkunft unbekannt, kein Schriftsteller gebe seinen Geburtsort an; nur mit allem Vorbehalte erwähnt er, was ihm (vermuthlich in Aegypten selbst) gerüchtweise zu Ohren gekommen war, Valentin sei von Geburt ein Phreboniter vom ägyptischen Küstenlande gewesen und zu Alexandrien in der griechischen Literatur unterrichtet worden. Irenäus berichtet nur (Adv. haer. 3, 4, 3), daß er unter dem Bischofe Hyginus nach Rom kam und hier noch unter Pius und Anicetus wirkte. Von wannen er gekommen, ist aus dieser Mittheilung nicht zu entnehmen. Indessen ist, wenn auch die alexandrinische Abkunft Valentin's dahingestellt bleiben muß, wenigstens seine alexandrinische Bildung wahrscheinlich. Sein System, in welchem der Gnosticismus seine reichste Blüthe erschloß, ist eine Gräcisirung der aus Irenäus bekannten Ophitenlehre; wie bei den späteren Basilidianern die stoischen, so wiegen hier die Platonischen Einflüsse vor. Die Geschichte der Valentinianer weist eine mannigfache Verzweigung auf. Nach Pseudoorigenes (Phil. VI, 35) spalteten sie sich in eine orientalische und eine italische Schule. Der ersteren sollen der sonst unbekannte **Axionikos** und **Bardesanes** (? cod. *Ἀρδησιάνης*), der letzteren **Herakleon** und **Ptolemäos** angehört haben. Herakleon ist durch seinen Commentar zu Johannes bekannt, von welchem Origenes zahlreiche Bruchstücke aufbewahrt hat. Von Ptolemäos haben wir noch den Brief an die Flora (bei *Epiph.* Haer. 33, 3 seq.); er war ein Zeitgenosse des Irenäus, welcher seiner Darstellung der Valentinianischen Lehre vorzugsweise die Meinungen des Ptolemäos zu Grunde legte (Adv. haer. prooem., vergl. I, 8, 5). Die *διδασκαλία ἀνατολική* kennen wir hauptsächlich aus den freilich auch noch einer gründlichen kritischen Sichtung bedürfenden Auszügen aus den Schriften **Theodot's**, die den Werken des alexandrinischen Clemens angehängt sind. Die Heimat des **Bardesanes**, den Pseudoorigenes als das Haupt der orientalischen Schule zu nennen scheint, war das östliche Syrien, wahrscheinlich Edessa in Mesopotamien [4]), wo er in der zweiten Hälfte des 2. Jahrh. in enger Freundschaft mit dem Könige Abgar Bar Maanu lebte (vergl. hierüber besonders *Hahn*, Bardesanes gnosticus. Lips. 1819. p. 13 seq.) Er wird auch von Eusebius (H. E. IV, 30) und Epiphanios (Haer. 56, 2) unter die Valentinianer gezählt; indessen hat schon **Neander** (Gnost. Systeme S. 192) die Unrichtigkeit dieser Annahme erwiesen. Sein System ist dem Valentinianischen nur verwandt, aber die Berührungen reichen nicht weiter, als die Uebereinstimmung der Valentinianer mit den Ophiten geht; dagegen zeigt es, wie **Uhlhorn** (Homilien und Recognitionen des Clemens Romanus S. 412 fg.) nachgewiesen hat, sehr auffallende Aehnlichkeit mit den Clementinischen Homilien. Der Dualismus ist, wie schon **Neander** sah, kein absoluter, und kann daher auch nicht auf persische Einflüsse zurückgeführt werden; wir begegnen hier durchaus dem in syrochaldäischen Vorstellungen wurzelnden Gegensatze eines activen und eines passiven, männlichen und weiblichen, rechten und linken Princips. Noch bestimmter weist die Vorstellung von der Sonne als dem Vater und dem Monde als der Mutter aller Dinge (bei *Ephrem.* Opp. Syr. Lat. Rom. 1737. T. II, 558 E) auf den vorderasiatischen Mythenkreis zurück. Die Sonne ist das männliche, zeugende, der Mond das weibliche, empfangende und die empfangene Lebenskraft weiter verbreitende Princip. Diese Vorstellung ist keineswegs specifisch ägyptisch, sie ist vielmehr die Grundlage aller vorderasiatischen Naturreligion und tritt in den phönikisch-babylonischen Religionslehren in immer neuen Formen hervor. So empfängt die phönikische Mondgöttin Oula ihr Licht von dem Sonnengotte Belsamin, um es weiter auszugießen in der sublunarischen Welt (**Movers**, Phönizier I. S. 643 fg. 648). Wie völlig die Lehre des Bardesanes in dem Ideenkreise seiner Heimat wurzelt, beweist auch seine jetzt im syrischen Originale wiederaufgefundene Schrift: *Περὶ εἱμαρμένης* (bei *Cureton*, Spicilegium Syriacum 1855), die sich sehr eingehend mit astrologischen Untersuchungen beschäftigt [5]). Je weniger nach dem Allen an eine Abhängigkeit des Bardesanes von Valentinus gedacht werden kann, um so wichtiger ist seine nahe Beziehung zur Ophitischen Lehre. Ganz wie die Ophiten läßt Bardesanes die Mutter alles Lebens von dem Vater alles Lebens befruchtet werden und den himmlischen Christus gebären; wenn aber die Ophiten bei dieser Erzeugung einen Theil von dem göttlichen Lichte auf die linke Seite übersprudeln lassen, so findet sich, wie **Neander** bemerkt, auch diese Vorstellung bei Bardesanes wieder vor. Aus diesem ins Chaos übergesprudelten Lichte wird die Chakhmuth oder Achamoth gebildet, welche mit Christus eine Syzygie bilden soll, aber als das unvollkommene weibliche Licht erst durch Christus, das vollkommene männliche Licht, zum Bewußtsein ihrer höheren Abkunft und zur Vollendung geführt werden muß. Die im Chaos allein gelassene Chakhmuth bildet unbewußt, von Christus geleitet, den Demiurgen und durch diesen wieder die untere Welt; aber herabgestürzt aus ihrer himmlischen Heimat, sehnt sie sich nach dem göttlichen Lichte und klagt mit Ps. 22, 1: Mein Gott und König, warum hast du mich verlassen?

4) Pseudoorigenes (Phil. VII, 31) nennt ihn einen Armenier, was mit der genannten Angabe nur scheinbar in Widerspruch steht.

5) Auch der Assyrer **Tatian** gehört mit **Bardesanes** zusammen (vergl. über ihn S. 172 fg.). Schon **Duncker** wies auf die Aehnlichkeit vieler seiner Lehren mit den Clementinischen Homilien hin in dem Göttinger Pfingstprogramm: Apologetarum sec. saec. de essentialibus naturae humanae partibus placita. Part. II. (1850.) Weiteres s. bei **Uhlhorn** a. a. O. S. 113 fg.

Die Erlösung erfolgt durch den herabsteigenden Christus, der einen ätherischen Lichtkörper annimmt; das Ende wird die Vermählung der Achamoth mit Christus, der geistigen Naturen mit den Engeln sein, was Bardesanes unter dem Bilde eines Gastmahls darstellt (vergl. Neander, Gnost. Systeme S. 194 fg. *Hahn*, Bardesanes gnosticus p. 62 sq.). Alles dies weist deutlich auf die Lehre der Ophiten hin, wie dieselbe von Irenäus dargestellt wird.

Dieses Ergebniß ist von äußerster Wichtigkeit für die Geschichte der Ophitischen Lehre. Bardesanes repräsentirt die syrische Gestalt des Ophitischen Systemes ganz ebenso wie Valentinus dessen alexandrinisch-hellenistische Umbildung. Näher gehört Bardesanes dem östlichen Syrien an, aber auch in West-Syrien gab es Ophiten, wie schon aus *Epiph.* Adv. haer. 40, 1 erhellt. Epiphanios bezeichnet hier auf Grund eigener Nachforschungen Palästina als den eigentlichen Sitz der Archontiker, einer mit den Ophiten des Irenäus wesentlich identischen Partei. Die letzte Entscheidung auf die Frage, wo die Ophiten ursprünglich zu Hause waren, kann jedoch nur aus inneren Gründen erfolgen: diese aber entscheiden unzweideutig für die syrische oder vorderasiatische Heimath. Schon im Valentinianischen Systeme sind von den offenbar auf griechischem Stamme erwachsenen Ideen eine Anzahl von Vorstellungen zu scheiden, die auf eine ältere Grundlage zurückweisen. Dahin gehört schon die Zurückführung der ersterzeugten Ogdoas auf eine Vierheit, welche als mannweiblich gedacht wird (*Iren.* Adv. haer. I, 1, 2)[6]. Bei der Vierzahl ließe sich mit Irenäus an die *Πυθαγορικὴ τετρακτύς* denken, aber die Art, wie die Ogdoas auf die Tetras reducirt erscheint, kann nur aus dem vorderasiatischen Mythenkreise erklärt werden. Eben dahin führt der hebräische Ausdruck קל־ארבע, den schon Heumann zu *Iren.* Haer. I, 14, 1 und nach ihm Volkmar aus dem Namen des angeblichen Valentinianers Colarbasus richtig herausgefunden hat. Auch die grade bei Valentin so ausgeprägte Syzygientheorie führt auf syrochaldäische Ursprünge; die Entwickelungsform des All durch die Polarität eines männlichen und eines weiblichen Principes, von denen jenes als vollkommen, dieses als mangelhaft, jenes als der Quell der Ordnung und Stätigkeit, dieses als die Ursache der Unordnung und Zerstörung gedacht wird, ist bei den Vorderasiaten recht eigentlich zu Hause, und nur beiläufig mag angemerkt werden, daß dieser Gegensatz auch bei den Valentinianern gelegentlich als ein Gegensatz der *δεξιά* und *ἀριστερά* bezeichnet wird (*Iren.* Adv. haer. I, 5, 1). Wenn Irenäus desselben zunächst bei der Unterscheidung des psychischen und des hylischen Elementes erwähnt, so schied ja auch der Valentinianer Secundus in der ersten Ogdoas zwischen einer *τετρὰς δεξιά* und einer *τετρὰς ἀριστερά*, und bezeichnete jene als *φῶς*, diese als *σκότος*. Offenbar wird die rechte Tetras von den vier männlichen, die linke von den vier weiblichen Aeonen der Ogdoas gebildet. Weitere Spuren, daß der Grundstamm der Valentinianischen Lehre nicht auf alexandrinisch-hellenistischem, sondern auf vorderasiatischem Boden erwachsen ist, sind die allerdings ziemlich spärlichen, aber grade durch ihre Vereinzelung wichtigen hebräischen und syrischen Ausdrücke. Dahin gehört außer dem besprochenen קל־ארבע die constante Bezeichnung *Ἀχαμώθ* für die *κάτω Σοφία*, desgleichen der Name *Ἰαώ* (*Iren.* Adv. haer. I, 4, 1). Beide Ausdrücke sind den Valentinianern mit den Ophiten gemein, aber bei den letzteren sind sie, wie die Menge ähnlicher Namen zeigt, einheimisch. Wenn die Markosier, die mit Valentin die Lehre von den 30 Aeonen theilen, noch mehr Beispiele dieser Art, namentlich einige hebräische oder aramäische Gebetsformeln aufbewahrt haben (*Iren.* Adv. haer. I, 21, 3), so müßen wir auch hier wol ältere Ophitische Bestandtheile annehmen. Doch bedarf die dermalen noch sehr wenig erforschte Markosiersecte überhaupt noch einer eingehenderen Prüfung, um die Pythagoräischen Elemente schärfer, als bis jetzt möglich ist, von den vorderasiatischen sondern zu können. Auch die von Epiphanios mitgetheilten Aeonennamen, die bis jetzt jeder Entzifferung getrotzt haben (Adv. haer. 31, 2), sind, wenn nicht Alles trügt, sicher nicht von Valentinus ausgegangen. Dagegen verdient der andere, unseres Wißens zuerst von Harvey bemerkte Umstand besondere Beachtung, daß die von den Valentinianern citirten neutestamentlichen Stellen auf den Text der Peschito zurückgehen (vergl. z. B. zu *Iren.* Adv. haer. I, 3, 3); eine Er-

[6] Vergl. auch Adv. haer. I, 11, 5, wo Irenäus von einigen Valentinianern erzählt, sie hätten sich den *βυθός* mannweiblich gedacht. Wir können nicht umhin, hierin eine sehr alte Vorstellungsform zu finden. Bekanntlich war es eine Streitfrage in der Schule, ob der *βυθός* ursprünglich für sich allein als *μονάς*, oder von Anfang an mit seiner *σύζυγος*, der *σιγή* oder *ἔννοια* verbunden gewesen sei. Die ausdrückliche Angabe des Irenäus (Haer. I, 2, 1), gegen welche die entgegengesetzte Behauptung des Pseudoorigenes (Phil. VI, 29) nicht in Betracht kommen kann, entscheidet für die Priorität der letzteren Vorstellung. Wenn Pseudoorigenes die Pythagoräische Monas dem Valentinus und den Häuptern der italischen Schule, Herakleon und Ptolemäos, wirklich vindiciren will, so würde diese Behauptung lediglich auf dem Interesse beruhen, die Valentinianische Lehre überhaupt so viel als möglich auf Pythagoras zurückzuführen. Indessen wird diese Deutung der betreffenden Stelle obendrein durch das Nachfolgende sehr unwahrscheinlich gemacht, und über Ptolemäos bringt Pseudoorigenes nach Irenäus noch selbst eine ganz entgegengesetzte Notiz (Phil. VI, 38). Auch nach *Iren.* I, 8, 5 schloß Ptolemäos den *βυθός* und die *σιγή* in die erste Tetras ein, und dieselbe Lehrform ist uns auch von der morgenländischen Schule bezeugt Exc. ex script. Theod. §. 29. Andererseits erklärt sich leicht, wie aus der dyadischen Vorstellung die monadische erwachsen konnte. Die *σιγή* oder *ἔννοια* gehörte ja wesentlich mit dem *βυθός* zusammen, ist nur die andere, eigenschaftliche Seite des Urvaters; daher konnte das Urprincip ebenso gut auch mannweiblich gedacht werden, sofern ja die *σιγή* als *σύνευνος* des *προπάτορος* nur in und an ihm existiren konnte. Ganz wie in den vorderasiatischen Religionssystemen konnte also die Syzygie des männlichen und des weiblichen Princips auch wieder zu einem mannweiblichen Wesen zusammenfließen, und man sieht nicht ein, warum nicht beide Vorstellungen von Anfang an sollen neben einander hergegangen sein. Dagegen ist es nur eine offenbare Weiterbildung, wenn an die Stelle des mannweiblichen Urprincipes die reine Monas gesetzt wird, und ebenso ist die deutlich an die Basilidianer der Philosophumena erinnernde Ansicht zu beurtheilen, welche den *βυθός* als *ἄζυγον, μήτε ἄρρενα μήτε θήλειαν, μήτε ὅλως ὄντα τι* bezeichnet (*Iren.* Adv. haer. I, 11, 5. *Epiph.* 32, 7).

8

scheinung, die in Ophitischen Citaten bei Irenäus wiederkehrt. Die anderweiten Berührungspunkte des Valentinianischen Systemes mit dem Ophitischen können hier außer Acht bleiben; nach unserer Ansicht müssen überall, wo bei beiden gemeinschaftliche Ideen sich finden, die Ophiten als die ältere, die Valentinianer als die jüngere aus jener hervorgegangene Secte betrachtet werden, und nur im Vorbeigehen sei noch angemerkt, daß bei einem Theile der Valentinianer sich auch die Ophitischen Namen *ἄνθρωπος* und *υἱὸς ἀνθρώπου* für den *προπάτωρ* und den *σωτήρ* erhalten haben. *Iren.* I, 12, 4. *Epiph.* 35, 1; vergl. auch Dorner, Entwickelungsgeschichte I, 371.

Wenden wir uns nun von dem Systeme Valentin's zu dem aus Irenäus bekannten Ophitischen zurück, so gewinnen alle jene bisher vereinzelten Spuren vorderasiatischer Abkunft inneren Zusammenhang. Das hellenische Element, welches bei Valentin im Vordergrunde steht, tritt hier gänzlich zurück; dafür weist uns Alles auf das mit syrochaldäischen Elementen getränkte, sei es palästinische, sei es babylonische, Judenchristenthum hin. Daß die ganze Darstellung statt im Gebiete der griechischen Mythendeutung sich innerhalb der alttestamentlichen Religionsgeschichte bewegt, soll hier nur beiläufig in Erinnerung gebracht werden. Aber im engsten Zusammenhange hiermit stehen die hebräischen Namen der sieben Sterngeister, die sich in die Herrschaft des Volkes Israel theilen; Jaldabaoth, d. h. ילדא־בהות, der Chaosgeborene, Jao, Sabaoth (צבאות), Adonäus (אדני), Eloäus (אלהים), Oreus (אור) und Astaphäus oder Astanphäus (eine Hithpaelform von einem Stamme ספא wie es scheint). *Iren.* I, 30, vergl. *Orig.* c. Cels. VI, 31. *Epiph.* Haer. 25. 26. 40. Die Namen weichen theilweise in der Reihenfolge ab; bei den Phibioniten des Epiphanios (Haer. 26, 10) erscheinen auch einige andere Namen: die sieben sind hier (von Unten nach Oben) *Ἰαώ*, *Σακλᾶς*, *Σήθ*, *Δαυίδης* (anderwärts *Δαυίδης*, cod. Ven. *Δαυίδης*), *Ἐλωαῖος* oder *Ἀδωναῖος*), *Ἰαλδαβαώθ*, nach Andern *Ἐλιλαῖος* (אלילים), im siebenten Himmel *Σαβαώθ*, nach Andern *Ἰαλδαβαώθ*. Indessen dienen auch diese Differenzen nur dazu, die wesentliche Identität dieser auf hebräischem Boden erwachsenen Namen zu bestätigen, und schon die alten Ketzerbestreiter weisen darauf hin, daß eine Anzahl dieser Archontennamen den verschiedenen alttestamentlichen Bezeichnungen Gottes entsprechen. Hiermit stimmen eine Menge anderweiter hebräischer oder aramäischer Ausdrücke und Wendungen, die wir bei den Ophiten und ihren zahlreichen Abzweigungen, den Barbelioten, Phibioniten, Sethianern, Kainiten, Archontikern u. s. w. vorfinden, zusammen. Dahin gehören außer der hier einheimischen Achamoth die Dämonennamen Michael, Sammael u. s. w. (vergl. auch *Orig.* c. Cels. 6, 30), die Barbelo (ܒܐܪܒܥܐ ܐܠܗܐ, *ἐν τετράδι θεός*, womit es eine ähnliche Bewandtniß hat wie mit Colarbasus), die Norea (d. h. נַעֲרָה, puella), nach den Ophiten des Irenäus die Schwester des Seth, nach Andern (*Epiph.* Haer. 26, 1) die Gattin des Noah u. a. m. Vieles hiervon begegnet uns auch in der rabbinischen Ueberlieferung wieder. Ferner ist zu erinnern an die bekanntlich auch sonst in judenchristlichen Kreisen vorkommende Weiblichkeit des heiligen Geistes, desgleichen an ganze Wendungen, wie das aus Jes. 28, 10 entlehnte קַו לָקָו, צַו לָצָו, זְעֵיר שָׁם, dessen mystische Auslegung wir nicht nur bei verschiedenen Ophitischen Parteien (Philosoph. V, 8. *Epiph.* Haer. 25, 3 seq.), sondern auch bei den Basilidianern[8]) (*Iren.* Adv. haer. I, 24, 5) wiederfinden. Alle diese Spuren weisen deutlich nicht blos auf eine jüdisch-christliche Heimat, sondern noch specieller auf das hebräisch-aramäische Sprachgebiet zurück, und berechtigen uns zu dem Schlusse, die ersten Anfänge der Ophitenlehre nirgends anders als bei den Judenchristen Syriens und Chaldäa's zu suchen.

Allerdings ist aber dieses syrische Judenchristenthum durchaus von heidnischen Vorstellungen getränkt, nur daß wir die Wurzeln derselben nicht sowol bei den Griechen als in den vorderasiatischen Religionssystemen zu suchen haben. Auf Zusammenhänge mit dem syro-phönikischen und babylonischen Heidenthume weist, wie oben bemerkt, schon die ganze Form der gnostischen Kosmogonien hin. Wie in den vorderasiatischen Religionen, so nimmt auch in allen älteren gnostischen Systemen die Kosmogonie eine sehr hervorragende Stellung ein, und während die ausgebildetere Emanationsidee erst späteren Datums ist, so geben sich die mythologischen Personen des gnostischen Buches Baruch, der pseudosimonianischen Apophasis und der verschiedenen Ophitischen Systeme ganz unzweideutig als kosmogonische Potenzen zu erkennen. Wir finden hier eine Mythenbildung, die bei aller Mannigfaltigkeit im Einzelnen ganz an die durch Berosos, Damaskios und Philon von Byblos aufbewahrten phönikischen und babylonischen Kosmogonien erinnert. Die Erzählung des Buches Baruch, daß Elohim und Edem ursprünglich in ehelicher Gemeinschaft mit einander gelebt und gemeinsam die Welt und die Menschen geschaffen hätten, bis Elohim sich von Edem trennt, zum großen Schmerze seiner Genossin, die nach vergeblichen Versuchen die Liebe ihres ungetreuen Gemahles wiederzugewinnen, ihre Engel zum Kampfe wider Elohim und seine Angehörigen aufrief, ist durchaus eine Reproduction älterer phönikischer und babylonischer Vorstellungen. Edem ist die Erde, Elohim der Himmel, über beiden steht der höchste Herr und Gott als das männliche Urprincip. Nimmt hier die ganze Entwickelung ihren Verlauf in Folge jener gestörten Einheit zwischen Elohim und Edem, so findet sich auch in der babylonischen Kosmogonie des Berosos die Idee einer uranfänglichen Verbindung zwischen Himmel und Erde, welche Bel der Demiurg in zwei Hälften ge-

7) Bei *Orig.* c. Cels. 6, 31 ist die Reihenfolge: Horäus, Eloäus, Astaphäus, Sabaoth, Jao, Jaldabaoth. Durch ein Versehen ist zwischen Astaphäus und Sabaoth der c. 32 richtig erwähnte Adonäus weggeblieben.

8) Wie nahe übrigens die Basilidianer auch sonst mit den sogenannten Ophitischen Parteien verwandt sind, beweist unter andern die Notiz des Epiphanios (Haer. 26, 9), daß auch bei den Phibioniten die 365 Archonten sich vorfanden.

schieden hat (*Berosus* ed. *Richter* p. 50; vergl. Movers, Phönizier I, 271. Bunsen, Aegypten Va. S. 226 fg.). Auch in der Weltkosmogonie des Damaskios gehen Himmel und Erde in zwei Hälften aus einander, nachdem Khusôros, der Eröffner des Welteis, sich gespalten hat: und wie bei Berosos Bel, so steht hier Ulom, der geistige Gott, der aus sich selbst den Khusôros erzeugt, über Himmel und Erde, als das höhere, dem demiurgischen Processe jenseitige Princip (*Damasc.* c. 125 ed. *Kopp* p. 385. Movers a. a. O. Bunsen a. a. O. S. 235 fg.). Noch überraschender ist die Verwandtschaft mit dem, was Philon Byblios erzählt (*Eusebius*, Praep. Ev. I, 10. p. 36 b). Uranos, hören wir hier, ehemals *Ἐπίγειος* (Adam) genannt, habe sich von seiner Gattin Gê (Adama) geschieden; trotzdem besucht er sie noch immer wider deren Willen. Aber als er die eigenen Kinder schwängern will, ruft Gê dieselben wider den Vater zum Kampfe. Die weitere Geschichte, welche den Kampf des Uranos mit Ilos-Kronos und seine endliche Entmannung durch den letzteren berichtet, bietet zwar keine Parallelen mit der Gnosis mehr dar, ist aber in ihrer Grundlage sicher altorientalische Mythe und Nichts weniger als eine willkürliche Gräcisirung, wenn Philon auch im Einzelnen Manches dem selbst erst von den Phöniziern stammenden Hesiodeischen Berichte entnommen haben mag [9]. Uns interessirt zunächst nur die Identificirung

des Uranos mit dem Epigeios, d. h. dem Adam-Kadmon, welche Bunsen sicher mit Unrecht fortschaffen möchte. Der gnostische Elohim, welcher, ehe er zum Himmel emporsteigt, mit Edem-Adama im ehelichen Bunde lebte, liefert hierzu den ungesuchten Commentar. Das Buch Baruch schildert ferner die Edem als ein zweigestaltiges Wesen, der Obertheil bis zum Nabel ist der Körper einer Jungfrau, der Untertheil der einer Schlange (Phil. V, 26). Man könnte hier an die erdgeborenen Giganten und ähnliche Unholde denken, aber unter griechischem Himmel sind dergleichen Misgeschöpfe sicher nicht gewachsen, ihre ursprüngliche Heimat ist vielmehr ebenfalls der Orient. Das Wichtigste hierbei aber ist, daß auch diese Vorstellung kosmogonische Bedeutung hat. Berosos (p. 49 sq. ed. *Richter*) erzählt uns von ungeheuerlichen doppelgestaltigen Wesen, die in dem uranfänglichen Chaos erzeugt wurden, „Menschen mit zwei oder vier Flügeln und doppeltem Antlitze, zweiköpfig, zwittergeschlechtig, auch mit Thiergestalten gemischt, mit Bockshörnern oder dem Hintertheile von Pferden. Ebenso gab es Stiere mit Menschenantlitzen, Hunde mit Fischschwänzen, Rosse mit Hundsköpfen, auch Menschen mit Fischschwänzen, dazu manches andere Gewürm und Schlangen von absonderlichen Bildungen. Ihre Abbildungen werden aufbewahrt im Belstempel. Allen diesen stand ein Weib vor, Omoroka (im Arm. Eus. Markala), auf Chaldäisch Thalatth (Moledeth, Lebensmutter). Belus zerschnitt dieses Weib in zwei Hälften, aus der einen entstand die Erde, aus der andern der Himmel" (Bunsen, Bibelurkunden I, 22). Es ist klar, was diese Mischwesen bedeuten: sie stellen in sinnlich anschaulicher Weise das ursprünglich chaotische Beieinandersein der verschiedenartigsten Stoffe und Gestalten dar, welche erst durch den fortgehenden Weltbildungsproceß nach ihren Gattungen und Arten gesondert und geordnet wurden. Die Thalatth oder Moledeth ist die mythologische Personificirung der noch ungeordneten Welt: darum besteht auch sie aus einer oberen und einer unteren Hälfte, welche erst auseinandertreten müssen, damit Ordnung und Regelmäßigkeit in die Schöpfung komme. Ganz dasselbe gilt von der gnostischen Edem. Wenn sie einerseits als die anfängliche Genossin des Elohim erscheint, von dem sie geschieden wird, so ist sie andererseits selbst wieder die Personification der uranfänglichen chaotischen Verbindung von Himmel und Erde, der oberen und der unteren, der geistigen und der materiellen Welt. Wie Elohim, ehe er zum Himmel, seiner eigentlichen Wohnstätte, emporsteigt, selbst auf der Erde weilt, als Adam-Kadmon die Adama zu seiner Ergänzung an sich hat, so hat die Edem-Adama schon selbst ein doppeltes, ein oberes und ein unteres Bestandtheil an sich, von denen das eine obere dem Elohim entspricht, während das andere wie-

9) Bekanntlich gehört die Glaubwürdigkeit des Philonischen Sanchuniathon zu den noch gegenwärtig schwebenden kritischen Streitfragen, vergl. *Renan*, Mémoire sur l'origine et le caractère véritable de l'histoire Phénicienne qui porte le nom de Sanchoniathon. Extrait du Tome XXIII 2de partie des Mémoires de l'académie des Inscriptions et belles lettres. Nach Renan war der Verfasser ein unbekannter Phönizier im Seleukidischen Zeitalter, der im Namen des alten Sanchuniathon schrieb; der Byblier Philon übersetzte sein Buch in der Zeit Hadrian's. Die Gegengründe Ewald's (Göttinger gelehrte Anzeigen 1859. Sept. Stück 145 und 146) wollen wenig besagen. Darunter findet sich auch ein Argument, das vom Namen Sanchuniathon entlehnt wird. Weil dies ein ganz gewöhnlicher Eigenname sei, so folgert Ewald, das Buch müsse echt sein! Uns scheint die ganze Frage nach der Existenz jenes angeblichen Sanchuniathon eine ziemlich müßige. Daß uns die alten kosmogonischen Mythen nicht in ursprünglicher Gestalt überliefert sind, steht ebenso fest, wie die andere Thatsache, daß das Ganze nicht rein erdichtet, sondern seinem Grundstoffe nach wirklich aus der religiösen Volksüberlieferung entlehnt ist. Ob die gegenwärtige gräcisirte Gestalt derselben von jenem Unbekannten aus der Seleukidenzeit, oder erst von Philon, oder auch theilweise von dem Einen, theilweise von dem Andern herrühre, trägt wenigstens für uns durchaus Nichts aus. Was an jenen Mythen wirklich echt phönizischen Ursprungs sei, wird sich doch nur in jedem einzelnen Falle durch vergleichende Kritik sämmtlicher einschlagender Nachrichten ermitteln lassen. Eine nähere Betrachtung zeigt aber, daß die verschiedenen Berichte Philon's in Verbindung mit den anderweit auf uns gekommenen phönizischen und babylonischen Kosmogonien sich gegenseitig controliren. Nimmt man nun die zahlreichen Beiträge, welche auch die gnostischen Systeme, wie sich zeigen wird, liefern, noch hinzu, so wird sich das Echte an jenen Ueberlieferungen im Ganzen mit ziemlicher Sicherheit ausmitteln lassen. Unsere nachfolgende Darstellung hat es sich zur Aufgabe gestellt, unter dankbarer Benutzung des von Movers, Ewald und Bunsen bereits Geleisteten überall auf das Gemeinsame und Uebereinstimmende in jenen Mythen zurückzugehen, und wenn wir hoffen dürfen, hierdurch einen festen Boden zur Beurtheilung der vorderasiatischen Bestandtheile der verschiedenen gnostischen Systeme gewonnen zu haben, so möchte umgekehrt diese bisher unterlassene Herbeiziehung der syrischen Gnosis auch wieder nicht ohne Frucht für die Kritik des angeblichen Sanchuniathon sein. Bei kritischen Fragen, wie die vorliegende ist, muß das Eine das Andere wechselseitig stützen helfen.

der Nichts ist als das mythische Bild der dem Geiste entgegengesetzten Materie. Die eigenthümliche Weiterbildung dieser archaistischen Anschauung durch die Gnosis liegt nur darin, daß dieses Zusammensein zweier entgegengesetzter Principien, welches in den älteren Mythologien nur kosmogonische Bedeutung hat, und also zum Zwecke der Weltordnung aufhören muß, hier doch wieder als eine während des ganzen irdischen Weltverlaufes andauernde Mischung eines höheren und niederen Principes gefaßt wird. Ganz ähnlich läßt daher auch eine andere Ophitische Partei, von welcher Epiphanios berichtet (Haer. 45, 2), alle Menschen aus einer göttlichen und einer teuflischen Hälfte bestehen; oberhalb des Nabels ist der Mensch ein Gebilde der göttlichen, unterhalb desselben der satanischen Macht. Bei derselben Partei findet sich die Vorstellung, daß die Schlange nach ihrem Sturze aus der oberen Welt sich mit der Erde als mit einem Weibe fleischlich vermischte (Haer. 45, 1). Offenbar ist dies nur die andere Seite der im Buche Baruch angedeuteten Idee; eben sofern die mythische Figur der Erde aus beiden Bestandtheilen zusammengesetzt ist, kann sie ebenso gut wie sie das eine Mal als σύζυγος des Elohim erscheint, das andere Mal wieder als die σύζυγος des Schlangengeistes als des personificirten bösen Princips gedacht werden. Weiter hängt hiermit die ebenfalls zunächst in kosmogonischen Zusammenhängen auftretende Vorstellung von der unreinen μήτρα zusammen, die Epiphanios von einem nicht näher bezeichneten Zweige der Ophiten (Haer. 25, 5), Pseudoorigenes aber von den ebenfalls Ophitischen Sethianern berichtet (Phil. V, 19). Nach ersteren waren im Anfange Finsterniß, Chaos und Wasser (σκότος καὶ βυθὸς καὶ ὕδωρ), der Geist aber, in der Mitte derselben befindlich, sonderte sie; in blinder Wuth gegen den Geist entbrannt, bäumt sich die Finsterniß auf, vermischt sich mit ihm und erzeugt die μήτρα, welche selbst wieder von der Begierde nach dem Geiste entzündet wird. Sie gebiert nun erst 4, dann andere 14 Aeonen, und so entsteht eine Rechte und eine Linke, Licht und Finsterniß. Zuletzt nach Allem geht ein αἰσχρὸς αἰών hervor, vermischt sich mit der μήτρα, und daraus entstehen Götter und Engel und Dämonen und sieben Geister. Vergl. auch Haer. 26, 1. Nach den Sethianern der Philosophumena entsteht aus der ersten großen συνδρομή der drei uranfänglichen Principien eine μεγάλη τις ἰδέα σφραγῖδος, Himmel und Erde. Diese haben die Gestalt einer μήτρα, mit dem Nabel in der Mitte, daher die schwangere μήτρα jeder beliebigen Thiergattung ein Abbild (ἐκτύπωμα) des Himmels und der Erde und aller in der Mitte befindlichen besonderen Substanzen enthält. — Offenbar führen alle diese Ideen immer wieder auf den kosmogonischen Mythenkreis des vorderasiatischen Heidenthums zurück, die μήτρα ist die Thalatth oder Lebensmutter des Berosos, oder das Weltei, aus dessen Spaltung Himmel und Erde und alle gesonderten Gattungen der Dinge hervorgehen, und wenn die Sethianer hierfür auch die Orphischen Hymnen herbeizogen, so kann doch nach allem Bisherigen nur an eine Benutzung der aus gleicher Quelle mit jenen gnostischen

Mythen geflossenen Orphischen Ideen, nicht aber an eine directe Abstammung jener von diesen gedacht werden. Bei den übrigens schon sehr von griechischen Elementen berührten Peraten findet sich sogar auch der Name der Berosischen Thalatth (Phil. V, 14). Die von Pseudoorigenes ausgezogene Stelle aus einer bei den Peraten im Gebrauche befindlichen Schrift lautet nach Baxmann's Uebersetzung (Niedner's Zeitschrift 1860, 2. S. 241 fg.) so: „Ich bin die Weckstimme im Aeon der Nacht, künftig beginne ich die Macht aus dem Chaos zu enthüllen. Die Macht des Gewölbes[10]) im Abgrunde, die den fauligen Schlamm heraufbringt aus dem unvergänglichen Weltklaffenden, die ganze Macht krampfhafter Bewegung, wasserfarben, immer bewegt, welche trägt was bleibt, hält was bebt, löst was geht, erleichtert was belastet ist und reinigt was wächst; die treue Verwalterin über die Spur der Lüfte, die das Ausgespiene abwäscht von des Gesetzes zwölf Augen und das Siegel offenbart für die mit den unsichtbaren herbeirauschenden Wassern waltende Kraft, diese Macht heißt Meer (Θάλασσα). Nur Unkenntniß nannte sie Kronos, in Ketten gefesselt, während er das Geflecht des dichten und nebligen, unklaren, finsteren Tartaros zusammenschnürte.“ Bei aller Verderbniß des Textes ist doch so viel klar, daß, wie schon Schneidewin und Duncker zur Stelle erkannten, nicht an das Meer, sondern lediglich an die babylonische Thalatth zu denken sei, und es heißt nur das Klare durch das Dunkle aufhellen, wenn Baxmann sich dafür lieber auf des Pythagoras symbolische Lehrart berufen will, wonach das Meer Thräne des Kronos heißt. Auch ohne eine nähere Prüfung alles Einzelnen leuchtet ein, daß die Thalatth oder Thalassa, wie sie misverständlich gräcisirt wurde, nur die das Chaos, den Urschlamm oder das Urwasser bewegende und durchwaltende Lebensmutter ist, von welcher alle bestimmten Dinge und Gestalten, indem sie emportauchen aus der chaotischen Masse, ihren Ursprung nehmen. Dieser das Chaos bewegenden Thalatth entspricht in der Kosmogonie des Eudemos (bei *Damascius* ed. *Kopp* p. 385) die Durchdringung der Omikhle (Nebel) mit dem Pothos, dem geistigen Principe (dem Apason oder חפץ, wie es anderwärts heißt), woraus Aër und Aura, d. h. nach Bunsen's Erklärung das Materielle, mit dem Geistigen nicht Gemischte einerseits und das vom Geistigen selbst bewegte lebensvolle Vorbild hervorgeht. Noch verwandter aber ist die phönikische Kosmogonie des Philon Byblios, von welcher wir das hierher gehörige Bruchstück (bei *Eusebius*, Praep. Ev. I, 10. p. 33 d) nach Bunsen's in der Hauptsache treffender Uebersetzung (Aegypten V^{a}. S. 257 fg.) mittheilen: „Anfang des Alls war eine finstere und stürmisch bewegte Luft oder ein Wehen finsterer Luft und trübes abgründlich dunkles Chaos. Dieses war unbegrenzt und hatte Aeonen hindurch keine Schranken. Da ward der Geist von Liebe entzündet zu seinen eigenen Anfängen, und es ent-

10) So Baxmann nach der Lesart des Codex: θόλου. Aber die göttinger Ausgabe accentuirt richtig θολοῦ, was offenbar das einzig Passende ist.

stand eine Durchdringung und diese Verflechtung wird genannt Sehnsucht. Dieses ist der Anfang der Schöpfung aller Dinge: der Geist selbst aber hatte kein Bewußtsein seiner Schöpfung. Aus dieser Ineinanderflechtung des Geistes entstand Mökh (so liest Bunsen wol richtig statt Μώτ), was Einige als Schlamm erklären, Andere als Fäulniß wässeriger Mischung. Aus Mökh ward alle Besamung der Schöpfung und der Anfang des Weltalls. Es waren aber auch da Geschöpfe ohne Bewußtsein, durch welche vernünftige Geschöpfe erzeugt wurden. Man nannte sie Zophasemin, d. h. Himmelsspäher. Und Mökh ward gleichmäßig gebildet eiförmig. Und es erglänzten Sonne, Mond und Sterne und die großen Gestirne. Als die Luft sich aufgehellt hatte durch die Erhitzung und ebenso das Meer und die Erde, da entstanden Winde und Wolken, und ungeheure Regengüsse himmlischer Gewässer strömten herab. Und als durch des Feuers Erhitzung Alles geschieden und von seinem eigenen Orte gesondert war und Alles in demselben Augenblicke das eine mit dem andern sich begegnete und sich gegen einander stieß, da erfolgten Donnerschläge und Blitze. Durch das Donnergeprassel nun wurden jene vernünftigen Geschöpfe aufgeweckt und aufgeschreckt durch den Lärm: und es regten sich auf Erden und im Meere Männchen und Weibchen. Dies ward verzeichnet gefunden in der Kosmogonie des Taautos und in seinen Aufzeichnungen."

Der unbewußt im Chaos waltende Geist, der von Liebe zu seinen Anfängen ergriffen wird, und der so Mökh, den Urschlamm oder das Weltei aus sich erzeugt, konnte bald als männlich, bald als weiblich, bald wieder als mannweiblich dargestellt werden. Das Erstere ist das gewöhnliche in den phönikischen Kosmogonien, und findet sich auch in der babylonischen Kosmogonie des Eudemos. Das Chaos (Bahu, Bohuth, βυθός, bei den Babyloniern Tauthe, Tahuth) ist dann das weibliche Urprincip, mit dem der Geist als [illegible] ursprünglich vermählt, durch sein Liebesverlangen alles Lebendige aus dem Chaos erzeugt. Sofern dieser Geist aber doch mehr oder minder in der Materie gebunden, als die unbewußt sich regende Lebenskraft im Chaos erscheint, entsteht die mythische Gestalt der Moledeth oder Lebensmutter, mehr oder minder bestimmt als Weltseele gedacht; aber wie dieses weibliche Princip selbst wieder ein höheres, männliches zu seiner Voraussetzung hat, so steht bei Berosos Bel der Demiurg, in einer von Philon Byblios mitgetheilten Kosmogonie (*Eus.* Praep. Ev. I. c. p. [illegible] sq.), Elion, d. h. עליון der Himmelhöchste (sonst Bel-Samin), neben und über dem Mutterschooße des Lebens. Die dritte geistigste Wendung dieser Vorstellung ist die, welche an die Stelle des anfänglichen Dualismus zwischen Geist und Materie ein einheitliches Urprincip setzt, den ewigen Urgrund alles geistigen und physischen Lebens, welcher als solcher mannweiblich, oder auch über alle Geschlechtsdifferenz noch hinausliegend gedacht wird. Diese letztere geläuterte Gestalt, von welcher sich in den bekannten phönikischen Kosmogonien nur unsichere Spuren finden, begegnet uns mit größerer Bestimmtheit

erst in dem Ophitischen und Valentinianischen βυθός, dem vergeistigten Chaos.

Blicken wir von hier aus auf das Ophitische System zurück, so finden wir zunächst wieder die kosmogonische Mutter alles Lebendigen, das erste Weib, oder den heiligen Geist, der über den Wassern schwebt (Gen. 1. 1); unter ihr die vier Elemente: Wasser, Finsterniß (σκότος), Abyssos, Chaos (*Iren.* Haer. I, 30; *Theodoret.* Haer. fab. I, 14; *Epiph.* Haer. 37, 3). Aber über ihr steht der erste und der zweite Mensch; jener ist das erste Licht, der βυθός, als geistige Potenz, selig, unvergänglich, grenzenlos, der Vater von Allem: aus ihm geht als seine ἔννοια der Sohn des Menschen, der zweite Mensch oder das zweite Licht hervor. Die Lebensmutter oder der heilige Geist steht unter ihnen, aber von der Schönheit des Weibes ergriffen, erfüllen Vater und Sohn sie mit ihrem Lichte, und erzeugen mit ihr vermischt ein unvergängliches Licht, das dritte männliche Princip, Christus, den Sohn des ersten und zweiten Menschen und des heiligen Geistes, der ersten Frau; da diese aber das Uebermaß des Lichtes nicht ertragen kann, läßt sie einen Theil desselben auf die linke Seite überschießen, und so entsteht die Sophia oder Prunikos, d. h. die Achamoth (syrisch [illegible], Chakhmûth, Erzeugerin, Gebärerin, durch Verwechselung mit [illegible], חכמות, fälschlich in Σοφία gräcisirt, vergl. *Hahn*, Bardesanes gnosticus p. 64 sq.). Sie wird auch mannweiblich vorgestellt, sie schwimmt auf den Wassern, bewegt sie, die vordem unbeweglich waren, treibt sie zum Abyssos und nimmt aus ihnen einen Körper an, bedarf jedoch, um sich oberhalb der Materie zu erhalten, der Unterstützung durch die Lichtkraft von Oben. Offenbar kehrt in dem Gegensatze von Christus und Sophia, als dem Rechten und Linken, Männlichen und Weiblichen nur der erste kosmogonische Gegensatz in anderer Form wieder; Sophia bildet aus sich selbst den Himmel und die untere Welt, als Licht von Oben ist sie nichts Anderes als die Weltseele oder das geistige Lebensprincip der Schöpfung, daher sie zuweilen noch selbst den Namen μήτηρ τῶν ζώντων führt (*Epiph.* Haer. 26, 10; vergl. 25, 2, wo sie mit der bei Irenäus allerdings in anderem Zusammenhange auftretenden Barbelo oder Barbero identificirt wird). Unter ihr sind die sieben Himmel mit ihren Archonten, entsprechend den sieben Gestirnen: Saturn, Jupiter, Mars, Sonne, Venus, Merkur, Mond, daher der Aufenthalt der Weltbildnerin als der höchste, achte, Himmel (Ogdoas) bezeichnet wird. Spielt hier das astronomische Element der vorderasiatischen Naturreligionen herein, so weist auch die Anlage der obersten Principien auf denselben Ideenkreis zurück. Der βυθός, der seine ἔννοια aus sich herausstellt, ist wieder nichts Anderes als das Chaos, in welchem der Geist zunächst noch bewußtlos beschlossen ist, bis er zu selbständiger Thätigkeit erwacht aus dem Urgrunde hervorgeht; das Neue und Eigenthümliche dieser Vorstellung ist nur, daß das kosmogonische Moment bereits in den Hintergrund gedrängt ist durch den phänomenologischen Proceß. Der Urgrund ist an sich schon

Geist oder Verstand (νοῦς), aber er muß erst seine ἔννοια von sich unterscheiden, also in den Unterschied mit sich selbst eingehen, ehe er zum concreten, persönlichen Bewußtsein und zur schöpferischen Offenbarung seines Wesens kommt. Dieselbe Lehre finden wir bei den Valentinianern und in der Simonianischen Apophasis (Phil. VI, 18). Wie aber in der alexandrinischen Religionsphilosophie diese Offenbarungsseite des Absoluten bald als σοφία, also weiblich, bald als λόγος, also männlich erscheint, so findet auch in gnostischen Kreisen dasselbe Schwanken statt. Den Valentinianern und dem Pseudo-Simon ist ἔννοια das weibliche Princip, die σύζυγος des Urgeistes, die Ophiten bezeichnen sie dagegen als männlich, als den zweiten Menschen oder den Menschensohn, fassen also in der Einheit desselben Begriffes noch zusammen, was in der ἔννοια und dem μονογενής der Valentinianer auseinanderfällt. In der Auseinanderlegung des göttlichen Wesens in die verschiedenen Aeonenpaare, die uns bei Valentin, aber auch bei Basilides, Pseudo-Simon und den Barbelioten des Irenäus (Adv. haer. I, 29, 1) begegnet, drängte das phänomenologische, speculative Element das ältere kosmologische, mythische immer entschiedener zurück, wie man aber die Genesis jener philosophischen Ideen nicht erkennen kann, wenn man nicht auf den Mythenkreis der ältesten Naturreligion Vorderasiens zurückgeht, so sind dieselben auch da, wo der Begriff schon auf dem Punkte steht, das Bild zu durchbrechen, noch immer an die mythologische Einkleidung gefesselt geblieben. Ein besonders deutliches Beispiel hierfür ist die pseudosimonianische Lehre der ἀπόφασις μεγάλη (Phil. VI, 9 fg.). In der vorliegenden Gestalt ist das System durchaus von stoischen Anschauungen durchdrungen, trotzdem ist die alte kosmogonische Grundlage ganz unverkennbar. Aus dem Urprincipe gehen drei Syzygien hervor, νοῦς und ἐπίνοια, φωνή und ὄνομα, λογισμός und ἐνθύμησις. Diese Benennungen beruhen aber nur auf einer späteren Umdeutung; daneben stehen noch die kosmogonischen Ausdrücke: Himmel und Erde, Sonne und Mond, Luft und Wasser (Phil. VI, 13). Unzweifelhaft sind die letzteren Benennungen die älteren, und wenn auch die Zusammenstellung dieser drei Paare in der vorliegenden Ordnung sich nicht anderweit belegen läßt, so sind alle diese Syzygien doch aus dem alten kosmogonischen Mythenkreise der vorderasiatischen Völker entlehnt. Von der Syzygie des Himmels und der Erde sprachen wir bereits; sie sind das erste kosmogonische Paar, in der Religion der Phöniker Baal und Aschera. Sonne und Mond sind ebenfalls altphönikische Gottheiten, Moloch und Astarte, in denen der erste Gegensatz von Baal und Aschera nur nach einer anderen Seite hin wiederkehrt. Moloch, der Gott des verzehrenden Feuers, ist mit Baal verschmolzen Melkarth, der Stadtkönig von Tyrus, dessen Leben im Sonnenlaufe angeschaut wurde, Astarte, die jungfräuliche Mondgöttin, ward als Schutzgöttin vornehmlich von den Sidoniern verehrt, aber beide gehören als Gatte und Gattin auch wieder unzertrennlich zusammen. Die beiden freistehenden Säulen, welche Herodot

(II, 44) im Tempel des Melkarth, oder des tyrischen Herakles sah, die eine von Gold, die andere von Smaragd, von denen die eine bei Tage, die andere bei Nacht leuchtete, waren, wie schon Baur ganz richtig vermuthete (Gnosis S. 308), dem Sonnengotte und seiner Genossin der Mondgöttin geweiht [11]; beide, Melkarth und Astarte, wurden ja neben einander in Tyrus verehrt (vergl. Menander bei *Joseph*. c. Apion. I, 18). Dieselben Bildsäulen finden wir nach Philos. VI, 20 auch bei den „Simonianern" wieder; angeblich als Bilder des Simon und der Helena, die als Zeus und Athene angebetet worden seien. Der Berichterstatter setzt aber treuherzig genug gleich selbst hinzu, daß seine vermeintlichen Simonianer gegen diese Deutung ihrer Bilder auf Simon und Helena sich kräftigst verwahrt hätten, d. h. das unter diesen Bildern verehrte Paar war ein wirkliches Götterpaar, seine Verehrer keine Simonianer, sondern phönikische Heiden. Dies ist auch das Wahre an des Märtyrers Justin verworrener Angabe, daß Simon und Helena noch zu seiner Zeit fast von allen Samaritanern als Götter verehrt würden (Apol. I, 26); gemeint sind die alten tyrischen Landesgottheiten, Herakles-Melkarth der Sonnengott und Selene-Astarte; die Verwechselung war aber leicht genug: die Helena heißt auch in den Clementinischen Recognitionen Luna, und wenn auch Justin den Magier Simon fälschlich mit dem altsabinischen Gotte Semo Sancus verwechselte, dessen Bild er auf einer Tiberinsel fand, so erinnert doch der Name Simon in der That an eine semitische Gottheit, welche auch Movers (I, 417) mit dem tyrischen Herakles zusammenbringt. So weist uns hier Alles auf die Religion der Phöniker hin, aber auch die dritte Syzygie von Luft und Wasser fanden wir bereits als Geist (Hauch, vergl. רוח) und Chaos, ein unter den verschiedensten Benennungen wiederkehrendes kosmogonisches Paar.

An alte mythologische Anschauungen erinnert weiter auch die Ophitische Benennung erster Mensch und zweiter Mensch oder Menschensohn. Es ist dies die ja auch in den Clementinischen Homilien und der späteren Kabbala vorkommende Lehre von dem Adam-Kadmon, die sich bis zu den Phönikiern und Chaldäern zurückverfolgen läßt. Von dem Epigeios oder Autochthon, der mit dem Uranos identisch ist, wurde bereits geredet; er ist der Sprößling des Elium und der Beruth, oder (nach Bunsen) Beuth, d. h. des Himmelhöchsten und des Chaos (*Eus*. P. E. l. c. p. 36 a; Bunsen, Aegypten V², 321 fg.), eine Vorstellung, die in der Ophitenlehre ihre nächste Parallele findet. In einem anderen, ebenfalls von Philon aufbewahrten kosmogonischen Bruchstücke erscheint ebenfalls dieser γηγενής oder αὐτόχθων, d. h. der Adam-Kadmon (*Eus*. P. E. l. c. p. 35 d; Bunsen a. a. O. 340 fg.), freilich in einem Zusammenhange, dessen mythologische Bezüge noch nicht völlig aufgeklärt sind [12]). Eine dritte

---

11) Ueber ähnliche Säulen vergl. Movers I, 292 fg. 343 fg. Duncker, Geschichte des Alterthums I, 159. 12) Er erscheint als Bruder des τεχνίτης (des Demiurgen?), und beider Abstammung wird hergeleitet von Khrysor, dem Eisenarbeiter Hephästos und seinem Bruder Moloch. Khrysor wird der auch sonst bekannte

Kosmogonie (bei *Eus.* P. E. l. c. p. 34 b; Bunsen a. a. O. S. 229 fg.) läßt den Ewigen, *Αἰών*, עולם, und den Protogonos (קדמון) als ein Brüderpaar von Kolpia (רוח קל, Geist, Hauch = רוח) und Baau (בהו, תהו, Nacht, Chaos) ausgegangen sein, wahrscheinlich sind aber Ulom und Kadmon auch hier nur die zwei verschiedenen Seiten einer und derselben kosmogonischen Potenz. An den phönikisch-griechischen Kadmos braucht nur im Vorübergehen erinnert zu werden, um so wichtiger aber ist, daß auch die babylonische Kosmogonie des Eudemos den mit dem *Πρωτόγονος* wesentlich identischen *Μονογενής* kennt (*Damasc.* c. 125 ed. *Kopp* p. 384; Bunsen a. a. O. S. 230 fg.). Monogenes mit seinen Brüdern und Schwestern stammt von Tauthe, dem Chaos und Apason, אפסון, dem von Liebe zu seinen eigenen Anfängen entzündeten Geiste; er soll chaldäisch *Μωϋμῖς* heißen, d. h. nach Bunsen's richtigerer Herstellung Monymos, בן אמין, Vorbild der Völker (a. a. O. S. 351). Auch der Adam der Chaldäer, von welchem die Philosophumena Kunde geben, gehört hierher (Phil. V, 7. p. 97 ed. Oxon.). In allen diesen Mythologien ist der Monogenes, Protogonos, Epigeios oder Adam-Kadmon nicht das oberste geistige Princip selbst, sondern erst aus diesem und dem *βυθός* oder Chaos hervorgegangen; das Entsprechende in der Ophitenlehre ist also nicht der *βυθός*, der hier freilich als Urgeist selbst wieder den Namen des ersten Menschen empfängt, sondern der *δεύτερος ἄνθρωπος* oder der Menschensohn. Dieser ist derselbe, der bei den Naassenern der Philosophumena (V, 6 fg.) als der *ἄνθρωπος* schlechthin erscheint, welcher zugleich *υἱὸς ἀνθρώπου* oder Adamas heißt, der *μέγας ἄνθρωπος ἄνωθεν*, der *ἄνθρωπος ἀχαρακτήριστος* oder *ἀρχάνθρωπος ἄνωθεν*, dessen Abbild der erdgeborene Urmensch ist. Wie bei den Ophiten des Irenäus der Urgeist und das Chaos der alten Mythen in die Einheit des *βυθός* zusammengefaßt sind, so ist in diesem Adamas der *υἱὸς ἀνθρώπου* und die *μήτηρ τῶν ζώντων* zur Einheit des Begriffes zusammengegangen, er ist der *ἀρσενόθηλυς ἄνθρωπος*, Vater und Mutter zugleich, das Princip alles Lebens und aller Beseelung in der endlichen Creatur; unter ihm stehen, als das dritte und vierte Princip, Christus der *ἄνθρωπος* oder *υἱὸς ἀνθρώπου κεχαρακτηρισμένος* und der Demiurg, der *θεὸς πυρινός*, El-Schaddai [13]). Freilich ist bei dem synkretistischen Mythengewirr, mit welchem Pseudoorigenes uns hier überschüttet, das Eindringen in die inneren Zusammenhänge der „Naassener"-Lehre äußerst erschwert, doch ergibt sich das Gesagte als das sichere Resultat einer ins Einzelne eindringenden Prüfung. Sofern dieser Adamas zugleich die Weltseele ist, wird er mit der über den Wassern schwebenden Lebensmutter, also mit dem Wassergeiste identificirt, er ist *ὠκεανός*, *ὕδωρ*, *Ἰορδάνης* und wird nach verschiedenen Bezügen hin wiederum bald mit Osiris, bald mit dem Schlangengeiste in Eins gesetzt. Als eine weitere Parallele für diese schon sehr verschwommene Lehrbildung mag noch das Bruchstück herbeigezogen werden, welches Epiphanios (Haer. 26, 3) aus einem gnostischen Evangelium der Eva mittheilt: „Ich stand auf einem hohen Berge und sah einen großen Menschen, und einen anderen kleineren, und ich vernahm wie eine Donnerstimme, und ich trat näher hinzu, um zu hören und er sprach zu mir: Ich bin du und du bist ich, wo du bist, da bin ich, in Allem bin ich ausgegossen, von wannen du willst, sammelst du mich, und sammelst du mich, so sammelst du dich." Offenbar ist auch hier der Adam-Kadmon als Weltseele gedacht, dagegen läßt sich in der bestimmteren Unterscheidung des *ἄνθρωπος μακρός* und des *ἄνθρωπος κολοβός* wol noch die ältere Ophitenlehre von dem ersten und zweiten Menschen erkennen.

Es kommt hier endlich auch noch die Stellung in Betracht, welche die Schlange überhaupt in den gnostischen Systemen einnimmt. Die älteste Vorstellung knüpft sich hier einfach an die alttestamentliche Erzählung vom Sündenfalle. Naas, der Schlangendämon, ist nach dem Buche Baruch der Baum der Erkenntniß im Paradiese, aber zugleich das dem *πνεῦμα* Elohim's feindliche hylische Princip, welches auf Geheiß der Mutter Edem mit dem *πατρικὸς ἄγγελος* Baruch, dem Vertreter des pneumatischen Elementes, im steten Kampfe liegt. Er ist der *παράνομος*, der allerlei *παρανομίαν* vollbringt, er verführt die Eva und hurt mit ihr, mit Adam treibt er Päderastie, und wird überhaupt die Ursache aller Gesetzesübertretung und Sünde in der Welt (Phil. V, 26). Die Schlange ist also hier nach einer auch sonst dem Judenthume geläufigen Vorstellung der Teufel (vergl. Apok. 12, 9; 20, 2). Wesentlich dieselbe Stellung nimmt der Schlangengeist *Ὀφιόμορφος* noch bei den Ophiten des Irenäus ein. Er ist auch hier die personificirte *ὕλη*, und als solche das Princip alles Bösen und aller Auflehnung gegen die Gebote des Judengottes, der böse Dämon Michael oder Sammael der Rabbinen. Wie schon die Paradiesesschlange mit dem Baume der Erkenntniß in naher Beziehung steht, so ist nach dieser Ophitenlehre Ophiomorphos der in Schlangengestalt verkehrte *νοῦς*, Geist, Seele, überhaupt Princip alles Weltlichen; aus ihm geht Vergessenheit, Bosheit, Eifersucht, Neid und Tod hervor. Aus dem Paradiese herabgestürzt in die untere Welt umgibt sich hier Ophiomorphos mit sechs Dämonen und bildet so eine Hebdomas nach dem Bilde der Hebdomas Jaldabaoth's; dies sind die sieben daemones mundiales, welche stets dem Menschengeschlechte feindselig sind, weil Ophiomorphos um der Menschen willen

Chusoros sein, der Eröffner des Weltei's; sofern er aber als Hephästos bezeichnet wird, ist er mit seinem Bruder, dem Feuergotte Moloch, wesentlich identisch. Beide mythologische Personen sind wol nur eine Auseinanderlegung der bekannten höchsten Gottheit der Phöniker, die nach der einen Seite als der Himmelsherr, nach der andern als Moloch erscheint (der tyrische Baal-Melkarth), aber auch *αὐτόχθων* und sein Bruder *τεχνίτης* werden identisch sein, der Adam-Kadmon oder Protogonos, der auf der andern Seite zugleich der unter dem Himmelhöchsten stehende Demiurg oder Kronos ist. — Die von Bunsen a. a. O. versuchte Herstellung scheint uns sehr zweifelhaft.

13) *Ἡσαλδαῖος* Phil. V, 7. vergl. Phil. V, 26 *Ἡσαδδαῖος*, d. i. *Ἠσαδδαῖος*. Die Conjectur der göttinger Ausgabe, statt *Ἡσαλδαῖο* vielmehr *Ἰαλδαβαώθ* zu lesen, hat so viel Schein, daß wir selbst früher unabhängig auf dieselbe gekommen waren. Dennoch halten wir sie jetzt zuverlässig für falsch

aus dem Paradiese gestürzt wurde [14]). Aber wenn es auch hier Ophiomorphos und seine Dämonen sind, die die Menschen zu aller Ungerechtigkeit und Sünde verführen, so liegt doch in der Stellung, welche Jaldabaoth der Judengott in diesem antijüdischen Systeme einnimmt, der Anknüpfungspunkt für eine Vorstellung, welche diesen Widerstand gegen Jaldabaoth und sein Gesetz als ein Zeichen höherer Veranstaltung betrachten konnte. Schon nach den Ophiten des Irenäus bedient sich die Sophia der Schlange, um durch sie Adam und Eva zur Uebertretung des Gebotes zu verleiten, wodurch Jaldabaoth die Menschen in Unwissenheit über ihre höhere Abkunft erhalten will. Muß hier das Böse auch wider Willen dem Guten dienen, so führte die Weiterspinnung dieses gefährlichen Gedankens leicht genug dazu, in der Schlange, sofern sie die Erkenntniß bringt, einen guten Dämon, in dem Widerstande gegen die demiurgische Satzung das Ringen des Geistes nach Befreiung von fesselnden Banden zu sehen. Die *ἄτιμοι* des alten Testamentes werden so zu den wahren Pneumatikern, der Schlangendämon zum Vertreter des pneumatischen Princips, zum Werkzeuge der oberen Mächte. Es ist dies bekanntlich die Lehre der Kainiten (*Iren.* Haer. 1, 31; *Epiph.* Haer. 38), welche in Kain, Esau, Korah, den Sodomitern, dem Verräther Judas u. A. ihre Vorbilder erkennen; dagegen wird Baur auch nach Barmann's neuerlichem Einspruche [15]) wol Recht behalten, wenn er in diesen nicht blos verschiedenartigen, sondern entgegengesetzten Vorstellungen von der Schlange das Merkmal zweier verschiedener Ophitischer Parteien erkennt, und die Darstellung des Irenäus nur auf die Sethianer bezieht (Christl. Gnosis 185 fg.). Wenigstens sind nach den letzteren, wie Epiphanios berichtet, nicht die Sprößlinge Kain's, sondern die Sethiten das erwählte Geschlecht. Seth gehört, wie sein getödteter Vorgänger Abel, der *ἄνω δύναμις*, der Sophia an, Kain und seine Nachkommen den weltschöpferischen Engeln, und nur die Arglist der letzteren stiftet immer neue Verwirrung, indem sie zuerst die Sethiten verführt, mit den Kainiten sich zu vermischen, darnach, als die Mutter die Sintfluth schickt, den Ham in die Arche schiebt, um das von ihnen geschaffene Geschlecht zu erhalten (*Epiph.* Haer. 39, 2). Christus ist nach der Lehre dieser Partei selbst der wiedergekommene Seth, um so weniger konnten sie also daran denken, die Schlange, deren Epiphanios hier freilich keine Erwähnung thut, für den Himmelskönig zu halten, wie sonst als Ophitische Meinung berichtet wird (*Epiph.* Haer. 37, 5). Die Verschiedenheit der Ophitischen Parteien ist, was Barmann unbeachtet ließ, quellenmäßig bezeugt. Die gemeinsame Benennung Ophiten rührt lediglich von den Gegnern her, fehlt auch noch im Berichte des Irenäus. Sie selbst

14) Ihre Namen theilt *Orig.* c. Cels. 6, 30 aus einem Ophitischen Diagramme mit: Michael der löwenförmige, Suriel der stierförmige, Raphael der drachenförmige, Gabriel der adlerförmige, Thauthabaoth der bärenförmige, Erataoth (der hundsförmige, wie Celsus ergänzt), Onoel oder Thartharaoth (Thaphabaoth) der eselsförmige. 15) Niedner's Zeitschrift 1860, 2. S. 234 fg.

nannten sich Gnostiker; den Namen Naassener, für die aus Irenäus bekannte Partei völlig ohne Sinn, haben wenn irgend welche nur diejenigen Gnostiker sich angeeignet, welche, wie Epiphanios weiß (Haer. 37, 5), die Schlange als göttliches Wesen verehrten. Nur ist freilich der Ursprung dieser Verehrung mit alledem noch nicht erklärt. Das alte Testament weiß, außer von der Erkenntniß, welche die Schlange bringt, auch von ihrer Wunderwirksamkeit in den Händen des Moses vor Pharao (Ex. 4, 17) und ihrer Heilskraft in der Wüste (Num. 21, 8 sq.) zu erzählen; aber alle diese vereinzelten Vorstellungen gewannen eine tiefere Bedeutung erst in einer umfassenden Gesammtanschauung, die nicht auf alttestamentlichem Boden entsprossen ist. Wir meinen die schon von Irenäus als Meinung Einiger angedeutete Vorstellung von der Schlange als Weltseele [16]), wovon uns gegenwärtig die Philosophumena umfassendere Kunde geben. „Die Naassener," heißt es bei Pseudoorigenes (V, 9. p. 119 ed. Oxon.), „haben ihren Namen davon, daß sie nichts Anderes als den *νάας* (נחש) verehren. Naas aber ist die Schlange, von welcher alle Tempel (*ναοί*) unter dem Himmel den Namen haben; jenem einen Naas gehören alle Heiligthümer, Weihen und Mysterien und es gibt überhaupt kein Mysterium unter dem Himmel, ohne einen *ναός*, und darinnen der *νάας*. Sie erklären aber die Schlange für eine flüssige Substanz (*τὴν ὑγρὰν οὐσίαν*), wie auch Thales, der Milesier, und nichts Seiendes, sei es unsterblich oder sterblich, beseelt oder seelenlos, könne ohne sie bestehen. Ihr sei Alles unterworfen, sie selbst aber sei gut, und habe Alles in sich wie in dem Horne eines einhörnigen Stieres (vergl. Deut. 33, 17), allen Dingen gebe sie Schönheit und Anmuth, einem jeden nach seiner Art." Zum Verständnisse dieser Lehre muß man sich erinnern, daß das Wasser oder die *ὑγρὰ οὐσία* nach der Naassenerlehre überhaupt als das Princip alles geistigen und physischen Lebens gedacht wird. Der Okeanos ist die *γένεσίς τε θεῶν γένεσίς τ' ἀνθρώπων* (V, 7, p. 105 seq. ed. Oxon.), aufwärts fließend ist er die *γένεσις θεῶν*, niederwärts fließend die *γένεσις ἀνθρώπων*, und dieselbe Vorstellung kehrt unter den mannigfaltigsten Bildern, Osiris, Jordan, den Paradiesesströmen u. s. w. wieder. Bei aller Verwandtschaft mit anderweiten, insbesondere auch griechischen Anschauungen werden wir hier wiederum an die kosmogonischen Mythen der semitischen Stämme erinnert. Wie die Erzählung der Genesis, so lassen auch die Babylonier und Phönizier die Welt aus Wasser entstehen; der Geist, der in den Gewässern sich regt, die einen aufwärts, die anderen niederwärts treibt, und so zwischen Himmel und Erde eine Scheidewand gründet, ist dem alten Testamente der über den Wassern schwebende Gottesgeist, während den übrigen Semiten jene chaotischen Gewässer selbst als belebt gelten. Daher jene abergläubische Verehrung des Wassers und seiner Wunderkräfte, die uns vielleicht schon bei den Essenern, sicher bei den Mendaiten (oder den

16) Haer. I, 30, 15. Vergl. *Theodoret.* Haer. fab. I, 14: καὶ τὴν πολύπλοκον δὲ τῶν ἡμετέρων ἐντέρων θέσιν τοῦ ὄφεως περιειλῆσθαι τὸ σῶμα, δεικνῦσαν τὴν ζωογόνον σοφίαν τοῦ ὄφεως.

sogenannten Johannesjüngern), bei den Elkesaiten u. a. Parteien begegnet. Sofern nun das Wasser durch seine ununterbrochene Bewegung alles Lebendige aus sich erzeugt, dient es als passende Bezeichnung der Weltseele, welche als das zwischen der oberen und unteren Welt vermittelnde Princip in ewigen Schlangenwindungen von Oben nach Unten und wieder von Unten nach Oben sich krümmt und dadurch alle Dinge mit einander verknüpft. Als Weltseele ist daher die Schlange den Naassenern identisch mit dem unter den verschiedensten Gestalten angebeteten und in allen lebendigen Wesen sich offenbarenden Adamas oder υἱὸς ἀνθρώπου. Aber wie aus der ursprünglichen chaotischen Mischung Oberes und Unteres, Geistiges und Materielles, Unvergängliches und Vergängliches hervorgeht, so gehört auch der zwischen beiden hin und her sich windende Schlangengeist dem Einen wie dem Anderen an; wendet er sich der unteren Mischung zu, so entsteht die vergängliche Geburt, richtet er sich im aufwärtsfließenden Strome nach Oben, so erzeugt er Unsterbliches und Geistiges. Noch bestimmter ist diese Doppelseitigkeit ausgeprägt in der Lehre der Peraten. Wir bemerkten schon, daß die babylonische Thalatth von ihnen nach griechischer Etymologie auf das Meer bezogen und dieses als das Princip aller lebendigen Bewegung im Chaos betrachtet wird. Aber seinem chaotischen Ursprunge gemäß ist das Wasser das Verderben, dem keine von den vergänglichen Creaturen entrinnen kann, es sei denn, daß es ihnen gelungen, beim Auszuge aus Aegypten oder der Körperwelt hindurchzudringen durchs rothe Meer, d. h. dem Wasser des Verderbens, welches Kronos ist, oder der Vergänglichkeit und dem Werden zu entrinnen. Wie Kronos, der Unglücksplanet, die Ursache des Verderbens für alle unter seiner Herrschaft stehende Creatur, so sind überhaupt die Sterne oder Planeten der vergänglichen Geburt als die Götter des Verderbens gedacht, welche Alles, was entsteht, der Nothwendigkeit unterwerfen. Sie sind die Wüstenschlangen, von denen Moses spricht, welche alle durch das rothe Meer Hindurchgedrungenen stechen und verderben, aber mit den Göttern des Verderbens ist auch der Gott des Heils in der Wüste, denn Moses hat hier die wahrhaftige und vollkommene Schlange erhöht, um Alle, die an sie glauben, vor den Bissen der Wüstenschlangen, d. h. den Nachstellungen der dämonischen Mächte zu retten. Diese allvollkommene Schlange, welche allein das Heil bringt, ist dieselbe, welche in den Tagen des Herodes in Menschengestalt erschien, und am Kreuze erhöhet ward, wie von Moses die eherne Schlange in der Wüste. Die Peraten finden sie wieder in dem in eine Schlange verwandelten Zauberstabe des Moses, mit welchem dieser in Aegypten die Schlangen der Magier, die Götter des Verderbens zu Schanden macht, aber derselbe καθολικὸς ὄφις ist auch das weise Wort der Eva, das Geheimniß Edem's, der Strom aus Edem, das dem Kain aufgeprägte Zeichen, das ihn überall kenntlich macht, damit Niemand ihn tödte. Dieser Kain ists, dessen Opfer der Gott dieser Welt nicht annahm, während er am blutigen Opfer des Abel seine Freude fand.

Auch Joseph, der von seinen Brüdern Verkaufte, der allein ein buntes Kleid trug, Esau, dessen Kleid gesegnet ward, ob er gleich nicht dabei war, und da draußen reich ward auch ohne den blinden Segen, Nimrod, der gewaltige Jäger vor dem Herrn, das überall am Himmel sichtbare Sternbild des Drachen, sind ebenso viel Typen dieser vollkommenen Schlange. Sie ist die große ἀρχή, der Logos, welcher im Anfange und in welchem das Leben war, in ihm ist Eva geworden, die Mutter alles Lebendigen, die gemeinsame Natur von Göttern und Engeln, von Unsterblichen und Sterblichen, von vernünftigen und vernunftlosen Wesen, Nichts im Himmel und auf der Erde und unter der Erde ist ohne die Schlange geworden, deren Abbild, das große Sternwunder am Himmel sich windet, und die ἀρχή jeglicher Bewegung für alles Entstandene ist (Phil. V, 16). Wie die fleißige Benutzung der Phänomena des Aratos zeigt, und durch die dankenswerthe Arbeit Barmann's[17]) auch im Einzelnen nachgewiesen ist, bewegt sich diese Peratenlehre mit Vorliebe innerhalb hellenischer Vorstellungskreise. Barmann hätte noch hinzufügen können, daß auch der Logos als Weltseele der Stoa gehört, aber die Schlange als Symbol des Guten und Bösen ist den Peraten sicher ebenso wenig zunächst von den Griechen her bekannt geworden, als überhaupt der auch hier überall durchblickende zerfahrene Synkretismus für die ursprüngliche Gestalt der Ophitenlehre geachtet werden kann. Im Hintergrunde dieses westöstlichen Mythengewirrs, jenes tollen Durcheinanders griechischer, phrygischer, persischer, ägyptischer Elemente steht doch immer wieder der semitische Volksgeist, als der feste Stamm, freilich rings bedeckt und überwuchert von üppigen Rankengewächsen aller möglichen Zonen. Vom Judenchristenthume ging diese Gnosis aus, die, so lange sie in der ursprünglichen Heimat sich ausbreitete, empfänglich blieb für die Naturreligionen der blutsverwandten und benachbarten Semiten, aber vom griechischen Geiste nur sehr wenig und oberflächlich berührt ward. Nur da, wo das Judenthum, losgerissen von dem heimischen Boden, mitten unter hellenische oder hellenisirende Einflüsse sich verpflanzt sah, verlor es, wie jener Antäos der Sage, die Widerstandskraft gegen das fremdartige griechische Element, während in der Heimat jenes dem Hebräer im Grunde durchaus antipathische Griechenthum oft unter heftigen Krämpfen und Zuckungen, wie ein in das Blut gedrungener fremdartiger Körper, wieder ausgeschieden ward. Man muß sich auch bei der Geschichte der gnostischen Systeme immer vergegenwärtigen, was als eine große culturgeschichtliche Thatsache aus dem Dämmerlichte jener Jahrhunderte immer klarer hervortritt, daß das Hellenenthum im Oriente, wenn auch zahlreiche und berühmte, doch immer nur vereinzelte Bollwerke besaß, die, wie ein Keil in eine durchaus anders geartete Bevölkerung hineingetrieben, für den oberflächlichen Blick den Schein einer

17) In der mehrfach citirten Abhandlung in Niedner's Zeitschrift 1860, 2. S. 218—257: Die Philosophumena und die Peraten.

vollständigen Gräcisirung erwecken, während in Wahrheit jene orientalischen Nationalitäten, obwol an allen Orten durchsetzt und durchrissen von den ausheimischen Eindringlingen, doch wenigstens auf religiösem Gebiete die alte Zähigkeit ihrer Natur auch in jenen Zeiten der buntesten Völkermischung behaupteten. Nur die Küstengegenden wurden mehr oder minder gräcisirt, im Binnenlande dienten griechische Pflanzstädte und Festungen, meist an wichtigen Knotenpunkten des Handelsverkehres gegründet, als Hochwachten hellenischer Bildung und Literatur, aber zumal im östlichen Syrien finden wir oft wenige Stunden von einer griechischen Colonialstadt entfernt eine durchaus gegen hellenisches Wesen sich abschließende Bevölkerung, reich und blühend wie jene und doch lediglich in den uralten heimischen Erinnerungen lebend. Nur wo Semiten unter Griechen, noch häufiger wo Griechen unter Semiten sich ansiedeln, treffen wir jenen bunten Ideentausch an, welcher alle concreten Gestalten verwischt und die entgegengesetzten Elemente in einen heute fast unentwirrbaren Knäuel zusammenballt. Allenthalben sind, wenn wir von den mehr oder minder vergriechten Juden Alexandriens absehen, die Griechen die Träger des Synkretismus im Oriente; sie nehmen von den Semiten, nicht diese von jenen, bereitwillig das Fremdartigste und Entlegenste auf. Das Christenthum hat diese in der Volksnatur überhaupt begründeten Eigenthümlichkeiten nicht zu vertilgen vermocht. Von den Juden kommt es zu den Griechen, und wird erst unter diesen zur Weltreligion, wo es im Osten unter den Semiten Wurzel schlägt, bleibt es national gefärbt, hier als zäher jüdischer Particularismus, dort als theilweise kaum noch erkennbare Mischung mit uralt semitischer Naturreligion. Nur wenn man sich diese großen geschichtlichen Zusammenhänge vor Augen hält, wird man im Stande sein, eine Erscheinung, wie der Gnosticismus ist, bis in ihre letzten Wurzeln zu verfolgen. Jenes an alles Mögliche sich heftende Mythengemisch, das die Naassener und Peraten der Philosophumena vorführen, ist nicht die älteste, sondern eine spätere, vergriechte und verschwommene Gestalt; und so gewiß jener Synkretismus unter den Hellenen weit älter ist als der Ursprung der Gnosis, so gewiß haben die der semitischen Heimat entsprungenen Systeme der Gnostiker doch erst allmählich und Hand in Hand mit ihrer räumlichen Ausbreitung mit griechischen Vorstellungskreisen sich tiefer befreundet. Auch bezüglich der Ophiten hatte **Kurtz** ganz Recht, wenn er in der ersten Auflage seines Handbuchs bemerkte, was nach Irenäus ohnehin vor aller Augen liegt, im Vergleiche mit dem verwandten Systeme Valentin's trete hier das hellenische Element hinter dem orientalischen zurück, und wenn ihn **Barmann** belobt, daß er in der neuen Auflage diese Sätze gestrichen habe, so ist diese Streichung nicht von „Rechtswegen," sondern nur aus Mangel an gründlicher Sichtung der Quellen geschehen. Von der weisen Nutzanwendung, die **Barmann** hinzufügt, „dieser Fall werde jeden Forscher an die bei der Lückenhaftigkeit der Quellen nothwendige Besonnenheit des Urtheils erinnern," hätte zunächst er selbst das Beste profitiren können, wenn er, statt die Lückenhaftigkeit unserer Quellen zu beklagen, lieber ihr gegenseitiges Verhältniß zu einander mit größerer Besonnenheit abwog.

Der Lehre der Peraten wie der Naassener fehlt es, wenigstens wie sie in den Philosophumena vorliegt, an allen scharf gezeichneten Umrissen; an die Stelle des mythologischen Elementes tritt die Mythendeutung, die in der ganzen Welt nach verwandten Ideen herumsucht, in dem Fernsten und Entlegensten das Gemeinsame mit Vorliebe verfolgt, aber eben dadurch zugleich den Sinn für die Unterschiede der Dinge verliert. Der eigentliche Knochenbau des Ophitischen Systemes kann aus dieser Darstellung durchaus nicht entwickelt werden bei aller dankenswerthen Bereicherung unserer Kenntniß in einzelnen Punkten; überall, wo man näher zusieht, haben diese Naassener und Peraten der Philosophumena die schon aus Irenäus und Epiphanios bekannte Ophitenlehre zu ihrer Voraussetzung. Eine verständige Benutzung der neuen Quelle wird vieles Einzelne jetzt in ein helleres Licht zu setzen vermögen, es wird ihr aber nicht beikommen, die bisherige Darstellung über den Haufen zu werfen. Dies gilt namentlich auch von der Stellung, welche die Schlange in diesen Systemen einnimmt. Die älteste, weil auf jüdischem Boden erwachsene Vorstellung bleibt die, welche die Schlange mit dem Teufel identificirt, als die Vertreterin des, wenn auch bisweilen wider Willen in den Dienst des Guten gezwungenen, doch von Haus aus hylischen, also bösen Princips. Diese ältere Form begegnet uns ebenfalls noch in den Philosophumena wieder, nicht blos in der Lehre des Gnostikers Justin, sondern etwas anders gewendet, auch bei den **Sethianern** (Phil. V, 19). Die alten kosmogonischen Mythen spielen auch hier herein. Die ursprünglichen Gegensätze sind das obere Licht und die untere Finsterniß; in der Mitte steht der reine ungemischte Geist (*πνεῦμα ἀκέραιον*) als die eigentlich weltschöpferische Potenz, dieses Pneuma ist aber nicht wie ein Windstoß oder wie ein kaum zu spürender Lufthauch, sondern wie ein unbeschreiblicher Wohlgeruch, der sich auf wunderbare Weise überall hin verbreitet. Wie bei den Basilidianern, von denen Pseudoorigenes erzählt, bringt diese *εὐωδία* des Geistes den Glanz des Lichtes ohne materielle Berührung in die untere Welt. Die Finsterniß aber ist *ὕδωρ φοβερόν*, nicht ohne Bewußtsein, sondern durchaus verständig, sie weiß, daß sie ohne das Licht wüste, glanzlos, lichtlos, kraftlos, thatlos und ohnmächtig bleibt, daher müht sie sich mit aller Kraft, den Lichtstrahl (*τὸν σπινθῆρα τοῦ φωτός*) mit dem Wohlgeruche des Geistes an sich zu ziehen und an sich zu fesseln. Aus der Wechselberührung dieser drei *ἀρχαί* entsteht die unendliche Mannigfaltigkeit endlicher Dinge. Das schreckliche, dunkle, bittere, schmutzige Gewässer der unteren Welt (*ὕδωρ φοβερόν, σκοτεινόν, πικρόν, μιαρόν*) ist das in wilder, ungeregelter Bewegung tosende Chaos; sein erstgeborenes Princip ist ein gewaltiger heftiger Wind, die Ursache aller endlichen Geburt[18]). Dieser Wind ist dem

18) Phil. V, 19. p. 141 ed. Oxon.: *γέγονεν οὖν ἐκ τοῦ*

Zischen einer Schlange vergleichbar, daher selbst ὁ ὄφις genannt, der chaosgeborene Schlangendämon (Jaldabaoth, hier mit Ophiomorphos ohne Weiteres identificirt[18]), von welchem alle endliche Geburt ihren Anfang nimmt. Als nun das Licht und das Pneuma ergriffen und von dem unreinen und unheilvollen Mutterleibe gefesselt war, so geht die Schlange, der Wind der Finsterniß, der Erstgeborene der Gewässer in sie ein, und erzeugt den Menschen, der als der Träger des pneumatischen Elementes von der unreinen μήτρα über Alles geliebt wird. Dieser in dem Menschen gestaltete pneumatische Same in der unteren Welt ist der vom Weibe geborene Mensch oder Verstand, selbst ein vollkommener Gott, aus den Wassern, dem Wohlgeruche des Pneuma und dem Lichtglanze entstanden, das Salz des Entstehenden, das Licht der Finsterniß, aber er strebt nach Erlösung aus den Banden des Leibes und kann sie nicht finden, bis der vollkommene obere Logos des Lichts dem Thiere der Schlange sich ähnlich macht, in die unreine μήτρα eingeht, sie durch die Thierähnlichkeit täuscht, um die Fesseln zu sprengen, die den vollkommenen νοῦς. den in Unreinigkeit der μήτρα von dem Erstgeborenen des Wassers, der Schlange oder dem Winde Erzeugten umschlingen. Diese Schlangengestalt ist die Knechtsgestalt, die der Logos, der vollkommene Mensch, annehmen muß, um einzugehen in die μήτρα der Jungfrau und die Wehen der Finsterniß zu lösen; aber nachdem er eingegangen ist in die schmutzigen Mysterien der μήτρα, ward er abgewaschen und trank den Becher lebendigen Wassers, den Alle trinken müssen, welche die Knechtsgestalt ablegen und das himmlische Kleid darüberziehen wollen[19]). Diese ganze Darstellung, die schon früher theilweise herbeigezogen werden mußte, erklärt sich nur im Zusammenhange der früher besprochenen syrisch-chaldäischen Mythenkreise. Die Bedeutung des Windes als kosmogonischer Potenz ist aus den von Damaskios mitgetheilten Kosmogonien der Phönikier sicher[20]). Auch nach der „Kosmogonie des Taautos" bei Philon Byblios ist, wie schon früher bemerkt, der Anfang des Alls eine finstere und stürmisch bewegte Luft oder ein Wehen finsterer Luft und trübes abgrundlich dunkles Chaos. Die רוח אלהים, welche nach Gen. 1 über den chaotischen Wassern webt, ist nur die theistische Wendung des in jenen Kosmogonien hylozoistisch gearteten Gedankens. Dagegen ist wol der bewußte und active Gegensatz, in welchem die Finsterniß oder das Chaos von Anfang an dem Lichte gegenübersteht, aus einer Schärfung des altsemitischen Dualismus durch irgend welche, sei es directe, sei es indirecte Einflüsse des Parsismus hervorgegangen.

Eine kosmogonische Bedeutung kommt nun nach obiger Darstellung auch der Schlange bei diesen Sethianern zu, und hierin zeigt sich eine Weiterbildung der zunächst noch ganz auf die alttestamentliche Religionsgeschichte beschränkten Lehre der Ophiten bei Irenäus. Die Schlange ist die Personification des Chaos, sofern es in wilder Gährung von Anfang an mit dem Lichte, dem Principe des Geistes und aller vernünftigen Ordnung im Kampfe liegt und doch im ewigen Gestaltungsdrange des Lichtes von Oben nicht entbehren kann; sie ist also allerdings schon als das im Wasser webende, auf und nieder sich bewegende, demiurgische Princip, oder als die Weltseele gedacht, aber als die böse Weltseele, als die dem göttlichen νοῦς, dem nach Oben zurückstrebenden Lichtfunken feindselig gegenübertretende und ihn wider Willen in der unteren Welt zurückhaltende Macht. In sofern bildet dieses, wie die Logoslehre und die verschiedenen Spuren Epikuräischer Atomistik verrathen, übrigens auch bereits hellenisirte System das Mittelglied zwischen den Ophiten des Irenäus und den Naassenern und Peraten des Pseudoorigenes. Dem hylischen Schlangendämon der Sethianer, als der demiurgischen Macht, welche den Geist wider Willen an die Materie bindet, entsprechen bei den Peraten die Schlangen der Wüste, die Götter der vergänglichen Geburt. Auch ihnen ist das Wasser, als Princip des physischen Lebens, die Vergänglichkeit, das rothe Meer, durch welches ein echter Περατικός hindurchdringen muß, aber wenn er hindurchgedrungen zu sein wähnt, beginnt derselbe Kampf in der Wüste aufs Neue. Wie aber nach den Sethianern Christus, um die Macht der Schlange zu brechen, selbst in Schlangenhülle sich kleiden muß, so ist hier Christus, der Logos selbst, die katholische Schlange, als das überall wirkende geistig-göttliche Princip, das nur in Jesus, dem am Kreuze Erhöhten, sich concentrirt, um die Macht der feindseligen Gestirne zu brechen. Ist dort der Körper des Schlangenthieres nur der Stand der Erniedrigung, die Knechtsgestalt, die der Erlöser annimmt, um die Knechte zur Freiheit zu führen, so tritt hier die wahre Schlange der falschen gegenüber, nicht blos bei der Erlösung, sondern bei den verschiedensten Anlässen, vom Baume der Erkenntniß im Paradiese an, immer aufs Neue in der alttestamentlichen Religionsgeschichte; nicht minder in der äußeren Natur, als das wohlthätige, Licht und Leben spendende Gestirn, gegenüber dem verderblichen Saturn und den anderen heillosen Planetengeistern; sie erscheint in der gewundenen Form unserer Eingeweide und des kleinen Gehirns, und auch sonst noch vielfach z. B. in der hellenischen Mythe. So wird endlich auch die Schlange als die gute und vernünftige Weltseele rehabilitirt, und so konnten nicht blos jene Ophiten des Epiphanios ihr einen eigenen Cultus weihen, sondern auch die Naassener, von denen Pseudoorigenes spricht, den Naas in allen Heiligthümern, Weihen und Mysterien erblicken. Wie sie vom Chaos zum Himmel erhoben ist, so ist aus dem bösen, heimtückischen Dämon ein himmlischer König geworden, den nach dem Zeugnisse des Irenäus Einige mit der Sophia, Andere, wie wir jetzt aus den Philo-

---

ὕδατος πρωτόγονος ἀρχὴ ἄνεμος σφοδρὸς καὶ λάβρος καὶ πάσης γενέσεως αἴτιος. Βρασμὸν γάρ τινα ἐμποιεῖν τοῖς ὕδασιν ἀπὸ τῶν ὑδάτων διεγείρει κύματα.

19) a. a. O. p. 141—143 ed. Oxon. Vergl. Phil. X, 11. p. 316—318. Die oben gegebene Darstellung beruht zum Theil auf einer Combination der beiden Berichte, von denen namentlich der erstere einen sehr lückenhaften Text bietet. 20) Vergl. über die (Sidonische) Kosmogonie des Eudemos und über die sogenannte Mochloskosmogonie Bunsen, Aegypten a. a. O. S. 234 fg.

sophumena wissen, mit dem Urmenschen der Lichtregion, oder nach griechischer Vorstellungsart mit dem göttlichen Logos identificirten. Doch auch diese Wendung der Ophitenlehre stammt ursprünglich aus dem Oriente. Schon die Aegypter kannten neben den giftigen Schlangen des Verderbens auch eine unschädliche Schlangenart, die man in Häusern und Tempeln unterhielt, und neben Kakodämon-Typhon, dem herabgekommenen Seth, der als verderblicher Unhold im erstickenden Gluthwinde der Wüste sein Wesen treibt, steht Agathodämon-Kneph, die vernünftige Weltseele, sein Zeichen ist ein Kreis, in der Mitte eine habichtförmige Schlange, zur Darstellung des Kosmos. Auch die Phönikier kannten den Agathodämon, die Schlange mit dem Sperberkopfe, den Weisesten unter den Weisen, wie Philon von Byblos berichtet (*Eus.* P. E. I, 10. p. 41 c); nach der chaldäisch-persischen Sage ist er „der erste Unsterbliche, ewig, ungeboren, untheilbar, nur sich selbst gleich, der Lenker aller guten Dinge, unbestechlich, der Beste der Besten, der Weiseste der Weisen, der Vater der gesetzlichen Ordnung und Gerechtigkeit, nur durch sich selbst belehrt, der Naturgesetze kundig, von vollkommener Einsicht, alleiniger Erfinder der heiligen Naturlehre" 20a)). Auch den Phönikiern ist die kreisförmig in sich zurückkehrende Schlange wie den Aegyptern Symbol des Himmels oder der Welt 20b)). Taaut-Hermes, den die Aegypter Thoyt, die Alexandriner Thot nennen, wie Philon erzählt, mit seiner Hieroglyphe, dem gewundenen Buchstaben Thet, ist der Himmelhöchste, der sich mit Astarte zeugend vermischt, aber auch der schrifterfindende Ophion der Orphiker, der Gott der Intelligenz und als solcher der Rathgeber des Demiurgen Kronos-El. Darum ward, wie Philon seinen Sanchuniathon weiter berichten läßt, in den heiligen Schriften die Schlange vergöttert, und Phönikier wie Aegypter folgten darin nach (*Eus.* P. E. l. c. p. 41 a—42 b; vgl. Movers Phönizier I, 500 fg.). Die Schlange als unter allen Thieren das geistigste und schnellste, in den mannigfaltigsten Krümmungen sich weiter bewegende, deren lange Lebensdauer sogar die Meinung ihrer Unsterblichkeit erzeugte, konnte eben als Sinnbild der Lebenskraft und gleicherweise alles höheren Wissens dienen, wobei es an sich ebenso möglich war, dieses schlangenförmig durch Alles sich hindurchwindende Lebensprincip auf das höhere oder auf das niedere Dasein zu beziehen, die sprüchwörtliche Schlangenklugheit und Intelligenz zum Guten oder zum Bösen ausschlagen zu lassen. So stehen wir auch hier wieder auf echt orientalischem Boden, wol schwerlich von den Aegyptern unmittelbar, sondern daher, von wannen die übrigen kosmogonischen Lehren stammen, aus dem vorderasiatischen Mythenkreise entnahmen die Gnostiker ihren Schlangendämon, der die gute oder böse Weltseele bedeutete. Mit dem, was die hebräische Ueberlieferung dem Judenchristen bot, verknüpften sich beim Fortschritte der Gnosis immer enger und enger die Mythen des heimischen Heidenthums, bis der erweiterte Horizont unter allen bekannten Völkern der Welt, den vielseitigen und längst in morgenländische Mysterien eingeweihten Griechen zumal, immer neue Lichter auf die längst geläufige Ideenwelt fallen ließ. Homer, Hesiod, Pindar, Aratos und die Orphiker, aber auch Pythagoras, Platon, Aristoteles, die stoischen und die Epikuräischen Lehren wurden jetzt ebenso reichhaltige Fundgruben für die gnostische Speculation, wie von Anfang an das alte und neue Testament und die Mythenkreise des vorderen Asiens, und in vielen dieser Systeme hat das hellenische Element die ursprüngliche Grundlage dermaßen verdunkelt, daß die Kritik lange Zeit schwanken konnte, ob nicht die griechische Cultur die Mutter, Alexandrien das Heimatland der Gnosis gewesen sei.

Von den hier festgestellten Gesichtspunkten aus wird der **innere Entwickelungsgang** der gnostischen Meinungen wenigstens in allen seinen Hauptmomenten mit sicheren Zügen sich zeichnen lassen, und zugleich möchte die so viel verhandelte Streitfrage nach der **Eintheilung** der Gnosis auf dem einfachsten Wege entschieden werden. Man hat eben hier auch Nichts zu thun, als sich in den Strom der geschichtlichen Entwickelung hineinzustellen, und mit Zurückstellung aller von Außen herzugebrachten Schematismen lediglich die Wendepunkte zu fixiren, welche aus dem inneren Gange der Sache selbst sich ergeben.

Von den bisherigen Eintheilungsversuchen der gnostischen Systeme hat noch keiner allseitig genügt, obwol jeder ein wesentliches Moment für die Geschichte der Gnosis ins Auge faßte. Bekanntlich war es **Neander**, der zuerst das Verhältniß der Gnostiker zum Judenthume zum Ausgangspunkte nahm, und demgemäß zwischen Secten, die dem Judenthume sich anschließen, und Secten, die dasselbe bekämpfen, unterschied. Indem ihn bei dieser Anordnung die verschiedene Stellung des Demiurgen oder des Judengottes, bald als eines beschränkten, aber doch der göttlichen Ordnung freiwillig sich fügenden, bald als eines feindseligen, dem pneumatischen Principe widerstrebenden Wesens leitete, vertheilte er die gnostischen Parteien unter beide Classen, wobei ihm jedoch beim Systeme des Basilides begegnete, daß er mit der Unterbringung desselben in Verlegenheit kam. Bedenklicher war, daß durch diese Vertheilung eng Zusammengehöriges auseinandergerissen werden mußte, während sehr verschiedenartige Systeme in eine Reihe zu stehen kamen. Wenn Basilides unter die judaisirenden Gnostiker gezählt ward, so traten seine späteren Anhänger in die entgegengesetzte Classe hinüber; ebenso gehörten die Valentinianer in die erste, die Ophiten in die letztere Reihe, obwol zwischen beiden eine weit nähere Verwandtschaft besteht, als zwischen den in eine Classe gesetzten Ophiten und Markioniten. Daher gingen **Gieseler** und **Matter** von

---

20a) Auch bei den Ssabiern in Haran, deren zähe Behauptung des alten syrischen Heidenthums durch die verdienstlichen Forschungen **Chwolsohn's** allseitig ins Licht gesetzt ist, steht Agathodämon neben Hermes als hochgefeierter Prophet, der ihnen die Erkenntniß der Götter und alle Lehren ihrer Religion überliefert haben soll. Der Name ist natürlich ebenso wie bei Philon von Byblos gräcisirt. Vergl. **Chwolsohn**, Ssabier I, 685 fg. 792.

20b) Außerdem waren bei den Ssabiern auch die Tempel der ersten Ursache oder ersten Vernunft, der Weltordnung und der Seele. Vergl. die Quellenberichte bei **Chwolsohn** a. a. O. II, 381, vergl. 367. 446.

anderen Gesichtspunkten aus. Sie bemerkten den Unterschied, der im Allgemeinen zwischen den hellenistischen und den orientalischen Systemen bestand; bei gemeinsam dualistischer Grundlage überwiegt doch dort die pantheistisch-emanatistische Richtung der Speculation, während hier ein strengerer Dualismus an die Lehre Zoroaster's erinnert. Dies führte auf die Scheidung einer alexandrinischen und einer syrischen Schule, aber bei der Eigenthümlichkeit des Markionitischen Systems hielt man sich berechtigt, dieses als eine dritte, kleinasiatisch-römische Schule hinzuzufügen. Aber eben dadurch ward der innere Eintheilungsgrund durch einen der Sache selbst durchaus äußerlichen verdrängt, Markion hätte den auch sonst verwandten Syrern zugesellt werden müssen, und doch lehrte andererseits ein ganz richtiges Gefühl, daß Markion von allen übrigen Gnostikern sich wesentlich unterscheidet. Aber auch abgesehen davon genügt diese Eintheilung nicht. Basilides und Saturnin, die Ophiten und Bardesanes werden naturwidrig getrennt, während doch Alle, wie wir erkannten, gleicherweise in Syrien zu Hause sind. Neander suchte darum in der Kirchengeschichte durch allerlei Unterabtheilungen zu helfen; allein indem er jetzt seine frühere Gruppirung mit der von Gieseler und Matter vorgeschlagenen verband, kam eine nicht blos künstliche und verwickelte, sondern auch in den leitenden Gesichtspunkten unklare Scheidung heraus. Dagegen hielt Baur den Unterschied zwischen emanatistischen und schroffer dualistischen, ägyptischen und syrischen Systemen zwar für eine immerhin beachtenswerthe Modification, aber ohne Einfluß auf das festzuhaltende Grundverhältniß. Getreu seiner Anschauung, nach welcher die Gnosis Religionsphilosophie oder vergleichende Religionsgeschichte ist, versucht er aus dem aufgestellten Begriffe die der Sache nach möglichen Formen der Gnosis zu entwickeln. Eintheilungsgrund war ihm das Verhältniß, in welchem die drei Religionen, Heidenthum, Judenthum und Christenthum, zu einander stehen; je nachdem zwischen dem Christenthume auf der einen, den vorchristlichen Religionen auf der anderen Seite ein engerer Anschluß oder ein schärferer Gegensatz stattfindet, ergeben sich so zwei Hauptclassen der Gnosis, die sich bei näherer Betrachtung zu dreien erweiterten, sofern auch Christenthum und Judenthum enger zusammengefaßt und beide gemeinsam dem Heidenthume entgegengesetzt werden. Die zweite Form fand Baur durch Markion, die dritte durch die Clementinischen Homilien vertreten; alle übrigen Systeme zählte er der ersten zu. Riedner ergänzte dieses Schema, indem er auch die Christenthum und Heidenthum identificirenden Karpokratianer noch in Betracht zog, die Baur als völlige Indifferentisten kaum noch für christliche Gnostiker, wenn überhaupt noch für Gnostiker geachtet hatte. So ergab sich als Eintheilungsgrund der philosophische Begriff vom Christenthume überhaupt, oder von dem Verhältnisse seiner Offenbarung zur vorchristlichen Welt; entweder ist es der Höhenpunkt aller Religion, doch so, daß auch die vorchristliche Zeit des göttlichen Pneuma nicht völlig entbehrt, oder es ist die schlechthin neue und alleinige Gottesoffenbarung, losgerissen von allem geschicht-

lichen Weltzusammenhange, oder drittens, es ist im Sinne des absoluten Synkretismus völlig identisch, sei es mit dem echten Judenthume oder dem echten Heidenthume. Stand aber die letztere Classe nach Riedner's eigenem Geständnisse an der äußersten Grenze des Christenthums, so mußte bei aller Anerkennung eines gewissen fließenden Unterschiedes zwischen christlicher und heidnisch-synkretistischer Gnosis dennoch die Frage entstehen, ob nicht der Begriff der christlichen Gnosis zusammenfällt, sobald man, wie die Karpokratianer thaten, aufhört, das Christenthum wirklich als die absolute Offenbarung, also als den Wendepunkt der Weltgeschichte zu betrachten. Die Clementinischen Homilien stehen hier noch anders als die Karpokratianer; ihnen ist das Christenthum, wenn auch mit dem echten Judenthume identisch, doch immer die neue und vollkommene Offenbarung, welche die Urreligion des wahren Propheten zur ursprünglichen Reinheit zurückführt. Allein, wie früher gezeigt worden ist, vermögen wir auch die Clementinen nicht unter die eigentlich gnostischen Systeme zu rechnen. So bleibt uns nur noch Markion als besondere Kategorie, während alle übrigen Systeme ohne weitere Scheidung in eine Classe zu stehen kommen; eine Eintheilung, die nicht blos, wie Weiße urtheilt, unbequem, sondern vor Allem darum nicht ausreichend ist, weil sie uns keinerlei Einblick in die Genesis der großen Masse der gnostischen Systeme verschafft. Von einer und derselben Kategorie müssen sich hier alle jene Systeme umspannen lassen, für welche Gieseler und Matter die Unterscheidung einer emanatistischen und dualistischen, oder einer ägyptischen und syrischen Gnosis in Gang brachten. Schon Riedner fühlte diesen Mangel, und suchte in dem großen unterschiedslosen Haufen dadurch einige Ordnung zu schaffen, daß er noch anderweite Theilungsgründe zu Hilfe nahm. Die fundamentale und universale Eintheilung, unter welche alle gnostischen Systeme fallen, soll das Verhältniß zwischen Gnosis und Pistis betreffen, als dem Scheidepunkte gnostischer und katholischer Fundamentallehre (Kirchengeschichte S. 223). Hiermit ist unstreitig der Nerv der Sache getroffen; und wenn wir oben versuchten, aus eben diesem Grundverhältnisse alle Haupteigenthümlichkeiten der „häretischen" Gnosis zu entwickeln, so wird die Anwendung desselben auf die verschiedenen Formen der Gnosis den letzten Probirstein abgeben müssen für die Richtigkeit des aufgestellten Principes. Nur wird sich freilich schwerlich behaupten lassen, daß die Ergebnisse, zu denen Riedner schließlich gelangt, bereits allen Ansprüchen genügten. Indem er „beide Grundverhältnisse" zusammenfaßt, zwischen Pistis und Gnosis, oder Psyche und Pneuma auf der einen, zwischen christlicher und nichtchristlicher Religion auf der anderen Seite, scheidet er einen pantheistischen, moralischen und praktischen Pneumabegriff, von denen der erste mit großem Aufwande speculativen und historischen Wissens das Christenthum als vollkommenste, der zweite, ohne jenes zweierlei Wissens zu bedürfen, es als ausschließliche Offenbarung setzt, während der dritte es darstellt als die im Deismus stets vorhanden gewesene Religion (S. 224).

Aber abgesehen von dem Schwankenden der gewählten Bezeichnungen, erschwert diese künstliche Zusammenfassung so verschiedener Merkmale aufs Neue den Einblick in das innere Wesen der Sache, und eine nähere Betrachtung zeigt, wie verschiedene, durch keine innere Nothwendigkeit aus einander sich ergebende Momente nur äußerlich an einander gebunden sind. Zur zweiten Classe muß Niedner außer Markion auch die Syrer rechnen, während Basilides die Ophiten und Valentin in die erste zu stehen kommen; indem so im Grunde die Gieseler'sche Eintheilung wiederkehrt, leidet die Niedner'sche Gruppirung zugleich an demselben Gebrechen, innerlich Zusammengehöriges auseinanderzureißen, während Fremdartiges combinirt erscheint. Die Syrer gehören mit den Ophiten sehr nahe zusammen, auch in sofern als ihnen die christliche Zeit durchaus nicht in einem schroff ausschließlichen Verhältnisse zur vorchristlichen steht; eben darum aber trifft auf sie nicht zu, was Niedner bei der Religionenvergleichung als Merkmal der zweiten Classe bezeichnet hat; folglich lehrt auch die geschichtliche Betrachtung, daß der Versuch, die Baur'sche Eintheilung mit der Gieseler'schen in Eins zu setzen, nur gewaltsam und im Widerspruche mit der Natur des Stoffes vollzogen werden kann.

Den letzten Ausschlag gibt auch hier, was gegen die Baur'sche Scheidung bemerkt wurde; auch Niedner gibt uns keinen Einblick in das innere Werden der gnostischen Bewegung, trotz eines sehr bedeutsamen Anlauses dazu in seinen Bemerkungen über das Grundverhältniß von Pistis und Gnosis. Das ists, was wir überhaupt gegen alle bisherigen Versuche erinnern müssen; den geschichtlichen Entwickelungsgang dieser Gnosis von ihren ersten Anfängen an bis zu dem Punkte, wo sie nach erfüllter Mission entweder zu Grunde geht, oder in die katholische Lehre wiedereinmündet, schildern sie uns nicht. Es ist ganz berechtigt, was Baur verlangt, das Wesen der Gnosis begrifflich zu ergründen, und aus der immanenten Dialektik dieses Begriffes die verschiedenen Formen derselben zu entwickeln; aber wir haben es nicht blos mit an sich möglichen Momenten des Begriffes zu thun, die man nur nach logischen Gesichtspunkten gruppiren dürfte, sondern mit der Selbstentfaltung dieses Begriffes im Flusse einer geschichtlichen Bewegung. Und hier gilt zunächst gegen Baur und Niedner zugleich, was schon Hilgenfeld bemerkte: die philosophische Vergleichung der drei Religionen, Heidenthum, Judenthum und Christenthum, ist nicht der Ausgangspunkt, die Stellung der christlichen Gnosis zur jüdischen Religion ist eine wesentlich andere als zur heidnischen; die Auseinandersetzung mit jener ist das Erste und in allen Formen der Gnosis gleicherweise Bedeutsame; die Beziehungen zum Heidenthume kommen nur in zweiter Linie, und durchaus nicht in allen gnostischen Systemen in demselben Maße in Betracht. In sofern eignet sich allerdings die ursprüngliche Eintheilung Neander's auch heute noch am besten dazu, in das Wesen der Gnosis einen Einblick zu verschaffen, nur daß freilich auch diese ihrer entwickelungsunfähigen Gestalt erst entkleidet werden muß.

Man wird mit einem Worte davon absehen müssen, verschiedene Classen der Gnosis in der bisherigen Weise, sei es räumlich oder begrifflich, nebeneinanderzustellen und statt dessen vielmehr die Stadien oder Epochen der gnostischen Bewegung in ihrem geschichtlichen Nacheinander entwickeln müssen, wenn es dabei freilich auch nicht fehlen kann, daß ein der Natur der Sache nach nur als Durchgangsstadium zu betrachtendes Moment sich äußerlich fixirt und obwol bereits durch ein höheres innerlich überwunden, doch zeitlich dem Letzteren noch lange parallel läuft, ja sogar noch mancherlei Wandlungen und Phasen im selbständigen Fürsichsein erlebt.

Es ist Hilgenfeld's Verdienst, diesen allein zum Ziele führenden Weg der historischen Betrachtung zuerst angedeutet zu haben [21]). Wir können, was die von ihm aufgestellten Hauptmomente des gnostischen Processes betrifft, uns nur mit ihm einverstanden erklären, wenn wir auch im Einzelnen Vieles noch anders bestimmen müssen, namentlich was den Anfangs- und Schlußpunkt dieser Geschichte, den Hervorgang der Gnosis aus dem Judenchristenthume und ihr endliches Wiedereinmünden in die katholische Lehre betrifft.

Die Geschichte der Gnosis zerfällt in drei Stadien. Auf dem ersten Stadium bewegt sie sich noch ganz oder doch vorwiegend innerhalb der jüdischen Religionsgeschichte, ihre Aufgabe ist die Auseinandersetzung zwischen Christenthum und Judenthum. Schon hier zeigt sich das Bestreben, das Christenthum als die absolute Religion in den Zusammenhang einer allgemeinen Weltbetrachtung zu stellen, und hieraus erklärt sich die schon so frühe erfolgte Herbeiziehung kosmogonischer Mythen, nicht um die christliche und die heidnische Religion als solche zu vergleichen, sondern lediglich als das dem Orientalen am nächsten sich darbietende Mittel zur Durchführung der gnostischen Grundanschauung überhaupt. Der Gegensatz eines männlichen und eines weiblichen, eines rechten und linken Princips, als ursprünglich kosmogonischer Potenzen, und was sonst noch von mythologischen Anschauungen hiermit zusammenhängt, wird aus dem auch dem syrischen Judenthume längst nicht mehr fremden Vorstellungskreise der vorderasiatischen Heidenwelt herübergenommen, und das eigentlich Neue daran, des Gnosticismus große geschichtliche That, ist nur die Erhebung des kosmogonisch-mythischen Elements zum Träger speculativer Gedanken, zum Anknüpfungspunkte für den phänomenologischen Proceß. Die Weltbildung, Weltentwickelung und Weltvollendung wird zugleich als die Geschichte des Geistes gedacht, der im rastlosen Drange der Endlichkeit sich zu entwinden, mit dem aufdämmernden Bewußtsein der übersinnlichen Welt zugleich zur Erkenntniß seines eigenen unendlichen Gehalts und seiner pneumatischen Abkunft erwacht. Dies ist die γνῶσις, die vom Eintritte des Christenthums in die Welt sich datirt, als der Umschwung des speculativen Bewußtseins, ver-

21) Evangelium und Briefe Johannis S. 66 fg. Clementinische Recognitionen und Homilien S. 298 und besonders Urchristenthum S. 94 fg.

mittelt durch die Offenbarung der absoluten Religion, oder der vollkommenen Erlösung von den Banden der Endlichkeit und der Finsterniß. Die Christen sind hiernach die wahren Pneumatiker, obwol auch unter ihnen ein gradweiser Unterschied in der Erkenntniß besteht; die Gnosis führt sich daher, zunächst noch ohne allen bewußten oder beabsichtigten Gegensatz gegen die historisch-positive Seite des Christenthums ein, dessen absolute Bedeutung für die Welt überhaupt und den Geist insbesondere sie eben begründen will. In ihren ersten Anfängen ist daher zwischen katholischer und außerkatholischer Gnosis noch ein fließender Unterschied, das Verhältniß der γνῶσις zur πίστις ist noch nicht das der wissensstolzen Ausschließlichkeit, sondern nur wie die tiefere Einsicht in Dingen der Religion, welche auch Paulus für die Gereifteren unter den Gläubigen vorbehielt. Aber auch nicht der Gegensatz wider Moses und sein Gesetz ist der Ausgangspunkt dieser Gnosis gewesen; wie die heilsgeschichtliche Betrachtung mit dem Judenchristenthume beginnt, und erst in Paulus zum Heidenchristenthume fortgeht, so ist auch die neue weltgeschichtliche Betrachtung der christlichen Religion auf dem Boden des Judenchristenthums gewachsen. Christianisirte Essener waren die Vorläufer der Gnostiker [22]), und die wenn auch weit späteren Clementinen lassen in ihrer noch ziemlich sicher zu ermittelnden Grundlage einen Rückschluß zu auf die Gedankenwelt, in denen jene Uebergangszeit sich bewegte [23]). Altes Testament und neues Testament bei aller Anerkennung der für die Religionsgeschichte epochemachenden Erscheinung Christi zusammenzufassen, das Christenthum als das wahre und vollkommene Judenthum zu begreifen, ist in diesem Kreise die herrschende Tendenz, die freilich schon damals nur unter theilweiser Abweichung von der jüdischen Sitte sich geltend machen konnte, sei es, daß man echte und unechte Bestandtheile des Gesetzes schied, sei es, daß man die allegorische Auslegung, wie die alexandrinischen Juden pflegten, zu Hilfe nahm. Aber den Eintritt in die eigentlich gnostischen Kreise bezeichnet erst das von Justinus benutzte Baruchbuch und das Auftreten Kerinth's an der Grenzscheide wie es scheint des ersten und zweiten Jahrhunderts. Der kirchliche Standpunkt bleibt noch immer das Judenchristenthum, der hier zuerst uns begegnende Demiurg ist ein pneumatisches Wesen, nicht der Judengott im Gegensatze zum Christengotte, sondern das dienende Werkzeug des Höchsten bei der alten wie bei der neuen Offenbarung, nach Kerinth der oberste unter den Engeln, die im Auftrage Gottes die Weltschöpfung vollbringen. Aber einmal vom höchsten Gotte unterschieden, war er doch immer ein untergeordnetes Wesen, nicht widerspenstig, aber beschränkt an Einsicht und Macht, nach dem Baruchbuche der Erstlerlöste pneumatischer Natur, der Typus der Wiederbringung des endlichen zum unendlichen Geiste. Dem fortschreitenden christlichen Bewußtsein drängt, ebenso wie auf einem anderen Gebiete dem Paulus, auch hier allmählich sich die Nothwendigkeit auf, das Christenthum als die vollkommene Religion vom Judenthume als einer bloßen Vorbereitungsstufe zu scheiden. In dem weitschichtigen Bereiche der in Syrien heimischen Ophitischen Systeme steht hier nächst Menander das System Saturnin's in den ersten Zeiten Hadrian's. Der Judengott ist einer der sieben Planetengeister oder weltschöpferischen Engel, von der höchsten Macht, wie seine Genossen, durch eine weite Kluft getrennt, nicht feindlich gegen den pneumatischen Samen, aber unfähig, aus eigener Kraft die Menschheit nach dem seinen blöden Blicken immer aufs Neue entfliehenden himmlischen Urbilde zu gestalten, bis die obere Macht ihres unbeholfenen Bildes sich erbarmt und einen neuen Lichtfunken niedersendet; dieser wird von den Dämonen bekämpft, ohne daß die Planetengeister zu helfen vermögen, die selbst im fruchtlosen Kriege mit Satan begriffen sind, daher erst die scheinbare Menschwerdung des Herrn den pneumatischen Samen zu seiner Heimat zurückbringt. Es ist dies, wie namentlich aus Epiphanios klar wird, wesentlich die Lehre der durch Irenäus bekannten Ophiten (vergl. auch *Tertull.* De anima c. 23), aber der Demiurg nimmt eine dem Judenthume noch freundlichere Stellung ein, was auch von der dem Saturnin durchaus verwandten, gleichzeitigen Lehre des Syrers Basilides und noch weit später von Bardesanes gilt. Noch die Ophiten, wie Irenäus sie kennt, setzen die demiurgischen und die teuflischen Mächte gegen einander in Spannung, der Judengott Jaldabaoth und der hylische Schlangendämon liegen in ununterbrochenem Streite, aber Ophiomorphos ist nur das düstere Spiegelbild Jaldabaoths, dieser selbst nur ein psychisches Wesen, von Neid, Jähzorn und wilder Herrschsucht bewegt und wie mit den anderen Planetengeistern, seinen Genossen, so auch mit dem pneumatischen Samen fortwährend im Hader, daher die Auflehnung wider sein Gebot einen Fortschritt zum Besseren, die Sendung des Erlösers, die er in blinder Wuth vergeblich zu vereiteln sucht, die Befreiung der Geistesmenschen von seinem Gesetzesjoche herbeiführt. Bei den Kainiten steigert sich diese antijüdische Tendenz bis zur Apotheose aller Gottlosen des alten Testaments. Aber ob im freundlicheren oder im feindlicheren Verhältnisse zur Mosaischen Lehre, ihrer Grundanschauung nach bewegen sich alle diese Systeme noch immer fast ausschließlich innerhalb der Religionsgeschichte des alten Testaments, die Auseinandersetzung zwischen Judenthum und Christenthum bleibt die Alles beherrschende Idee; und wenn wir die räumliche Ausdehnung dieser Gnosis ins Auge fassen, so geht sie nicht über

22) Zu ihnen müssen wir, um von anderweiten Spuren zu schweigen, die Irrlehrer des Kolosserbriefes zählen, während die vielbesprochenen Häretiker der Pastoralbriefe für uns nur eine schon zu entschiedenem Gnosticismus fortgeschrittene Entwickelung desselben essenischen Judenchristenthums sind. 23) Die Clementinischen Homilien sind ihrerseits auf jenem Uebergangsstadium stehen geblieben; in der Blüthezeit des die gemeinchristliche Lehrsubstanz seinen Speculationen opfernden Gnosticismus entstanden, aber ohne zu diesem überzugehen, ja getragen von einer durchaus antignostischen Tendenz, sind sie doch vielfach von gnostischen Ideen berührt, was theils auf die ursprüngliche Grundlage, theils auf die spätere Streitberührung mit den ausgebildeten Systemen der Gnosis zurückzuführen ist.

das westliche und östliche Syrien und die angrenzenden Provinzen Kleinasiens hinaus. Alle ihre Ideen wurzeln im Judenthume, und soweit Heidnisches daneben in Betracht kommt, in der mythologischen Welt des vorderen Asiens, zum Theil unter parsischen Einflüssen. In der fortschreitenden Ausbildung der neuen gnostischen Mythologie ist ein immer stärkeres Einströmen heidnischer Elemente zu bemerken, was im Ganzen und Großen Hand in Hand mit der allmählich sich schärfenden antijüdischen Haltung geht; auch die Anfänge einer tieferen Speculation über die Natur und den Ursprung des Geistes treten, angeregt durch die alten Kosmogonien, in den Aeonenreihen und dem vielgewendeten Mythus von der Achamoth immer deutlicher hervor; aber wie durch alle Speculation der kosmogonische Hintergrund durchschimmert, so überwiegt auch hier noch immer das Bild über den Begriff.

Erst auf dem Boden der hellenischen Welt ward ein weiterer und freierer Gesichtskreis gewonnen. Die Uebersiedelung des Basilides nach Alexandrien, der Metropole griechischer Wissenschaft, bezeichnet auch durch ein äußeres Datum den Eintritt der Gnosis in das zweite Stadium ihrer Entwickelung. Bewegt sie sich auf der ersten Stufe noch fast ausschließlich innerhalb der alttestamentlichen Religionsgeschichte, so zieht sie jetzt die griechische Speculation im umfassendsten Maße in ihren Bereich; der Kreis der weltgeschichtlichen Betrachtung wird immer weiter, die Aneignung philosophischer Ideen immer reicher und fruchtbarer, und erst mit ihrer Hilfe gelingt es, die gnostische Weltanschauung zu einem vollständig durchgebildeten, in allen ihren Theilen wohlzusammenhangenden Systeme zu erheben. Platon, Pythagoras, die Stoiker, theilweise auch Aristoteles und Epikur liefern ihre Beiträge dazu, und je nach dem Einflusse, der dieser oder jener philosophischen Schule eingeräumt ist, gestalten sich auch die gnostischen Systeme verschieden. Bei Valentin überwiegt das Pythagoräisch-Platonische, bei den späteren Basilidianern das stoische Element; aber auch die Naassener, Peraten und Simonianer der Philosophumena stehen mehr oder minder unter Platonischem und vornehmlich stoischem Einflusse, während bei den Sethianern der Platonismus mit Epikuräischer Atomistik sich mischt. Wie sehr auf diesem Stadium der gnostischen Bewegung das Hauptgewicht auf die speculative Seite gelegt ist, zeigt schon die veränderte Stellung von πίστις und γνῶσις. Erst von den hellenistischen Gnostikern gilt im umfassenden Sinne, was früher als das specifische Unterscheidungszeichen der häretischen von der katholischen Gnosis ermittelt ward, die Geringschätzung der gemeinchristlichen πίστις sammt ihrer Bethätigung im praktischen Leben, als des allein den Psychikern zu überlassenden niederen Standpunktes, während das von Natur auserwählte, pneumatische Geschlecht allein durch die γνῶσις erlöst wird. Erst bei Valentin, den Basilidianern, Naassenern und Sethianern des Pseudoorigenes, also durchaus nur in den von hellenistischer Bildung tiefer ergriffenen Kreisen, erscheint der Anfangs nur gradweise Unterschied zwischen πίστις und γνῶσις zu einem metaphysischen Gegensatze zwischen Psychikern und

Pneumatikern geschärft; der von Anbeginn an den Gnostikern innewohnende Trieb zur speculativen Lösung des Welträthsels, welcher auf dem ersten Stadium der Bewegung mit der Ineinssetzung von Christenthum und Judenthum begann, und mit dem schroffsten Antijudaismus endigte, führt auf dem zweiten Stadium, während die Beziehung zum Judenthume in den Hintergrund tritt, zu idealistischer Verflüchtigung der positiv-christlichen Lehrsubstanz, zu einer Verhältnißbestimmung zwischen Glauben und Wissen, welche dem historischen Christenthume ganz dasselbe Schicksal wie dem Judenthume zu bereiten droht. War schon nach den Ophiten das Judenthum die psychische Religion, so ist jetzt auch der historisch überlieferte Christenglaube ebenfalls nur ein psychischer Standpunkt, über welchen der Gnostiker durch speculatives Verständniß sich erhebt [21]). Von Anfang an hatten die Gnostiker das Wesen des Christenthums in die Erkenntniß gesetzt, aber erst jetzt schwingt diese Gnosis im stolzen Selbstbewußtsein sich auch über den gemeinchristlichen Glaubensinhalt empor, und verkündet allein in ihrer Speculation auch den Schlüssel für das Verständniß des Evangeliums zu besitzen. Die christliche Heilsgeschichte wird zum phänomenologischen Processe, die Erlösung aus einer historischen Thatsache von wesentlich ethischer Bedeutung zu dem Wendepunkte in der Geschichte des endlichen Geistes, in welchem ihm das Bewußtsein seiner Unendlichkeit aufgeht. Es ist wahr, dieser speculative Gedanke liegt von Anfang an in den gnostischen Systemen enthalten; aber erst jetzt tritt er, gereift durch die griechische Philosophie, in bewußten und ausgesprochenen Gegensatz zu dem gemeinchristlichen Glauben. Erst jetzt wird auch die allegorische Auslegung, deren Tummelplatz bisher nur die alttestamentliche Religionsgeschichte war, übergetragen auf das neue Testament; die historischen, wie die didaktischen Bestandtheile der neutestamentlichen Schriften werden gleicherweise nur als die durchsichtige mythische Hülle der philosophischen Idee, als die ihrem buchstäblichen Sinne nach bedeutungslosen Träger der gnostischen Speculationen behandelt. Erst jetzt ist daher der Begriff der Gnosis völlig erfüllt, als das absolute, in seiner Unendlichkeit sich selbst erfassende Wissen, dem alle geschichtlichen Thatsachen lediglich als ideelle Momente im Selbstvermittelungsprocesse des denkenden Geistes erscheinen.

Es ist daher nur die andere Seite desselben Entwickelungsganges, wenn auch die freilich noch überall hindurchschimmernden kosmogonischen Potenzen der älteren Gnosis jetzt eine, mit bewußter Klarheit ausgesprochene, philosophische Bedeutung gewinnen. Aeonen und Geisterreihen kannten auch schon die syrischen Gnostiker, aber nur als astrale oder kosmogonische Mächte; jetzt werden auch sie, ebenso wie die Thatsachen der neutestamentlichen Geschichte, zu den verschiedenen Momenten,

21) Auch die Ophiten kannten die Trichotomie in Pneumatiker, Psychiker, Hyliker und reden von Seelen, die aus Jaldabaoth's Substanz und Einhauchung geschaffen sind (*Iren. Haer.* I, 27, 14), aber die Beziehung der Psychiker auf die katholischen Christen ist nirgend bei ihnen bezeugt.

durch welche der unendliche Geist seinen absoluten Inhalt aus sich herausstellt. Es ist dies schon bei dem Basilidianischen Systeme der Fall, das Irenäus uns kennen lehrt. Seine Ogdoas hat Basilides der älteren syrischen Gnosis entlehnt; es sind die sieben Sterngeister Saturnin's, über denen als oberstes, achtes Princip, der ungezeugte Urvater, die eine namenlose und unaussprechliche Gottheit steht; auch die 365 Himmel mit ihrer Symbolik des Sonnenjahres haben noch astrale Bedeutung. Aber statt des Judengottes Jaldabaoth und seiner Genossen erhalten wir hier durchaus nur mythische Personificationen speculativer Begriffe: *νοῦς, λόγος, φρόνησις, σοφία, δύναμις, δικαιοσύνη, εἰρήνη* [24a]). Eine ganz ähnliche Umdeutung kehrt in dem pseudosimonianischen Systeme der Apophasis wieder; neben die alten kosmogonischen Syzygien, Himmel und Erde, Sonne und Mond, Luft und Wasser, treten *νοῦς* und *ἔννοια*, *φωνή* und *ὄνομα*, *λογισμός* und *ἐνθύμησις* (Phil. V, 12. 13). Ebenso verhält sichs mit den Syzygien der Barbelioten, *ἔννοια* und *λόγος*, *ἀφθαρσία* und *Χριστός*, *ζωὴ αἰώνιος* und *θέλημα*, *πρόγνωσις* und *νοῦς* (*Iren.* I, 29, 1). Welche tief speculative Idee in den 30 Aeonen des Valentinus sich ausdrücke, hat Niemand besser als Baur gezeigt; schon in dem Obigen ist daran erinnert worden. Freilich verleugnet auch die Lehre Valentin's ihre syrisch-ophitische Grundlage nicht: auch hier blickt durch die von den übrigen Aeonen so scharf hervorgehobene obere Ogdoas noch die alte astrale Vorstellung durch, aber bei aller Abhängigkeit von früheren Theorien ist die Lehre Valentin's grade in demjenigen, wodurch sie die Aufmerksamkeit der Forscher besonders auf sich gezogen hat, durchaus originell. Das Großartige an diesem geistreichsten aller gnostischen Systeme liegt darin, daß es alle schlummernden, speculativen Keime der älteren Gnosis zu beleben und die alten Ideen mit einer wunderbaren Kraft der Speculation zu verjüngen verstand. Auf den verschiedensten Stadien des Weltbildungsprocesses, in den mannigfaltigsten mythologischen Einkleidungen wiederholt sich immer wieder die Geschichte des Geistes, der aus den dunklen Anfängen seines unendlichen Seins sich zum endlichen Dasein herabläßt, um aus der Endlichkeit sich wieder zurückzunehmen, und dadurch zu bewußtem Eigenthume zu erringen, was an sich von Anbeginn an in seinem Wesen beschlossen lag. In diesen Proceß des Geistes wird auch die ganze materielle Welt mit hineingezogen. Die Materie steht nicht mehr, wie in den älteren syrischen Systemen, von Anfang an dem Geiste, wie die Finsterniß dem Lichte, gegenüber, sondern sie ist selbst nur das Accidens an der geistigen Substanz, das Nichtsein am Sein, das *μὴ ὄν* der Platonischen Philosophie. War das hylische Princip im Sinne der vorderasiatischen Mythenkreise von Haus aus nicht wie im persischen Dualismus als selbständige, dem Lichtreiche mit diabolischer Feindschaft widerstrebende Finsterniß, sondern nur als das Passive, Weibliche, Unvollkommene gedacht, so nimmt das Valentinianische System es in den Selbstentfaltungsproceß des Geistes hinein, als die von Anfang an in ihm gesetzte Negativität, die aber erst bei dem Fortschritte zu einer concreten Bestimmtheit des Denkens die Selbstentzweiung des Geistes, oder die *σφάλματα* im Absoluten herbeiführt. Erst die Störung im Pleroma oder der Abfall vom Geiste führt die Bildung der materiellen Welt herbei, aber wie diese selbst wieder nichts Anderes ist, als der verendlichte, sich äußerlich gewordene Geist, so ist dieser Drang zur Selbstverendlichung oder Materialisirung von Anfang an im Geiste gesetzt, als das weibliche oder negative Moment, das schon im ewigen Urgrunde zur Selbstoffenbarung, oder zum Fortgehen vom Schweigen zum Reden treibt. Auch diese wesentlich pantheistische Weltbetrachtung ist im Valentinianischen Systeme nicht neu, die Ophitische Achamoth bezeichnet bereits dieselbe Idee, deren Keime, wie früher bemerkt, sich noch höher hinauf in der Geschichte der Gnosis verfolgen lassen; aber wieder ist es erst Valentin, der die speculative Idee jenes Ophitischen Mythus mit klarem Bewußtsein erfaßte, und bis in die letzten Urgründe alles geistigen Lebens zurückverfolgte, wenn schon auch er ebenso wenig wie sein Zeitalter überhaupt im Stande war, dies anders als in sinnlich symbolischer Ausdrucksweise zu thun. Wie sehr im Valentinianischen Systeme das speculative Element alles Interesse in Anspruch nimmt, sieht man auch aus den in der Schule Valentin's aufgeworfenen Streitfragen. Uhlhorn bemerkt ganz richtig, man sehe aus dem, was die Schule besonders beschäftigte, am deutlichsten, wohin der Zug des Systemes geht (das Basilidianische System S. 62). Nur verschiebt er selbst sofort den richtigen Gesichtspunkt durch die Behauptung, erst einige Schüler hätten die Syzygientheorie bis in die Spitze des ganzen Systemes hineingetragen. Grade das Gegentheil findet statt, wie eine Prüfung der äußeren Zeugnisse uns lehrte. Die orientalische Syzygienlehre wird durchbrochen durch das schon bei Valentin selbst ziemlich stark auftretende Pythagoräische Element; die Monas des Pythagoras tritt an die Stelle des nach syrischer Art bald als Syzygie, bald androgyn vorgestellten Urwesens. Der Urgrund ist nun das einfach Eine, über jede Geschlechtsdifferenz, ja über alle concrete Bestimmtheit hinausliegend; er ist, wie jene jüngeren Valentinianer sagen, überhaupt Nichts, d. h. kein bestimmtes Etwas, wie andere Dinge (*μήτε ὅλως ὄντα τι* *Iren.* Haer. I, 11, 5; *Epiph.* 32, 7; vergl. Phil. VI, 29). Jener *ἄλλος ἐπιφανὴς διδάσκαλος αὐτῶν*, aus welchem eine auch noch in die Schneidewin'sche Ausgabe der Philosophumena verpflanzte Begriffsverwirrung einen Valentinianer *'Επιφάνης* creirt hat, sucht den Begriff dieser uranfänglichen Einheit noch schärfer zu fassen; aus der *μονότης* als der *προαρχὴ προανεννόητος ἄρρητος καὶ ἀνονόμαστος* und der mit ihr zusammenseienden *ἑνότης*, welche beide Eins sind, indem sie Nichts emaniren, läßt er die *μονάς* hervorgehen, die *ἀρχὴ ἐπὶ πάντων νοητή, ἀγέννητος καὶ ἀόρατος*, mit ihr verbunden eine wesens-

24a) Die beiden letzten Aeonen kennen wir bekanntlich nur aus Clemens von Alexandrien, der aber ausdrücklich bezeugt, daß sie bleibende Glieder der Basilidianischen Ogdoas waren (strom. IV, 25, 164. p. 231 *Sylb.* 637 *Pott.*).

gleiche *δύναμις, τὸ ἕν*. Es ist die Pythagoräische *τετρακτύς*, welche aus dem Begriffe der Ureinheit abgeleitet werden soll; aber das ursprüngliche Syzygienverhältniß leuchtet auch hier noch durch [25]). Andere schicken dem *βυθός* noch eine Ogdoas voraus, als die *πρώτη καὶ ἀρχέγονος ὀγδοάς*, indem sie den Begriff des uranfänglichen urgründlichen Seins selbst wieder in die dem Denken noch immer durchdringbare Mannigfaltigkeit seiner Momente zerlegen; die erste Tetras heißt *προαρχή, ἀνεννόητος, ἄρρητος, ἀόρατος*, die zweite *ἀρχή, ἀκατάληπτος, ἀνονόμαστος, ἀγέννητος* [26]). Man fühlt allen diesen Fortbildungsversuchen deutlich das Streben an, mit ihrer Speculation in die tiefsten und letzten Gründe alles Seins zurückzusteigen, und selbst das schlechthin Unsagbare noch irgendwie sagbar zu machen. Wie sehr diese rein philosophischen Fragen die Schule beschäftigten, sieht man auch aus dem, was Irenäus von „einigen noch Klügeren" (den vermeintlichen Kolarbasianern, von denen uns Volkmar befreit hat) berichtet: sie lassen die erste Ogdoas nicht stufenweise, Aeon für Aeon hervorgehen, sondern so, daß die *προβολή* der sechs Aeonen aus dem *προπάτωρ* und der *ἔννοια* mit einem Schlage erfolgt. Was der Vorvater bei sich erdachte (*ἐνενοήθη πατρικῶς*), das hieß Vater, weil es wahr war, heißt es *ἀλήθεια*, weil er sich selbst offenbaren wollte, *ἄνθρωπος*; die er aber vorher erkannt hat, ehe er sie emaniren ließ, werden mit *ἐκκλησία* bezeichnet: der Mensch sprach das Wort (*τὸν λόγον*), dieses ist also sein eingeborener Sohn; dem Logos aber folgte das Leben: und so ward die erste Ogdoas vollendet (*Iren.* I, 12, 3; *Epiph.* 35, 1). Daß hier *ἄνθρωπος* und *ἐκκλησία* gegen die sonstige Ordnung vor *λόγος* und *ζωή* gestellt sind, will wenig bedeuten; um so deutlicher gibt sich dagegen bei diesen Valentinianern das Streben kund, die letzte bildliche Hülle abzustreifen, und die Aeonen rein als das zu nehmen, was sie allein für das Denken sind, als die verschiedenen Momente im inneren Lebensprocesse der Gottheit. Darum kann natürlich auch von einer wirklichen Emanation des Einen aus dem Anderen nicht weiter die Rede sein; sie sind nicht nach einander entstanden, sondern Einer mit dem Anderen gleichzeitig in dem ewigen Urgrunde gesetzt.

Auch was uns sonst noch von den Valentinianern berichtet wird, dient nur dazu, diesen von Vornherein auf das Speculative gerichteten Zug des Systemes zu bestätigen. Ptolemäos hielt, wie wir wissen, die Syzygienlehre auch in der obersten Spitze fest; mit dem *βυθός* ist von Ewigkeit her als seine Genossin die *ἔννοια* (oder *σιγή*) verbunden. Dagegen verdient es Beachtung, daß er zu dieser, als zweite *σύζυγος*, noch die *θέλησις* fügen will, welche jedoch erst später hinzugetreten sein soll. Hier liegt der speculative Sinn dieser rein mythisch betrachtet ganz abenteuerlichen und abnormen Idee so offen zu Tage, daß jede weitere Bemerkung überflüssig ist; und obendrein weist Ptolemäos durch den Ausdruck

25) *Iren.* Haer. I, 11, 3. Phil. VI, 38. *Epiph.* 32, 3.
26) *Iren.* I, 11, 5. Philos. VI, 38. *Epiph.* 32, 7.

διαθέσεις (dispositiones), den er von jenen beiden Genossinnen des *βυθός* braucht, selbst darauf hin, wie er das Verhältniß verstanden wissen wolle. Ebenfalls unter den speculativen Gesichtspunkt ist die andere, unter den Valentinianern vielverhandelte Streitfrage über das Wesen des Erlösers zu stellen. Nach *Iren.* I, 12, 4 stritt man vornehmlich darüber, ob der *σωτήρ* von allen Aeonen, oder nur von einem Theile derselben stamme, sei es von den zwölf aus Anthropos und Ekklesia, oder von den zehn aus Logos und Zoe emanirten, oder auch nur aus Christus und dem *πνεῦμα ἅγιον* zur Festigung des Pleroma. Wie geringfügig diese Streitigkeit an sich auch erscheinen mag, so kann sie doch nur aus dem lebhaften Interesse erklärt werden, welches man überhaupt den verschiedenen Momenten im göttlichen Pleroma zuwendete; denn je nach dem Verhältnisse, in welchem man die Aeonen zu einander dachte, mußte auch ihr Verhältniß zu dem der oberen Lichtwelt emanirten Erlöser verschieden ausfallen. Aus Pseudoorigenes wissen wir weiter, daß ein ähnlicher Streit auch über den Leib des Erlösers geführt ward. Die italische Schule, deren Lehren Irenäus vornehmlich berücksichtigt, schrieb ihm einen psychischen, die morgenländische einen pneumatischen Leib zu (Phil. V, 35) [27]). Die erstere Lehre muß die ursprüngliche sein, dagegen spricht für die letztere, auf einen geschärften Doketismus hinauslaufende, die innere, speculative Consequenz des immer idealistischer sich zuspitzenden Systemes. Als ein nicht unwichtiges Glied in der Kette der von Valentinus ausgegangenen Lehrbildungen müssen auch die bisher nur dem Namen nach bekannten Doketen gelten, die ihren Namen zwar nicht von *δοκός*, dem Balken im Auge, aber von demselben doketischen Idealismus haben, der bei den Valentinianern immer bestimmter sich ausprägt. Der Erlöser kommt aus der oberen Welt herab, angethan mit dreißig Ideen, je einer von jedem der dreißig Aeonen, wie die dreißig Jahre seines irdischen Lebens typisch veranschaulichen; eben darum kann er alle pneumatischen Seelen erlösen, denn auch die Menschenseelen sind Ideen, die eine von diesem, die andere von jenem der dreißig Aeonen herniedergesunken, in dem dreißigfältigen Erlöser vermag daher jede den ihrer Natur entsprechenden Jesus zu erkennen, den jener ewige Eingeborene von den ewigen Stätten her angezogen hat; darum gibt es so viele Parteien, die Jesum suchen, voll Haders wider einander, ihnen Allen ist er verwandt, aber dem Einen erscheint er so, dem Anderen wieder anders, je nach der Stätte, zu der sie als ihrer ursprünglichen Heimat wieder emporstreben (Phil. VIII, 10). Wir kommen auf diese Lehre weiter unten noch einmal zurück. Das, was uns zunächst an ihr auffallen muß, ist eben jener ihr ausgebildeter Doketismus, in welchem der idealistische Zug des Valentinianischen Systemes sich am schärfsten charakterisirt. Das Geschichtliche, Positive in der Erscheinung Jesu ist nicht

27) Wenn Tertullian (De carne Christi c. 15) die Lehre von einem pneumatischen Leibe Christi als die Valentin's bekämpfte, so erklärt sich jetzt diese vereinzelte, und sofern Valentin selbst eine caro spiritualis gelehrt haben soll, sicher ungenaue Notiz.

nur zum verschwindenden Momente herabgesetzt, sondern man sucht sich auch des speculativen Rechtes bewußt zu werden, welches auch dem einfachen historischen Heilsglauben als solchem noch zukommt. Indem derselbe für eine gewisse Stufe der Erkenntniß als vollkommen berechtigt erscheint, entsteht die Vorstellung von einer Stufenfolge in der Geisterwelt selbst, die das Buch Pistis-Sophia am weitesten ausspinnt; besondere Beachtung aber verdient hierbei, daß mit der folgerichtigen Durchführung dieser Anschauungsweise auch der Gegensatz zwischen Pneumatikern und Psychikern wieder sich mildert. Die ältesten syrischen Systeme bewegen sich fast durchaus noch innerhalb des Gegensatzes zweier Principien, zwischen Geist und Materie, Licht und Finsterniß, wobei man denn die Glieder der christlichen Gemeinschaft einfach unter die Pneumatiker zählt und den Kindern der Hyle gegenüberstellt. In dem Maße, als die Gnosis von der Pistis sich loslöst, baut sich innerhalb der Christenheit selbst jene metaphysische Scheidewand auf, die Pneumatiker und Psychiker auseinanderhält; die Platonische Trichotomie der menschlichen Natur wird übergetragen auf die verschiedenen Menschenclassen, wodurch die Zweiheit der Principien sich zur Dreiheit erweitert. Es ist dies (nach dem Vorgange der älteren Ophiten, die aber unter den Psychikern schwerlich schon die katholischen Christen verstanden haben können), namentlich in dem Systeme Valentin's und bei den Naassenern des Pseudoorigenes der Fall, obwol sich bei Letzteren noch eine ganz verschiedene Principienlehre dazwischenschiebt. Aber mit dem Fortschritte der Speculation wird auch innerhalb der Pneumatiker selbst wieder ein Stufenunterschied gesetzt, wodurch die Kluft, die diese von den Psychikern trennt, von selbst wieder ihre absolute Bedeutung verliert und zu einem blos relativen Gegensatze herabsinkt. Schon Valentin ließ auch die Psychiker Antheil nehmen an der Erlösung, freilich nur soweit, als es ihre beschränkte Natur zu gestatten schien. Die Neubasilidianer nahmen in der Mischung aller Samen ebenfalls jene Dreitheilung an, sie lassen bei der Wiederbringung über die psychische Welt, nachdem sie erlöst ward, soweit es ging, die große Unwissenheit ausbreiten, damit das Niedere nicht in vergeblicher Sehnsucht nach dem ewig Versagten sich abquäle; aber wie es innerhalb des pneumatischen Samens eine dreifache Sohnschaft gibt, die eine immer geistiger als die andere, so geht derselbe Stufenunterschied durch die psychische Welt, und die oberste Classe rückt ganz nahe an die Grenze des Geisterreichs. Dieselbe Vermittelung der Gegensätze geht durch die Lehre der Doketen hindurch, die auch nach dieser Seite hin als eine Weiterbildung des Valentinianischen Systemes sich ausweist; die Pistis-Sophia aber bildet den Schlußstein in dieser Entwickelung, indem sie zwar eine unendliche Stufenreihe der Geister, aber keine von Natur psychischen Menschen mehr kennt. Es hängt dies mit der schon besprochenen ethischen Richtung dieses Systemes zusammen, welche der Gnosis überhaupt ihre absolute Bedeutung raubt, eben dies aber bezeichnet den Punkt, wo die gnostische Bewegung in ihr drittes Stadium einmündet.

Dieses Einschieben immer neuer Mittelglieder des geistigen Processes ist überhaupt das Zeichen der fortgebildeten Speculation. Man muß die allmähliche Ausgestaltung der Aeonenlehre als einen der Punkte ansehen, um welchen sich ein Hauptinteresse der Gnosis während ihrer Blüthezeit concentrirt. In diesem Stücke hat die Pistis-Sophia ebenfalls das Aeußerste geleistet, aber freilich zum Schaden des echten speculativen Triebes. Diese maßlose Ausbreitung der Aeonenwelt in unzählige Himmel, Herrschaften und Mysterien dient hier nicht mehr einer wirklich gesunden, lebenskräftigen Speculation, sondern entartet zu müßiger Spielerei; indem man nach einem einmal gegebenen Schema immer neue Geisterreihen ersann, verlor man über der allein berücksichtigten Form den philosophischen Inhalt. Auch dies ist ein Zeichen, daß das System der Pistis-Sophia die Blüthezeit der Gnosis hinter sich hat.

Merkwürdig abweichend von dem allgemeinen Zuge, dem alle diese emanatistischen Systeme folgen, gestaltet sich die Weiterbildung des Basilidianischen Systemes. An die Stelle der Emanation und jener σφάλματι im Absoluten (Phil. VI, 36. p. 195 ed. Oxon.), welche bei Valentin der ganzen Weltentwickelung zum Ausgangspunkte dienen, tritt vielmehr die allmähliche Sonderung und Scheidung der in der σύγχυσις ἀρχική enthaltenen Bestandtheile ein. Der Proceß nimmt, wie schon früher bemerkt, nicht seinen Verlauf von Oben nach Unten, sondern geht von Unten nach Oben. Zu der nähern Charakteristik dieses überaus geistreichen Systemes müssen wir hier ebenfalls auf die Baur'sche Darstellung verweisen (Theol. Jahrb. 1856, 1, besonders S. 140 fg.). Das Eigenthümliche daran hat Baur ganz richtig dahin bestimmt, daß das materielle Princip dem geistigen weder schlechthin entgegengesetzt, noch auch als das Accidens an der Substanz des Geistes demselben untergeordnet wird, sondern beide Principien erscheinen mit gleicher Berechtigung als ursprünglich Eins und entwickeln sich erst aus ihrer anfänglichen Indifferenz allmählich zu concreter Unterschiedenheit. Dies ist jene πανσπερμία τοῦ κόσμου, welche bald mit einem Senfkorne, bald mit einem Pfauenei verglichen wird, eine Vorstellungsweise, die Uhlhorn mit Recht auf die Einflüsse der Stoa zurückführt. Der Platonischen Transcendenz der Valentinianischen Lehre, welche die Gründe aller concreten Realität in der diesseitigen Welt auf eine jenseitige Idealwelt zurückführt, tritt hier die stoische Immanenz des Geistes in der Natur als ebenso berechtigter philosophischer Standpunkt gegenüber, Geistiges, Psychisches und Materielles gehen aus einer gemeinschaftlichen Wurzel hervor, die, weil sie an sich weder das Eine noch das Andere ist, in ihrem alles concrete Sein noch in sich verschlossen enthaltenden Zustande selbst nur als die Negation aller bestimmten Realität, oder als das οὐκ ὄν bezeichnet werden kann. Darum, weil es ungereimt wäre, etwas das nicht ist auf dem Emanationswege entstanden sein zu lassen, will dieses System überhaupt von Emanationen Nichts hören; sie setzen ja „die volle Realität des Seins da schon voraus, wo nur von einem erst werdenden Sein oder vielmehr nur von dem Nichtseienden die Rede sein kann" (Baur a. a. O.). Dennoch ist auch in diesem Systeme der Standpunkt der Immanenz nicht festgehalten. Der pneumatische Same darf in der πανσπερμία τοῦ κόσμου nicht bleiben, er schwingt sich mit größerer oder geringerer Leichtigkeit aus ihr empor; dieses Aufstreben des Geistes aus dieser unteren Mischung ist aber nicht etwa die directe Umkehrung der Valentinianischen Lehre, sodaß sich hier die Materie grade ebenso zu geistigem Leben potenzirte, wie sich dort der Geist zur Materie depotenzirt, sondern das Pneumatische ist von dem Psychischen und Hylischen metaphysisch unterschieden: obwol mit diesem im Weltei ursprünglich zusammen, kann es doch seiner Natur nach nur dahin streben, diese unnatürliche Verbindung wieder zu lösen. Es ist dies der Punkt, wo das Neubasilidianische System, wie schon Baur erkannte, auf einen dem Valentinianischen Falle der Sophia verwandten Vorgang zurückweist; da aber die Darstellung gleich mit der σύγχυσις ἀρχική beginnt, also den Ursprung dieses Zustandes im Unklaren läßt, so setzt sie hier eine ältere Gestalt des Systemes voraus, welche eine ähnliche Bewegung von Oben nach Unten lehrte, wie bei den Valentinianern. Die stoische Immanenzlehre hat diese ältere Grundlage zurückgedrängt, doch blickt dieselbe auch sonst noch vielfach hindurch. Auch das spätere System steht der Emanationslehre nicht so fern, wenn es gleich dieselbe nur für die mittleren Stufen des Daseins benutzt: die Ogdoas und die Hebdomas und die 365 Himmel, die freilich gegenwärtig zusammenhangslos dastehen, begegnen uns auch hier, und wenn auch diese Geisterordnungen ihren Weg von Unten nach Oben nehmen müssen, so ist dies ja Nichts, als die durch stoische Einflüsse bedingte einfache Umkehr längstvorhandener Anschauungen. Steigen wir aber von diesen mittleren Stufen zur oberen Welt empor, so wird der Standpunkt der Immanenz völlig verlassen. Was uns hier von dem nichtseienden Gotte berichtet wird, der aus Nichts eine nichtseiende Welt erschuf, ist die ausgesprochenste, abstracteste Transcendenz; dieser nichtseiende Gott ist nicht aus der πανσπερμία τοῦ κόσμου hervorgegangen, er schwebt von Ewigkeit her über derselben in absolutester, über alles endliche Dasein erhabener Geistigkeit. Das Gemeinsame, was ihn mit jener πανσπερμία verbindet, ist freilich die Bezeichnung des Nichtseins, welches zugleich wieder ein Sein in sich schließt, aber der Unterschied ist, daß jenes nichtseiende Senfkorn, aus welchem sich die concrete Mannigfaltigkeit endlicher Dinge entwickelt, Geistiges, Psychisches und Materielles in Folge eines unerklärlichen Vorganges gleicherweise in sich schließt, während jener nichtseiende Gott nur in sofern so heißt, als damit die über alle concrete Bestimmtheit und Mannigfaltigkeit, also auch über jede Berührung mit der Materie hinausliegende Geistigkeit seines Wesens bezeichnet werden soll. Nicht in der πανσπερμία τοῦ κόσμου, welche nur ein als thatsächlich vorausgesetztes Verhältniß ausdrücken soll, sondern in dem nichtseienden Gotte liegt der letzte Erklärungsgrund, daß es auch einen pneumatischen Samen

gibt, ist aber dieses unbestreitbar, wie kann dann die als der Anfangspunkt der Weltentwickelung hingestellte Vermischung des Pneuma mit den psychischen und hylischen Elementen anders vorgestellt werden als in Folge eines noch weiter zurückliegenden Falles aus der überseienden geistigen Welt! Nur durch Einschiebung dieses Mittelgliedes schließen sich die beiden Vorstellungen von dem οὐκ ὢν θεός und der πανσπερμία τοῦ κόσμου zur Einheit des Begriffes zusammen; da sie aber in dem gegenwärtigen Systeme nur äußerlich nebeneinanderhergehen, so ist dies ein weiteres Kennzeichen der Ueberarbeitung einer älteren Grundlage. Mag daher auch in der inneren Entwickelungsgeschichte des Basilidianischen Systemes noch Manches im Unklaren bleiben, mag es namentlich bei den von Clemens von Alexandrien mitgetheilten Bruchstücken des Isidor noch zweifelhaft sein, ob sie die frühere oder die spätere Form im Auge haben, im Ganzen und Großen steht uns das Urtheil fest, daß die Basilidianischen Lehren der Philosophumena nur eine unter dem Einflusse griechischer und speciell stoischer Philosophie erfolgte Umbildung jenes aus Irenäus längst bekannten Systemes sind, womit ja auch weiter die Vorliebe stimmt, welche Basilides auch sonst für das Barbarische, nicht-Hellenische an den Tag legt. Vergl. Hilgenfeld, Theol. Jahrb. 1856, 1. S. 90 fg.

Auch die schlechthinige Jenseitigkeit und Idealität des nichtseienden Gottes, von dem die Philosophumena reden, ist ein deutliches Merkmal des von griechischen Theorien angeregten, speculativen Interesses, und wir haben schon gesehen, wie sich hierzu in der Schule Valentin's eine beachtenswerthe Parallele findet. Aber auch jenes Bild vom Senfkorn, unter welchem die Neubasilidianer ihre πανσπερμία τοῦ κόσμου sich denken, findet ebenfalls in Valentinianischen Kreisen sich vor, nur mit dem bedeutsamen Unterschiede, daß es hier nicht auf die πανσπερμία, der der nichtseiende Gott noch äußerlich gegenübersteht, sondern auf den letzten und höchsten Urgrund der Dinge bezogen wird. Es ist dies bei den sogenannten Doketen der Fall; der πρῶτος θεός wird geschildert wie ein σπέρμα συκῆς, an quantitativer Größe äußerst klein, aber der Potenz nach unendlich, eine zahllose Größe der in ihm enthaltenen Menge nach, das schlechthin selbstgenugsame Princip alles Entstehens[28]). Aus dem Kerne entstehen Stamm, Blätter und Frucht, dem entsprechend drei Aeonen aus der ersten ἀρχή, als ἀρχαὶ τῶν ὅλων, während der oberste Gott in seinem absoluten Ansich über den weit von ihm getrennten Aeonen schwebt. Da aber zehn die vollkommene Zahl ist, so entstehen im Ganzen dreißig Aeonen, sofern ein Jeder der drei in einer Zehnzahl sich erfüllt, und aus diesen wieder unzählige Male unzählige Ideen lebender Wesen (Phil. VIII, 8). Hier hätte sich also den Platonisch-Pythagoräischen Anschauungen der Valentinianer auch

28) θεὸν εἶναι τὸν πρῶτον οἱονεὶ σπέρμα συκῆς, μεγέθει μὲν ἐλάχιστον παντελῶς, δυνάμει δὲ ἄπειρον (cod. ταπεινόν), μέγεθος ἀνήριθμον ἐν πλήθει, πρὸς γένεσιν ἀπροσδεὴς κ. τ. λ.

noch ein stoisches Bestandtheil hinzugesellt, aber ohne die ursprüngliche Grundlage des Systemes zu beschädigen.

Weisen das Basilidianische und das Valentinianische System, obwol nach zwei verschiedenen Seiten hin sich entwickelnd, doch beide auf die älteren syrischen „Ophiten" oder „Gnostiker" zurück, so hat diese vielgespaltene Partei auch sonst noch sehr reiche Entwickelungen innerhalb der griechischen Welt erlebt. Daß die Pistis-Sophia Ophitischen Ursprungs ist, steht nach den mühevollen Forschungen Köstlin's bereits fest; aber auch die sogenannten Simonianer sind, wie hier nicht weiter erwiesen werden kann, eine Abzweigung der Ophiten, die sich wesentlich nur dadurch unterschied, daß der Samaritaner Simon bei ihnen dieselbe Erlöserstellung einnimmt, wie Jesus bei den übrigen Gnostikern. Die ἀπόφασις μεγάλη, welche dem Simonianischen Systeme, wie solches aus Irenäus und den Pseudoclementinen hervorgeht, zu Grunde liegt, ward auch anderwärts in Ophitischen Kreisen benuzt"[28a]). Aus Pseudoorigenes, welcher mit den sonst gewöhnlichen Nachrichten über die späteren Simonianer auch sehr wichtige Auszüge aus der Apophasis zusammenstellt, ersehen wir jetzt, daß auch diese Schrift schon sehr bedeutend von stoischen Elementen durchdrungen ist.

Eine Gräcisirung der älteren Ophitenlehre sind aber endlich auch die jetzt ebenfalls durch die Philosophumena zugänglich gewordenen Lehren der Naassener, Peraten und Sethianer. Wir hatten im Obigen bereits auf die zahlreichen syro-chaldäischen Bestandtheile hingewiesen, die in diesen Systemen gewissermaßen die Kette bilden, während das griechische Element nur der Einschlag ist. Nach beiden Seiten hin gibt es für die Detailforschung hier noch überaus viel zu thun; aber den inneren Zusammenhang aller dieser Systeme kann man durchaus nicht verstehen, wenn man nicht die aus Irenäus bekannte Ophitenlehre zu Hilfe nimmt. Das Charakteristische dieser Entwickelungsstufe der Gnosis ist nur, daß der mythologische Bildungstrieb sich hier schon bedeutend erschöpft hat. An die Stelle der poetischen Durchführung speculativer Ideen ist vielmehr jene Alles überwuchernde Mythendeutung getreten, die mit wenigen Ideen haushält, dieselben aber dafür in dem Allerentlegensten und Entferntesten wiederfindet. Dieses ewige Einerlei, diese langweiligen Selbstwiederholungen, namentlich in der Naassenerlehre, zeigen deutlich, wie wir es hier mit einer schon ziemlich herabgekommenen Form der Gnosis zu thun haben. Auch das eigentlich philosophische Element tritt fast nur noch in der Principienlehre hervor, diese aber weicht in allen diesen Systemen sehr bedeutend von der älteren Gnosis ab. Die Dreitheilung ist beibehalten, aber in ganz anderem Sinne. Bei den Naassenern liegt, wie bemerkt, der frühere Gegensatz des Pneumatischen, Psychischen und Choischen noch vor, aber daneben kennen sie eine andere Dreiheit, die sich nicht auf jene reduciren läßt. Die drei Naturen sind: die obere des Adamas, die sterbliche hienieden und mitten inne zwischen beiden das freie oben geborene Geschlecht. Das leztere ist der ἄνθρωπος κεχαρακτηρισμένος, der nach dem ἄνθρωπος ἀχαρακτήριστος geformte, jene auch mit der Schlange verglichene geistig-flüssige Potenz, die als der Jordan oder der Ocean bald von Oben nach Unten, bald von Unten nach Oben fließt. Derselbe Gegensatz kehrt in dem naassenischen Hymnus wieder, wo als die drei Principien der erstgeborene νοῦς, das ausgegossene Chaos und die arbeitende Seele bezeichnet werden. Jenes dritte vermittelnde Princip ist nicht das ψυχικόν im bisherigen Sinne, sondern die Weltseele, oder der göttliche νοῦς, sofern er aus seiner Jenseitigkeit herausgetreten, der Welt immanent ist. Es führt auch dies auf die Stoa zurück und dient nur dem früher Bemerkten zu weiterer Bestätigung, daß die Schärfe des in der Blüthezeit der Gnosis herausgestellten Gegensatzes zwischen πνεῦμα und ψυχή im weiteren Verlaufe wieder abgeschwächt ward. Auch die drei Principien der Peraten und Sethianer sind wesentlich dieselben. Was nach den Naassenern der Jordan oder die Weltseele ist, ist bei den Sethianern das πνεῦμα ἀκέραιον, zwischen Licht und Finsterniß, Oben und Unten in der Mitte stehend und seinen Wohlgeruch nach Unten hin verbreitend, ganz ähnlich wie die späteren Basilidianer das μεθόριον πνεῦμα am Orte der Mitte geschildert haben. Alle diese drei Principien haben unzählige δυνάμεις, daraus entstehen unzählige συνδρομαί und hieraus wieder ἄπειροι σφραγίδων εἰκόνες. Das πνεῦμα, obwol vermittelnd zwischen Finsterniß und Licht, ist doch nur mit dem lezteren wesensverwandt; in der untern Welt ist das eine niemals ohne das andere (Phil. V, 19). Dreifach ist auch nach den Peraten[29]) der κόσμος getheilt: das Urprincip der Theilung ist gleichsam ein großer Quell, für das Denken von unendlicher Theilbarkeit; die erste und vornehmste Theilung aber ist die Trias: der eine Theil heißt vollkommenes Gut, väterliche Größe, der zweite wie eine unendliche Menge aus ihm entstandener Kräfte, der dritte ist τὸ ἰδικόν, die individuelle Besonderung. Das erste Princip ist das Unerzeugte oder das Gute, das zweite das Selbsterzeugte, das dritte das Erzeugte; daher gibt es τρεῖς θεούς, τρεῖς λόγους, τρεῖς νοῦς, τρεῖς ἀνθρώπους. Diese Dreitheilung, die auch in der Person Jesu wiederkehrt, sezt erstens ein göttliches Ursein, zweitens eine Idealwelt und drittens die Welt der irdischen Dinge, denen jene Ideen sich einprägen; das Absolute geht aus seinem Ansich heraus, sofern es in einer Welt von Ideen den eigenen Inhalt auseinanderlegt, diese Ideen gelangen aber erst in der unteren Welt zur concreten Realität und individuellen Existenz. Sie bilden daher das Mittelglied zwischen der oberen und der unteren Welt, obwol sie als von obenher stammend auch wieder als die zweite der oberen Welten bezeichnet werden. Dagegen sind in der unteren Welt, dem κόσμος ἰδικός, ähnlich wie nach neubasilidianischer Theorie, die

28a) Philos. V, 9. p. 117 ed. Oxon.

29) Phil. V, 12. Ich halte im Obigen den Text fest, wie ihn Schneidewin hergestellt hat. Anders Bermann a. a. O. S. 237 fg.

Samen von mancherlei Welten enthalten; was hier unten der unerzeugten und selbsterzeugten Welt angehört, wird gerettet werden, die dritte Welt geht zu Grunde. Nach V, 17 sind die drei ἀρχαί der Vater, der Sohn und die Materie; der Sohn oder Logos steht in der Mitte als die Schlange, die immer zum unbewegten Vater hinauf und zur bewegten Materie sich herabwendet; kehrt er sich zum Vater, so prägt ihm der die Ideen und Kräfte ein, die er, wenn er sich wieder herniederkehrt, in der gestalt- und formlosen ὕλη abprägt. Der Sohn empfängt das Gepräge vom Vater auf geheimnißvolle, unaussprechliche Weise, ohne Veränderung von Ort zu Ort, sowie in jener Erzählung des Moses von den in die Tränkrinnen gelegten Stäben die Farben auf die Leibesfrüchte der trächtigen Schafe fließen. Ebenso fließen von dem Sohne die Kräfte wieder in die Materie nach der Befruchtung der Kraft, die von den Stäben auf die Leibesfrüchte überfließt; die Verschiedenheit der Farben und die Unähnlichkeit, die von den Stäben durch das Wasser auf die verschiedenen Schafe fließt, stammt von der theils vergänglichen, theils unvergänglichen Geburt. Oder genauer noch, die Wirksamkeit des Sohnes ist dem Maler zu vergleichen; wie der, ohne von den Thieren, die er malt, etwas hinwegzunehmen, mit seinem Griffel die Ideen auf die Tafel überträgt, so trägt der Sohn durch seine eigene Kraft die väterlichen Charaktere auf die Materie über. Diese Principienlehre steht unter allen der katholischen am nächsten; zwischen Gott und der Materie steht mitten inne der Sohn oder der Logos als λόγος ἐνδιάθετος, der Inbegriff aller göttlichen Ideen, die schweigend und geheimnißvoll in ihm abgebildet sind, als λόγος προφορικός ist er das Princip aller göttlichen Offenbarung in der Welt.

So rückt denn die Gnosis auf allen Punkten, wo wir ihre innere Geschichte verfolgen können, schließlich dem kirchlichen Glauben wieder näher. Diese Wiederannäherung an die Pistis, die auf den ersten Blick nur als ein Herabsinken von der bisherigen Höhe bezeichnet werden kann, ist, näher betrachtet, das nothwendige dritte und letzte Stadium dieser Speculation, auf welchem die Gnosis ihr eigenes Gewebe wieder auflöst. Natürlich sind grade hier die Grenzlinien am fließendsten; der Zersetzungsproceß vollzieht sich allmählich, auf der einen Stelle früher, auf der andern später, hier als ein wirkliches Einmünden in die katholische Lehre, dort in Form eines vollständigen theoretischen oder praktischen Bankrotts, hier durch dem eigentlich Speculativen abgekehrte Vereinfachung, dort durch endlose entgeistete Vervielfältigung des mythologischen Apparates. Während die synkretistischen Naassenerparteien des Pseudoorigenes die mythischen Personen immer mehr in einander verschwimmen lassen, wird deren Zahl von der Pistis-Sophia ins Unendliche erweitert; und wenn auch all diesen zahllosen Mysterien, Mächten und Herrschaften eine bestimmte Stelle und Wirksamkeit im Universum zugewiesen wird, so verräth sich bei aller Originalität in der Durchführung dieser Idee und bei allem Scharfsinne im Unterscheiden immer neuer und eigenthümlicher Momente doch mehr die an dem einmal herkömmlichen Schematismus sich weiterspinnende Reflexion, als ein echter, die verschiedenen mythischen Gestalten zu nothwendigen Momenten im Processe des Geistes ausprägender speculativer Trieb. Man kann dies namentlich auch aus dem Verhältnisse sehen, in welchem die drei ersten Bücher der Pistis-Sophia zum vierten stehen; das letzte stellt das System noch in einfacherer, durchsichtigerer Gestalt dar, die aber auch nach Köstlin's Forschungen die originellere ist; die Erweiterungen und Ausführungen des späteren Ueberarbeiters haben nur die Bedeutung spielender und mechanischer Vervielfältigung. Dasselbe immer geistlosere Spiel mit Geheimnamen, Zauberformeln und symbolischen Zahlen ist auch sonst ein Kennzeichen desselben Verfalls, der sich nach einer anderen Seite hin in immer zerfahrenerem Synkretismus äußert. Wie aber überall in zerfallenden Organismen immer schon die Anfänge neuer Lebensformen sich regen, so ist jene letzte Wendung der Gnosis doch auch wieder kein bloßer Verfall, sondern nach der andern Seite zugleich die Vorbereitung einer höheren, die Einseitigkeiten der gnostischen Weltanschauung immer mehr überwindenden Entwickelung. Bei weitem die wichtigste Erscheinung ist in dieser Beziehung die mehrfach schon bemerkte Milderung des Gegensatzes zwischen Pneumatikern und Psychikern. Unter diesen Gesichtspunkt gehört, außer der vorhin entwickelten Principienlehre der hellenisirenden Ophiten, Peraten und Sethianer, schon die Modification des Valentinianischen Systemes durch die Doketen (vgl. oben S. 148). Die drei Aeonen, auf welche die Dreißig hier zurückgeführt werden, sind die einzige Ursache alles Gewordenen; wie ihre Dreiheit zur Dreißigzahl und diese wieder in eine unendliche Menge anderweiter Kräfte und Aeonen sich auseinanderlegt, so hat auch in der sichtbaren Welt alles Entstandene Antheil an ihnen (Phil. VIII, 8. p. 262 sq.), und es gibt überhaupt nur darum eine Vielheit endlicher Dinge, weil die an sich finstere und gestaltlose Materie die Ideen dieser Aeonen in sich aufgenommen hat. So sind alle Menschenseelen herabgekommene Ideen, zwischen denen kein specifischer, sondern nur ein gradweiser Unterschied besteht, je nach der Stufe im Aeonenhimmel, der sie entstammen. Auch der Demiurg, der feurige Gott des alten Testaments, der Feind und Plagegeist der hier unten gefangenen Seelen, ist nicht ohne einen pneumatischen Keim, er ist wie der untere Aeon überhaupt in Feuer verwandeltes Licht, πῦρ ζῶν ἀπὸ φωτὸς γενόμενον (Phil. VIII, 9. p. 265 M.). Es gibt also auch keinen metaphysischen Gegensatz mehr zwischen einem pneumatischen, einem psychischen und einem hylischen Geschlechte. Wie nun Christus mit den Ideen aller Aeonen bekleidet ist, so kann er auch Aller Erlöser werden, wenngleich jeder ihn nur nach dem Maße seiner Fähigkeit zu erkennen vermag[30]).

30) Beiläufig mag hier noch einmal daran erinnert werden, wie schon das ältere Valentinianische System auch den Psychikern einen Antheil an der Erlösung zugestand, ja dieselbe recht eigentlich für diese bestimmt sein ließ; aber da dies letztere zugleich wieder dahin erläutert wird, daß die Pneumatiker eigentlich der Erlösung

Jede Seele erkennt den ihrer Natur entsprechenden Jesus, den der ewige Monogenes von den ewigen Orten entlehnt und angezogen hat; diese Orte sind aber gradweise verschieden. Daher suchen so viele Parteien Jesum mit Eifer, und ihnen allen ist er wesensverwandt, aber jeder erscheint er anders vermöge des andern Ortes im Geisterreiche, dem jede angehört. Jede Partei hält denjenigen Jesus, der ihr Stammgenosse und Mitbürger ist, für den einzig wahren, alle andern dagegen für falsch. Diejenigen nun, deren Natur aus den tiefer liegenden Orten im Geisterreiche stammt, vermögen die über sie hinausliegenden Ideen des Erlösers nicht zu sehen, während die höheren aus der mittlern Dekas und der obersten Ogdoas, d. h. eben die Anhänger der Doketenlehre, Jesum nicht blos ἐκ μέρους, sondern ganz erkennen, und eben darum allein die Vollkommenen sind, während alle andern nur Theil an der Vollkommenheit haben [31]). Sonach bestehen allerdings auch nach den Doketen metaphysische Unterschiede, aber kein Theil der Christenheit ist von der Erkenntniß Jesu völlig ausgeschlossen, allen, auch den Katholikern, wird ein gewisser Grad der Gnosis zu Theil, und wenn die von tieferen Stufen des Geisterreiches Stammenden auch das über ihnen Liegende nicht zu erkennen vermögen, so haben sie doch wenigstens ἐκ μέρους Antheil an der Wahrheit. In demselben Maße aber, als so auch die gemeinchristliche πίστις als γνῶσις anerkannt wird, muß umgekehrt auch die γνῶσις wieder als πίστις betrachtet werden können; und es ist daher nur eine nothwendige Consequenz, daß auch der Erlösungsbegriff dieser Doketen dem gemeinchristlichen wieder sich nähert. „Von der Ankunft des Erlösers an," lesen wir daher ausdrücklich, „wird der Glaube verkündigt zur Vergebung der Sünden" (Phil. VIII, 10. p. 266 *M.*). Noch weit bestimmter aber prägt sich die Annäherung an den katholischen Glaubensbegriff in dem Buche Pistis-Sophia aus. Fällt schon bei den Doketen der Unterschied zwischen Pneumatikern, Psychikern und Hylikern weg, so hebt die Pistis-Sophia auch die letzten metaphysischen Unterschiede auf. Wie hoch auch noch immer der Werth sei, der hier der γνῶσις als der höchsten Stufe der Vollkommenheit zukommt, so hangt der Grad der Erkenntniß, zu welchem ein jeder gelangt, überhaupt nicht mehr von seiner höheren Natur als solcher, sondern von seinem eigenen thätigen Verhalten ab. „Der geistige Lichtkeim ist in allen Menschen, wie in Allen auch die Materie und der böse Trieb (das ἀντίμιμον πνεῦμα) ist; an Alle ohne Unterschied ergeht der Ruf zur Buße und die Verheißung der Seligkeit; weder vom Einen, noch vom Andern ist irgend Einer ausgeschlossen, alle ψυχαὶ ὑλικαί sollen gerettet und beseligt werden (S. 40 u. s. w.); die Apostel haben zwar außer jenem allgemein menschlichen Lichtkeime noch eine besondere Lichtkraft, aber diese ist ihnen dazu gegeben, damit sie durch dieselbe in den Stand gesetzt werden, aller Versuchungen und Verfolgungen ungeachtet ihren hohen Beruf zur Erhaltung der ganzen Welt standhaft zu erfüllen; und nicht blos die Erkenntniß der Mysterien des Lichts, nicht blos der Empfang der Sacramente ist es, was die Seligkeit bedingt, sondern auch, daß man das thue, „„was der Mysterien würdig ist,"" daß man der Welt und der Materie, der Sinnlichkeit und der Lasterhaftigkeit absage" (Köstlin a. a. O. S. 29 fg.). Die langen Reihen von Zwischenwesen und Geistern, welche die Kluft zwischen dem Unendlichen und dem Endlichen ausfüllen, verrathen zwar auf der einen Seite nur den der Gnosis als einem echten Erzeugnisse des Orients überhaupt eigenen Hang zum Mysterienwesen und der Unterscheidung von zahlreichen Stufen, Ordnungen und Weihen, auf der andern Seite dienen sie aber allerdings, wie Köstlin bemerkt, der Idee absoluter Gerechtigkeit, „kraft welcher jeder Art von Gesinnungs- und Handlungsweise, jedem Verdienste und jeder Schuld, jedem größeren oder geringeren Grade des einen oder des andern, jeder einzelnen höhern oder niedern Stufe geistiger Erkenntniß und Reinheit, zu welcher der Mensch sich erhebt, auch ein bestimmter Ort und Grad der Belohnung oder Strafe, eine bestimmte Abstufung der Seligkeit und Herrlichkeit oder der Qual und Verdammniß entsprechen muß. Das Thun des Menschen ist auch sein Schicksal; je nach der Höhe oder Tiefe, zu der sein geistiges Leben sich erhoben hat oder herabgesunken ist, bestimmt sich auch der Platz, den er im Jenseits einnehmen und das Loos, das ihm dort zu Theil werden wird, und darum sind auch mannigfaltige und verschiedene ein für alle Mal geordnete Stufen, sowol in der lichten Welt der Seligkeit als in der dunkeln Region der Verdammniß nothwendig, in welchen jeder nach Verdienst seinen Ort finden kann." Daher „hat auch die christliche Erlosung ihr Wesen eben darin, daß sie nicht nur dem, der Buße thut, Alles, auch das Schwerste verzeiht, sondern auch Jedem, je nachdem er „„gesucht, gestrebt und gerungen"" hat (vergl. S. 250 fg. 254. 280 u. s. w.) und je nachdem ihm geistige Hilfe und Förderung von Seiten seiner Mitbrüder zu Theil geworden ist (vergl. S. 238 fg. 263 fg. u. s. w.), seinen eigenen Platz und Rang innerhalb der über alle Welten und Himmel unendlich erhabenen Region des göttlichen Lichtreiches anweist; das Evangelium soll eben dadurch das höhere Streben im Menschen um so mächtiger und kräftiger erregen, daß es für alles und

gar nicht bedürfen, so erhellt von selbst, in welcher Spannung die metaphysischen Gegensätze sich hier noch gegen einander befanden.

31) Phil. VIII, 10. p. 268 *M.*: εἶναι (cod. εἴη) δὲ καὶ ἀπὸ ἑκάστου τῶν τριάκοντα αἰώνων ἁπάσας ἰδέας (cod. ἅπασαν ἰδέαν) κατειλημμένας ψυχάς, καὶ φύσιν ἔχει (cod. ἔχειν) τούτων ἑκάστην νοεῖν (cod. ἑκάστην ὃ ἦν) τὸν κατὰ φύσιν Ἰησοῦν, ὃν ἐκεῖνος ὁ μονογενὴς ὁ αἰώνιος ἀπὸ τῶν αἰωνίων τόπων ἐνεδύσατο· εἰσὶ δὲ οὗτοι διάφοροι. Διὰ τοῦτο τοσαύτας αἱρέσεις ζητούσας τὸν Ἰησοῦν περιμαχήτως, καὶ ἔστι πάσαις οἰκεῖος αὐταῖς, ἄλλῃ δὲ ἄλλος (cod. ἄλλως) ὁρώμενος ἀπ' ἄλλου τόπου (cod. τύπου), ἐφ' ὃν ἑκάστη φέρεται, φησίν, καὶ σπεύδει, δοκοῦσα τοῦτον εἶναι μόνον, ὅς ἐστιν αὐτῆς συγγενὴς ἴδιος καὶ πολίτης, ὃν ἰδοῦσα πρῶτον (cod. πρῶτος) ἴδιον ἐγνώρισε μὲν ὡς ἀδελφόν, τοὺς δὲ ἄλλους νόθους. Οἱ μὲν οὖν ἐκ τῶν ὑποκάτω τόπων τὴν φύσιν ἔχοντες τὰς ὑπὲρ αὐτοὺς ἰδέας τοῦ σωτῆρος ἰδεῖν οὐ δύνανται, οἱ δὲ ἄνωθεν, φησίν, ἀπὸ τῆς δεκάδος τῆς μέσης καὶ τῆς ὀγδοάδος τῆς ἀρίστης, ὅθεν ἐσμὲν ἡμεῖς, λέγουσιν, οὐκ ἐκ μέρους, ἀλλ' ὅλον αὐτοὶ τὸν Ἰησοῦν τὸν σωτῆρα ἴσασι, καὶ εἰσὶν ἄνωθεν τέλειοι μόνοι, οἱ δὲ ἄλλοι πάντες ἐκ μέρους.

jedes Bemühen auch eine entsprechende Ehre und Belohnung in Bereitschaft hält, und so Jeder nicht nur zur Begnadigung und Erlösung überhaupt, sondern auch zu einer besonderen, genau nach Verdienst abgemessenen Anerkennung seiner Person gelangt" (Köstlin a. a. O. S. 25 fg.). Das ist die ethische Tendenz des Systemes, das bei allem Vorzuge, der auch hier noch der Gnosis im specifischen Sinne gesichert bleibt, dennoch die metaphysische Scheidewand zwischen Pneumatikern, Psychikern und Hylikern niederreißt und an deren Stelle die Willensfreiheit und die durch diese bedingte Vergeltung setzt. Erscheint nur so die Idee der göttlichen Gerechtigkeit wirklich gewahrt, so erhält andererseits auch die Gnade in der kirchlichen Bedeutung des Wortes ihr Recht, das Christenthum ist im ethischen Sinne die Religion der Erlösung und Beseligung, daher es hier sogar auch eine eigene Classe von Principien gibt, die sich Jedes erbarmen (vergl. Köstlin a. a. O.). Für das Weitere müssen wir einfach auf die treffliche Köstlin'sche Arbeit verweisen; soviel aber geht von selbst aus dem Mitgetheilten hervor, daß die Pistis-Sophia in demselben Maße, als sie grade in den grundlegenden Principien von dem eigentlichen Gnosticismus sich entfernt, der katholischen Gnosis des Clemens und Origenes sich nähert. Auch darin mag man eine Ueberwindung der specifisch gnostischen Ideen erkennen, daß das System keinen eigentlichen Demiurgen mehr kennt, dessen Functionen unter eine Unzahl von dii, προπάτορες, ἄρχοντες und ἀρχάγγελοι vertheilt werden, wogegen die unter den Namen mysteria und praecepta auftretenden Wesen schon an die himmlische Hierarchie des Dionysios Areopagites erinnern. Als das letzte uns bekannte Glied in der großen Entwickelungsreihe der Ophitischen Systeme gehört die Pistis-Sophia jedenfalls schon der ersten Hälfte des 3. Jahrh. an, ihre Heimat ist, wie Köstlin nachweist, Aegypten, wohin eine Anzahl von Namen und Beziehungen, desgleichen die ägyptische Zeitrechnung führt, um von anderen zweifelhafteren Anzeichen abzusehen; aber die syrisch-chaldäische Grundlage verleugnet sich auch hier keineswegs und wird durch zahlreiche, dem Vorstellungskreise Vorderasiens entnommene Ideen, vor Allem aber durch den Umstand erwiesen, daß die Mehrzahl nichtgriechischer Namen chaldäischen Ursprungs sind (vergl. Köstlin a. a. O. S. 188).

Nach allem bisher Besprochenen wird man das Buch Pistis-Sophia nur dem dritten Stadium der gnostischen Bewegung zuweisen müssen. Wenn die Gnosis auf ihrer ersten Stufe mit der Auseinandersetzung zwischen Christenthum und Judenthum beginnt, auf der zweiten die Speculationen und Mythen der hellenischen Welt im umfassendsten Maße in ihren Bereich zieht, so erwacht auf der dritten das Bedürfniß, das specifisch christliche Element diesen schrankenlosen Erweiterungen gegenüber sicher zu stellen. Die erste Periode der Gnosis beginnt mit der Identificirung von Christenthum und Judenthum und endigt damit, die Absolutheit der christlichen Religion im Gegensatze zum Judenthume festzustellen; aber um einen bewußten Gegensatz der gnostischen Weltanschauung zum gemeinchristlichen Glauben handelt es sich hier noch ebenso wenig als um metaphysische Unterschiede zwischen zwei verschiedenen Menschenclassen in der Christenheit selbst. Aber in demselben Maße, als die von Anfang an der Gnosis innewohnenden speculativen Ideen an Selbständigkeit und Zusammenhang gewinnen, vermindert sich die Widerstandskraft, welche das positiv christliche Element jener Speculation entgegensetzen kann, heidnische Elemente strömen immer reichlicher zu, daher denn auf dem zweiten Stadium unter dem vorherrschenden Einflusse griechischer Philosophie die Gnosis zwar ihre höchste speculative Blüthe entfaltet, aber gleichzeitig auch zum bewußten Gegensatze gegen die gemeinchristliche Pistis, und zur metaphysischen Unterscheidung der Pneumatiker und Psychiker fortschreitet, als zweier specifisch verschiedener Menschenclassen innerhalb der Christenheit selbst. Auf dem dritten Stadium mündet die Gnosis in die katholische Weltanschauung allmählich wieder ein; das speculative Element tritt hinter das ethische, die blos phänomenologische Seite der Erlösung hinter ihre praktisch-sittliche Bedeutung zurück. In der Pistis-Sophia ist es, neben jener von Köstlin geltend gemachten Idee der absoluten Gerechtigkeit, namentlich die Willensfreiheit und in Verbindung mit ihr die unendliche Entwickelungs- und Erlösungsfähigkeit des endlichen Geistes auf der einen, die unerschöpfliche Gnadenfülle und Erlöserbereitschaft der Gottheit auf der anderen Seite, in welcher das ganze System seinen Schwerpunkt findet; was kann man aber in dem Allen anders sehen, als ein allmähliches Widererstarken des specifisch christlichen Elements gegenüber einer alles Positive verflüchtigenden Speculation? In demselben Maße, als die ethische Grundrichtung des Christenthums wieder zur Geltung kommt, setzt es sich auch der Philosophie oder dem Wissen in dessen exclusiver Bedeutung gegenüber in sein unverlierbares Recht als die absolute Religion oder das absolute Heilsprincip wieder ein.

Es ist daher nur der in der Natur der Sache begründete Entwickelungsgang, wenn auf dieser dritten Stufe auch die absolute Bedeutung des Christenthums im Unterschiede von allem Vor- und Außerchristlichen wieder schärfer hervortritt. Nirgends zeigt sich dies deutlicher als bei Markion, den wir neben der Pistis-Sophia als den hervorragendsten Vertreter der Gnosis auf ihrem letzten Stadium bezeichnen müssen[82]). Der äußeren Anlage nach kann es kaum größere Gegensätze geben, als die weit ausgesponnenen Emanationen der Pistis-Sophia auf der einen und Markion's Abschneidung fast aller mythologischen Bestandtheile auf der anderen Seite.

Dennoch gehören beide Systeme durch ihre vorherrschend ethische Tendenz und ihre Vermischung der metaphysischen Unterschiede zwischen Psychikern und Pneumatikern im Christenthume zusammen. Beide Systeme sind äußerlich betrachtet auf sehr verschiedenem Boden gewach-

82) Vergl. für das Folgende besonders die Baur'sche Darstellung, Christl. Gnosis S. 241—300.

sen; jenes ist die reichste und üppigste Frucht der hellenistischen Gnosis, dieses stammt unmittelbar von den älteren einfachen syrischen Systemen her, in jenem überwiegt ebenso sehr das pantheistische, wie in diesem das dualistische Element, aber trotz allen diesen Verschiedenheiten bezeichnet auch das System Markion's dasselbe an der Pistis-Sophia entwickelte Stadium der Gnosis. Beide Male ist es die Wiederannäherung an das ethisch-praktische Christenthum, welche dort auf dem Gebiete der hellenistischen, hier auf dem der syrischen Gnosis sich vollzieht, wenn auch in allem Uebrigen dieser Proceß einen sehr verschiedenartigen Verlauf nimmt. Auch der Zeit nach liegen beide sehr weit aus einander; die Pistis-Sophia ist sicher mehr als ein halbes Jahrhundert jünger als Markion, es versteht sich aber freilich von selbst, daß jene emanatistischen Systeme, zu denen die Pistis-Sophia gehört, eine unendlich reichere und mannigfaltigere Entwickelung zu durchleben hatten, während bei dem auf syrischem Boden erwachsenen Markionitischen Systeme alle Hauptmomente, die hier in Betracht kommen, weit schneller, einfacher und schärfer sich ausprägen mußten. In sofern eignet sich auch kein System besser, als das des Markion dazu, dieses dritte Stadium der Gnosis nach allen Seiten hin umfassend zu veranschaulichen.

Man hat mit Recht das Charakteristische an Markion in der schroffen Abstoßung alles Nichtchristlichen, in der Zerreißung alles geschichtlichen Zusammenhanges zwischen Judenthum und Christenthum, in der unvermittelten Plötzlichkeit, mit welcher das Letztere, als die schlechthin neue Religion in die Welt sich einführt, gefunden. Von dem mythischen Apparate der älteren Gnosis ist hier fast nur noch die Figur des Demiurgen geblieben, der als der nur gerechte Weltschöpfer und Judengott durch eine specifische Wesensverschiedenheit von dem im Christenthume sich offenbarenden Gotte der Liebe getrennt wird; diese Unterscheidung ist aber, wenn irgend wo, so gewiß bei Markion „der metaphysische Ausdruck für das Neue und Absolute der christlichen Religion." Nur weil das Christenthum mit der ganzen bisherigen Weltentwickelung durchaus Nichts zu schaffen hat, weder in der Natur noch in der Geschichte des alten Testamentes irgendwie vorbereitet worden ist, bleibt in diesem Systeme der Demiurg als Ueberrest der älteren gnostischen Mythologie, und unter denselben Gesichtspunkt ist, wie ebenfalls schon von Baur erläutert worden ist, der schroffe Doketismus Markion's zu stellen. Der aus dem Buche Baruch bekannte Mythus von Elohim und seiner weiblichen Genossin der Edem begegnet uns auch bei Markion, aber in einer neuen, sehr charakteristischen Wendung. Nach der Darstellung des armenischen Bischofs Esnig ließ Markion die Welt und die Geschöpfe entstehen, wie die Schrift lehrt, aber nicht durch den guten Gott, sondern den Gott des Gesetzes. Alles, was er machte, schuf er in Verbindung mit der Materie, mit der er sich wie der Mann mit dem Weibe begattete. Bei der Menschenschöpfung gibt die Materie den irdischen Stoff, der Gesetzgeber den Geist dazu. Nach der Vollendung der Welt ging er mit seinen Heerscharen in den Himmel, die

Materie aber und ihre Söhne blieben auf der Erde, und jeder herrschte in dem Seinigen, die Materie auf der Erde und der Gott des Gesetzes im Himmel [33]). Alles dies, und was dann noch weiter über den Zwiespalt und die gegenseitige Beschdung der beiden Eheleute berichtet wird, ist Nichts als eine Wiederholung jenes alten kosmogonischen Mythus, aber darin unterscheidet sich Markion wieder in sehr bezeichnender Weise von der älteren Darstellung, daß er den Gott des Gesetzes oder Elohim nicht mehr wie dort geschieht zum guten Gotte sich erheben und zum Bewußtsein seines pneumatischen Wesens gelangen läßt, sondern ihn dem guten Gotte im schroffen Dualismus gegenüberstellt. Vermittelt Elohim, nach dem Buche Baruch, als dienstwilliges Werkzeug des höchsten Gottes, die Gesetzgebung ebenso wol als die Erlösung, so ist er hier ausschließlich der Judengott, der die Sendung Christi nicht nur nicht vorbereiten, sondern sich zu derselben nur feindlich verhalten kann. Die alte Streitfrage, ob Markion zwei oder drei Principien gelehrt, ist nach den Baur'schen Forschungen (Gnosis S. 276 fg.) für die Zweiheit entschieden, wobei aber der Demiurg nur auf die Seite der Materie zu stehen kommen kann. Der Hauptgegensatz ist der des bekannten und des unbekannten, des sichtbaren und des unsichtbaren Gottes, die Materie nur das Substrat des sichtbaren Demiurgen, die trotz des relativen Gegensatzes zwischen beiden als seine [illegible] mit ihm zusammengehört. Allerdings sucht der Gott des Gesetzes den Adam, seinen und der Materie gemeinsamen Sohn, so viel als möglich der Mutter zu entfremden; dies ist gegen den ehelichen Vertrag, daher die Mutter nach dem Rechte der Vergeltung die Welt mit einer Menge falscher Götter erfüllt, über denen der Herr der Geschöpfe vergessen wird; zur Strafe dafür schleudert dieser die abtrünnige Nachkommenschaft Adam's in die Hölle [34]). Aber dem guten Gotte gegenüber kommt dieser häusliche Zwist nicht weiter in Betracht; der Judengott ist ein hartes, grausames, trotziges, kriegerisches Wesen, das nur die starre Gerechtigkeit und das unerbittliche Vergeltungsrecht kennt, bis ihm beim Tode Christi, den er ans Kreuz schlug und dessen Seele er, wie nach katholischer Lehre der Teufel, in seiner Gewalt halten will, mit demselben Maße, mit dem er zu messen gewohnt war, wieder gemessen, und so seine unrechtmäßig geraubte Beute sammt allen Seelen, die an Christus glauben, entrissen wird [35]).

Sonach besteht freilich ein Gegensatz zwischen dem Demiurgen und der Materie, dem Herrn der Geschöpfe und den falschen Götzen, oder dem jüdischen Gesetze und der heidnischen Abgötterei, aber dieser Gegensatz ist ein verschwindendes Moment, sobald der ungleich tiefere Gegensatz der christlichen und der vorchristlichen Welt in Betracht kommt. Dem unsichtbaren, pneumatischen Christengotte gegenüber ist der sichtbare Demiurg der Gott

33) Vergl. Neumann, Markion's Glaubenssystem, dargestellt von Esnig. Zeitschrift für histor. Theol. IV, 1. S. 72 fg. und weitere Belege bei Baur, Gnosis S. 284. 34) Esnig a. a. O. S. 73. 35) Esnig a. a. O. S. 74 und dazu Baur, Gnosis S. 273 fg. Versöhnungslehre S. 27 fg. 51 fg.

der Körperwelt und der Materie; das Christenthum ist die rein geistige Religion, welche die Freiheit des Geistes von den Banden der Materie bringt, eben darum aber auch zu dem vom Gotte der Körperwelt ausgegangenen alten Testamente sich nur unbedingt verwerfend verhalten kann. In derselben gegensätzlichen Stellung zur gesammten vorchristlichen Zeit, als der in den Banden der Materie gefesselten, wurzelt auch jene eigenthümliche Wendung des Doketismus bei Markion, nach welcher Christus selbst, ohne durch den Leib der Maria hindurchgegangen zu sein, plötzlich im 15. Jahre des Kaisers Tiberius in einem Scheinkörper vom Himmel herniedersteigt (*Tertull.* Adv. Marcionem I, 19. IV, 7). Es zeigt sich darin nicht blos der schroffe Dualismus zwischen Geist und Materie, der auch nicht einmal eine scheinbare Berührung des pneumatischen Christus mit dem unreinen Mutterleibe zugeben will, sondern ebenso sehr auch das Streben, das Christenthum von aller Beziehung zum Judenthume abzulösen. Christus kann daher, ebenso wenig wie er aus der Maria ist, der aus dem Stamme David's erwartete Messias sein, der Messias, den der Gesetzgeber verhieß, war ein ganz anderes Wesen, sein Reich kein himmlisches, sondern ein irdisches, seine Bestimmung nur für jenes eine Volk, nicht für das ganze Menschengeschlecht (*Tertull.* l. c. III, 12. 16 fg. 21—24). Wie daher Christus allenthalben die Gesetze des Judengottes geflissentlich brach (*Tert.* IV, 9. 11. 12. 20 u. ö.), so kann auch das wahre Christenthum nur dasjenige sein, welches vollständig mit dem jüdischen Gesetze gebrochen hat, Paulus ist daher der einzige wahre Apostel, seine Briefe sammt dem Paulinischen Lukasevangelium die allein echten Urkunden der christlichen Religion, aber auch diese nur, wenn man sie von den judaistischen Verfälschungen gereinigt hat.

Aus dem Allen ist freilich klar, daß auch das Markionitische System durchaus für ein echt gnostisches gehalten werden muß, seine Bedeutung für die Geschichte der Gnosis liegt aber keineswegs allein in jener schroff ablehnenden Stellung zum alten Testamente und der gesammten vorchristlichen Zeit, sondern vor Allem in den tieferen Motiven, die diesem seinem Antijudaismus zu Grunde liegen. Diese aber sind in letzter Instanz keineswegs in dem vorhin berührten Dualismus zwischen Geist und Materie zu suchen, sondern in dem Gegensatze der Güte und der Gerechtigkeit, aus welchem alle weiteren Ansichten Markion's geflossen sind. Allerdings ist der Christengott, wie Tertullian (I, 8) den Markion sagen läßt, ein neuer, den Juden unbekannter Gott, das Christenthum die schlechthin neue Religion, aber nur in sofern, als an die Stelle des harten Gesetzesjoches das Evangelium, an die Stelle des unerbittlichen jus talionis die in Christus offenbar gewordene Gnade getreten ist (vergl. die Belege bei Baur S. 248 fg.). Das Christenthum ist die schlechthin geistige Religion nur sofern es die allein ethische ist; die Idee der Gerechtigkeit, um welche die Religion des alten Testamentes sich bewegt, hat aber für Markion darum durchaus keinen ethischen Werth, weil sie für ihn von dem Begriffe unbarmherziger Strenge und tyrannischer Grausamkeit unabtrennbar ist (*Tertull.* I, 25; II, 11. 27). Dies ist der Gegensatz, auf welchen Markion in seinen berühmten Antithesen, soviel wir Kunde haben, immer wieder zurückkehrt (*Tertull.* IV, 1 fg.); der Gottesbegriff des alten Testamentes entspricht dem geläuterten sittlichen Bewußtsein des Christenthums nicht, denn auch abgesehen von den unwürdigen Eigenschaften, die die Juden ihrem Gesetzgeber zuschreiben, so kann seine belohnende und strafende Gerechtigkeit, über welche das Walten des Judengottes sich niemals erhebt, nur Furcht und Zittern, aber keine wahre Sittlichkeit wecken. Echte sittliche Gesinnung gibt es nur da, wo der Wille aus seiner Knechtschaft unter dem Gesetze zur freien Selbstbestimmung gelangt, dies aber ist nur möglich durch die Liebe, welche die Furcht verbannt (*Tertull.* I, 27; IV, 8). Das Evangelium von der freien sündenvergebenden Gnade oder von der in Christus erschienenen reinen Güte und Liebe vermag daher allein ein wahres sittliches Verhältniß zwischen Gott und den Menschen zu begründen, und **darum** ist das Christenthum wie die allein sittliche, so auch die allein geistige und schlechthin neue Religion. Wie doketisch daher auch sonst immer das Erlöserleben Christi gedacht wird, der Erlösungsbegriff ist dennoch ein anderer als der der früheren gnostischen Systeme, wie sich namentlich in der Versöhnungslehre Markion's zeigt[36]). Das Evangelium ist nicht, wie bei allen Gnostikern der zweiten Periode, die Mittheilung der höheren Erkenntniß an die Pneumatiker von ihrer höheren Natur, sondern die Botschaft von der sündenvergebenden Gnade, nicht jener Wendepunkt in der Geschichte des geistigen Samens, wo ihm das Bewußtsein dessen aufgeht, was er an sich schon ist, sondern die geschichtlich sich vollziehende Einführung eines neuen sittlichen Lebensprincipes in die Welt. Es ist bei Markion so wenig von einer metaphysischen Naturbestimmtheit verschiedener Menschenclassen die Rede, daß ihm ein Hauptvorzug des Christenthums vor dem Judenthume grade in seiner Universalität gegenüber dem alttestamentlichen Particularismus liegt; alle, die da glauben an Christus, werden diesem als Eigenthum übergeben, und wie hiermit die absolute Bedeutung des Glaubens im Paulinischen Sinne des Wortes behauptet wird, so verliert der Gegensatz zwischen πίστις und γνῶσις für die Praxis alle und jede Bedeutung. Freilich stellt sich auch Markion mit seiner Gnosis dem gemeinkatholischen Standpunkte entgegen; aber das, wogegen er Einspruch erhebt, ist nicht der schlichte Glaube an die von Christus gestiftete Sündenvergebung, sondern nur die Verunreinigung des echten Paulinischen Christenthums durch jüdische Gesetzlichkeit. Lassen die Valentinianer die Pneumatiker allein durch die Gnosis und nur die niedere psychische Menge der gemeinen Christen durch Glauben und Werke gerechtfertigt werden, so kennt Markion diesen Unterschied nicht, ebenso wenig wie er von dem anderen Unterschiede etwas weiß, daß nur die Gnostiker ins Pleroma kommen, die psychischen Christenseelen aber trotz der auch ihnen zu Gute kommenden Erlöjung außerhalb des Lichtreiches

36) Lenig a. a. O. S. 74, womit auch noch das von Dorner (Entwickelungsgeschichte der Lehre von der Person Christi I, 383) Beigebrachte zu vergleichen ist.

am Orte der Mitte verbleiben müssen[37]). Der Gegensatz des Markion gegen die katholische Lehre geht daher nur so weit, als sein allerdings auf die Spitze getriebener Paulinismus geht; er zweckt mit einem Worte auf eine Reform des herrschenden judaisirenden Kirchenthums ab[38]), und diese reformatorische Tendenz ist ihm so sehr die Hauptsache, daß alle seine sonstigen echt gnostischen Ideen nur als der speculative Unterbau seiner Heilslehre betrachtet werden können. Es ist bereits von Anderen darauf hingewiesen worden, daß Markion seinen Ausgang vom Paulinismus nahm, und, wie die alten Schriftsteller einstimmig berichten, erst in Rom jenen syrischen Gnostiker Kerdon kennen lernte, dem er seine Principienlehre und nach den Zeugnissen der Väter auch seinen Antijudaismus entlehnte[39]). Wie Markion also von Anfang an dem specifisch gnostischen Ideenkreise ferner stand, so scheint es auch nachmals von seiner Seite an Annäherungsversuchen an die Katholiker nicht gefehlt zu haben[40]), indessen hindert uns dieser Umstand nicht, hier, wo es sich nicht sowol um den Bildungsgang der einzelnen Person, als vielmehr um die Geschichte der Gnosis überhaupt und die verschiedenen Stadien ihres inneren Verlaufes handelt, die Sache auch umgekehrt zu betrachten, und in Markion einen Hauptvertreter jener letzten Entwickelungsstufe zu sehen, auf welcher die Gnosis in die katholische Pistis wieder einmündet.

Es steht hiermit der Umstand durchaus nicht im Widerspruche, daß grade die Markioniten unter allen gnostischen Parteien sich am längsten in ihrem gesonderten Bestande erhielten. Während die übrigen Gnostiker nur Schulen gründeten, war es dem Markion um eine Reform der Gemeinde zu thun[41]), und grade aus dieser reformatorischen Tendenz dem herrschenden Kirchenthume gegenüber sog der Markionitismus fort und fort immer neue Lebenskraft. Wenn er nach der einen Seite hin an die Stelle des gnostischen Grundprincipes immer bewußter das katholische setzt, und im Unterschiede von der selbstgenugsamen γνῶσις die absolute Bedeutung der πίστις betont, so scheidet ihn derselbe Paulinische Glaubensbegriff nach der anderen Seite wiederum von der katholischen Kirche und deren zunehmender judaistischer Veräußerlichung. Eben weil der Markionitismus nach dieser Beziehung hin zugleich ein echt religiöses Bedürfniß befriedigt, das in dem katholischen Kirchenwesen zu kurz kommt, geht er als der Protestantismus des kirchlichen Alterthums selbständig neben dem Katholicismus her, findet noch zu des Epiphanios Zeit (vergl. Adv. haer. 42, 1) in Rom und Italien, in Aegypten und in Pontus, in Arabien und Syrien, in Cypern und in der Thebais, sogar in Persien und anderwärts zahlreiche Bekenner, erscheint noch im fünften Jahrhunderte in ungebrochener Kraft[42]), und erlebt seit dem 7. Jahrhunderte unter den Paulicianern eine neue, durch den Gegensatz zu der veräußerlichten „Römerkirche" hochbedeutsame Entwickelung; ja bis tief ins Mittelalter hinein pflanzen sich die Markionitischen Ideen fort, untermischt mit Manichäischen Elementen und durch die mannigfaltigsten Wandlungen hindurchgehend, aber noch immer lebenskräftig genug, um der Hierarchie und ihrem in Lehre, Cultus und Sitte entgeisteten Kirchenthume gegenüber eine neue Kirche der „Reinen" begründen zu helfen.

Wie viel gnostische Elemente sich aber von den Markioniten und Manichäern her bei den Paulicianern, Bogomilen und Katharern erhalten haben, so können dieselben für die Geschichte des eigentlichen Gnosticismus nicht weiter in Betracht kommen, da trotz der im Hintergrunde stehenden dualistischen Speculation doch nur praktisch kirchliche Reformtendenzen die treibenden Mächte ihrer Entwickelung sind. Der Markionitismus im engeren Sinne ist selbst nur das Anfangsglied dieser langen Kette reformatorischer Bewegungen, er ist dies aber nur in sofern, als er nach der anderen Seite das Schlußglied in der Kette der gnostischen Systeme bildet, oder von der Gnosis in ihrer specifischen Bedeutung zur Paulinischen Pistis zurücklenkt.

Im Vergleiche mit der Pistis-Sophia hat sich diese rückläufige Bewegung bei Markion freilich in sehr eigenthümlicher Weise gestaltet. Sein schroffer Antijudaismus steht zu dem den hellenistischen Systemen überhaupt eigenen milden und schonenden Verhältnisse jenes Buches zu den vorchristlichen Religionen im stärksten Contraste; von der Pistis-Sophia wissen wir, daß sie mit Vorliebe auf alttestamentliche Aussprüche zurückgeht, und auch unter den Gewährsmännern des Christenthums die unmittelbaren Apostel Christi vor Paulus begünstigt (vergl. Köstlin a. a. O. S. 181 fg.), und so gewiß es nach einer anderen Seite hin in dem Wesen der gnostischen Bewegung selbst seine Erklärung findet, daß der von Basilides, Valentin u. s. w. so gemilderte Gegensatz zum Judenthume auf dem letzten Stadium wieder geschärft werden konnte, so wenig ist doch jener schroffe Paulinismus darum ein nothwendiges Kennzeichen dieser Entwickelungsstufe, wie Hilgenfeld in Folge einer einseitigen Hervorhebung dieses Gesichtspunktes behauptet hat[43]). Ebenso wenig ist, wie ebenfalls die Pistis-Sophia lehren kann, die Beschränkung des mythologischen Elementes ein solches Kriterium, wenn dieselbe auch bei dem Markionitischen Systeme im engsten Zusammenhange mit seiner praktisch kirchlichen Richtung steht. Die Hauptsache bleibt hier wie dort immer nur die erneute Geltendmachung des ethischen Standpunktes gegenüber der Speculation, in dieser Beziehung aber ist nicht blos dieses charakte-

37) Wie sehr er auch sonst gegen die Beibehaltung aller trennenden Unterschiede in der christlichen Gemeinde eingenommen war, lehren die bei Baur a. a. O. S. 296 angeführten Stellen. 38) Vergl. die ausdrückliche Erklärung seiner Anhänger bei *Tertull.* Adv. Marc. I, 20. 39) Phil. VII, 37. *Iren.* I, 27. Libellus adv. omn. haer. 6. *Epiph.* 41, 1. 40) Hierher gehört die Erzählung von dem Zusammentreffen Markion's mit Polykarp bei *Iren.* Haer. III, 3, 4, wo die Frage, welche Markion an den Bischof von Smyrna richtet: *ἐπιγινώσκεις ἡμᾶς;* nur in der Absicht gethan sein kann, um von diesem für sich und seine Partei eine Anerkennung echter Christlichkeit zu erlangen. Auch die Erzählung des Tertullian (Praescr. haer. c. 30), Markion habe gegen Ende seines Lebens die Wiederaufnahme in die Kirchengemeinschaft gewünscht, sei aber durch den Tod an der Ausführung seines Vorhabens gehindert worden, gewinnt von dieser Seite her ein neues Licht. 41) Vergl. Neander, Kirchengeschichte I, 2. S. 816.

42) *Theodoret.* ep. 145, vergl. 113. 43) Evangelium Johannis S. 66 fg. Anm. — Urchristenthum S. 105 fg.

ristisch für Markion, daß er Nichts von Emanationen, Syzygien, Aeonen, von der Herabkunft des geistigen Samens in die untere Welt und ähnlichen Vorstellungen weiß, sondern noch mehr der andere Umstand, daß er überhaupt auf eine ganze Reihe von speculativen Fragen die Antwort schuldig geblieben, offenbar weil dieselben in ihm kein näheres Interesse erweckten [44]).

Unter den Schülern Markion's sehen wir allerdings mancherlei Meinungsverschiedenheiten auch über speculative Fragen entstehen, namentlich über die Zweiheit oder Dreiheit der Principien (vergl. besonders die Auszüge aus Rhodon bei *Eus.* H. E. V, 13). Außer dem von Rhodon angeführten Syneros, ferner dem Lucian (*Epiph.* 42, 1; *Pseudotertull.* Adv. omn. haer. 6) und dem in dem Dialogus de recta fide redend eingeführten Markioniten Megethios (Sect. 1. init.) gehört auch noch Prepon hierher, dessen Schriften der gleichzeitige Verfasser der Philosophumena einsah und dadurch seine eigenen Berichte über Markion's Lehre in Verwirrung brachte [45]). Alle diese nahmen nicht wie Markion selbst und auch nachmals noch viele seiner Anhänger zwei, sondern drei Principien an, den ἀγαθός, den δίκαιος und den πονηρός. Dennoch ging der Zug des Markionitischen Systemes so wenig auf eine tiefere Beschäftigung mit Fragen der Speculation [46]), daß selbst diese veränderte Principienlehre nur aus dem praktisch-religiösen Interesse erklärt werden kann, auch dem Judenthume noch eine wenn auch nur relative Berechtigung zuzugestehen. Am deutlichsten zeigt sich diese Richtung des Systemes bei Apelles, der unter allen Markioniten am entschiedensten in die kirchlichen Bahnen zurücklenkt. Apelles gehörte zu den unmittelbaren Schülern Markion's in Rom, wendete sich von da nach Alexandrien, kehrte aber späterhin wieder mit einer veränderten Lehre nach Rom zurück (*Tertull.* Praescr. haer. c. 30). Unter dem Einflusse hellenisirender Gnostiker hatte er in Alexandrien eine Aeonenlehre und die Platonische Idee vom Seelenfalle sich angeeignet. Außer dem einen namenlosen Gotte, dem alleinigen Urprincipe, nahm er noch unendliche Geisterreiche, Gewalten und Engel an. An der Weltschöpfung hat der namenlose Gott keinen Antheil, sie rührt von einem Anderen her, der Herr heißt und ein Engel ist: dieser hat die Welt in Nachahmung des himmlischen Urbildes geschaffen, aber unfähig das Urbild zu erreichen, bereut er sein unvollkommenes Werk (*Pseudotertull.* Libell. adv. omn. haer. c. 6; *Tertull.* De carne Christi c. 8; *Epiph.* Haer. 44, 1). Der Demiurg ist also wie bei Saturnin, den auch Tertullian mit Apelles zusammenstellt (De anima c. 23), nur ein beschränktes, aber kein dem wahren Gotte widerstrebendes Wesen; er ist das verirrte Schaf der Parabel, ähnlich wie die Ophitische Achamoth (*Tertull.* De carne Christi c. 8). Schon hieraus ergibt sich eine Milderung des Markionitischen Antijudaismus. Wenn daher auch Apelles Gesetz und Propheten verworfen haben soll (Libell. adv. omn. haer. c. 6; Philos. VII, 38), so sind wir doch anderweit berichtet, daß er ebenso wie Markion im neuen Testamente, so seinerseits auch im alten Testamente eine Auswahl traf, mit Berufung auf jenen Ausspruch des Herrn γίνεσθε δόκιμοι τραπεζῖται (*Pamphilus* in *Orig.* Opp. IV, 695 *de la Rue*; *Epiph.* Haer. 44, 5). Seine συλλογισμοί, in welchen er ganz in Markionitischer Weise die Mosaischen Lehren über Gott als irrig, viele Erzählungen des alten Testamentes als fabelhaft bekämpfte (Libell. l. c. *Orig.* c. Cels. V, 54; in Gen. hom. 2, 2; vergl. die Bruchstücke bei *Ambros.* De paradiso 5, 28), können daher auch in keinem unbedingten Gegensatze zum gesammten alten Testamente gestanden haben. Wahrscheinlich nahm er neben den göttlichen Wahrheiten, die der Demiurg wenn auch in unvollkommener Nachahmung dem guten Gotte entlehnte, dämonische Verfälschungen an. So sollten die Propheten ἐξ ἀντικειμένου πνεύματος inspirirt sein (*Rhodon* ap. *Eus.* H. E. V, 13), d. h. von dem ἄγγελος πύρινος, dem igneus praeses mali, der die Menschenseelen durch irdische Lockungen zum Falle aus ihren himmlischen Wohnungen verführt, und hier unten mit den sündigen Leibern bekleidet (*Tertull.* De anima c. 23; De carne Christi c. 8), und eben dieser im Feuer erscheinende Dämon ists, der zu Moses im Dornbusche geredet hat (Phil. VII, 38; X, 20). Aber wie entschieden durch dies Alles die echt Markionitische Grundlage hindurchblickt, so ist es doch sicher nur ein Misverständniß der Gegner, daß dieser ἄγγελος πύρινος mit dem Gotte der Juden und katholischen Christen identisch und von dem Urheber des Bösen noch verschieden sein soll [47]). Trotz aller Verfälschungen des alten Testamentes durch den ἄγγελος πονηρός ist nicht dieser, sondern der gerechte Demiurg Israels Gott, und wie ihn Christi Geist, Willen und Kraft beim Werke der Schöpfung unterstützt, (*Tertull.* De carne Christi c. 8), so muß dasselbe auch von der Gesetzgebung gelten. Hiermit ist eine Anschauung vom Demiurgen gewonnen, ähnlich der früher beim Buche Baruch entwickelten, und es kann nur als der natürliche Verlauf der gnostischen Bewegung betrachtet werden, daß auch die bei Markion noch so schroffe Entgegensetzung des Judengottes und des Christengottes schließlich in seiner eigenen Schule wieder gemildert wird.

44) Vergl. Baur, Gnosis S. 288 fg. 45) Phil. VII, 31. Vergl. Volkmar, Die Philosophumena und Markion. Theol. Jahrb. 1854, 1. S. 118 fg. 46) Ueber die sonstigen, zunächst anthropologischen Differenzen in der Schule vergl. Neander, Kirchengeschichte I, 2. S. 817.

47) Ersteres behauptet Tertullian (De anima c. 23), letzteres Pseudoorigenes (Phil. VII, 38; X, 20). Nach letzterem hätte Apelles vier Principien gelehrt, den ἀγαθός, den δίκαιος oder den Demiurgen, den πύρινος, der zu Moses redete, und den πονηρός, den αἴτιος κακῶν. Die Verwirrung löst sich, sobald wir annehmen, daß der feurige Engel des Apelles, ähnlich wie im Buche Baruch der Schlangendämon, den Moses behörte und die echte ihm gewordene Offenbarung verfälschte. Dadurch konnte Tertullian verleitet werden, ihn ohne Weiteres mit dem Gotte Israels zu identificiren, während Pseudoorigenes im richtigen Bewußtsein, daß der Gesetzgeber nach Apelles ein vom πονηρός verschiedenes Wesen war, ihn zwar ebenfalls mit dem πύρινος vermischte, aber gleichzeitig den αἴτιος κακῶν noch als einen vierten hinzufügte. Die Unterscheidung des Demiurgen und des Gesetzgebers findet sich freilich auch bei den Simonianern (*Clem.* Hom. 18, 12); aber die Ableitung der Gesetzgebung von dem igneus praeses mali paßt nicht zu der Annahme pneumatischer Bestandtheile auch im alten Testamente.

Freilich ist der Demiurg des Apelles auch so noch der Gesetzgeber der Juden, während die vorchristliche Zeit vom guten Gotte Nichts weiß, dies ist aber nicht mehr dahin zu verstehen, als ob dadurch jeder geschichtliche Zusammenhang des Christenthums mit dem Judenthume geleugnet werden sollte. Der Demiurg ist nach Apelles ein dienendes und williges Werkzeug der höheren Macht, und wenn er auch nicht, wie im Buche Baruch Elohim, bei der Sendung Christi betheiligt ist, so ist doch Christus umgekehrt bei den Werken des Demiurgen betheiligt. Das Bewußtsein von der absoluten Bedeutung der christlichen Religion ist bei Apelles zu mächtig, um Christenthum und Judenthum, wie ehedem der Ebionitische Verfasser des Baruchbuches, in Eins zu setzen, daher hat auch der unvollkommene Demiurg bei der vollkommenen Offenbarung Nichts mehr zu thun, aber es ist dennoch derselbe Christus, der im alten Testamente den Demiurgen unterstützt und im neuen Testamente die allein zureichende Erlösung begründet. So ist auch nach dieser Seite hin einer der Hauptanstöße, den das katholische Bewußtsein an der Markionitischen Lehre nehmen mußte, wenn auch nicht völlig hinweggeräumt, so doch jedenfalls erheblich gemildert. Dasselbe Wiedereinlenken in die kirchlichen Bahnen läßt sich aber auch sonst noch bei Apelles bemerken. Es muß zu den Haupteigenthümlichkeiten seiner Anschauung gezählt werden, daß er den Doketismus Markion's aufgibt. Nach den wesentlich übereinstimmenden Berichten der Kirchenlehrer wollte Apelles zwar ebenso wenig wie Markion eine menschliche Geburt Christi zugeben, ließ ihn vielmehr plötzlich vom Himmel herniedersteigen, trotzdem schrieb er ihm eine wahre menschliche Leiblichkeit zu, die der Sohn Gottes aus der Substanz des Weltalls genommen, aus Warmem und Kaltem, Flüssigem und Festem bereitet und so von den Sternen herabgebracht habe. Als der himmlische Mensch hat Christus also auch einen himmlischen Leib, da es seiner unwürdig ist, einen Leib aus jenem sündigen Stoffe zu nehmen, in welchen unsere Seelen in Folge des Falles gekleidet sind, aber wie trotz seiner wunderbaren Zubereitung der Leib Christi ein Gebilde aus wirklichen materiellen Bestandtheilen ist, so kommen ihm auch alle Affectionen zu, welche die Wahrheit seiner menschlichen Natur bethätigen. Er wird von den Juden ans Kreuz geschlagen, stirbt, ersteht nach dreien Tagen wieder auf, erscheint seinen Jüngern und zeigt ihnen die Nägelmale und die durchstochene Seite, damit sie sich überzeugen, daß er kein Phantasma, sondern in Wahrheit Fleisch geworden ist [48]). Da Apelles im Uebrigen den Dualismus zwischen Geist und Materie theilt, welcher nur eine Unsterblichkeit der Seelen, nicht aber der Leiber gestattet (Libellus l. c. Phil. X, 20), so läßt er freilich auch den Leib Christi, nachdem er seine Bestimmung erfüllt hat, in seine ursprünglichen Bestandtheile wiederaufgelöst werden [49]), aber grade darum verdient auch jenes Gewichtlegen auf die wahre Leiblichkeit, das wahre Leiden, Sterben und Auferstehen des Herrn um so größere Beachtung. Offenbar ist es wieder nur die praktisch kirchliche Tendenz, welche in dieser immerhin widerspruchsvollen Theorie uns entgegentritt. Dem Apelles ist es vor Allem um die Realität der Erlösung als geschichtlicher Thatsache zu thun, da diese aber, wie er wohl erkennt, mit der wahren Leiblichkeit Christi steht und fällt, so bestrebt er sich, letzterer eine Stelle in seinem Systeme zu sichern, wenn er auch seinen damit im Widerspruche stehenden speculativen Voraussetzungen den Boden für diese Lehre erst mühsam abringen muß. Schon für Markion hatte bei allem Doketismus doch das Leiden und Sterben des Erlösers eine tiefe, sittliche Bedeutung; Apelles geht auch in diesem Punkte noch einen entscheidenden Schritt über seinen Meister hinaus. Wie sehr bei Apelles das ethische Princip das speculative überwiegt, zeigt sich auch in seiner vorhin erwähnten Lehre vom Seelenfalle. Ohne Zweifel hat er dieselbe der alexandrinischen Gnosis entlehnt, aber während sie z. B. für die Valentinianer nur die Bedeutung eines philosophischen Mythus hat, der den Abfall des Geistes vom Unendlichen und sein qualvolles Ringen im endlichen Dasein veranschaulichen soll, so dient sie bei Apelles grade wie bei Origenes als Trägerin eines ethischen Gedankens: sie soll das Räthsel unserer sittlichen Verschuldung lösen (*Tertull.* De anima 23). Je entschiedener aber dieser ethische Gesichtspunkt festgehalten wird, desto mehr muß die Gnosis ihre absolute Bedeutung wieder verlieren. Das christliche Bewußtsein rettet sich aus der maßlosen Verflüchtigung seines positiven Gehaltes zurück in seine eigenen Tiefen; es hält Einkehr in sich selbst und findet als seinen unantastbaren Kern das Evangelium von der sündenvergebenden Liebe, das nur im Glauben ergriffen werden kann. Die Hauptsache, auf die es daher dem Apelles immer wieder ankommt, ist der Glaube an die geschichtlichen Thatsachen des Heils; nicht die Gnosis als solche, sondern allein jener seiner Natur nach ethische Glaube hat daher im Christenthume schlechthinigen Werth. Die subjective Vermittelung dieses Heils für das denkende Bewußtsein mag dabei immerhin eine sehr verschiedene sein; hierauf kommt es aber im Grunde auch nicht an, ein Jeder bleibe also bei dem, was er im Glauben ergriffen hat. Nur der wird gerettet, der seine Hoffnung auf den Gekreuzigten setzt und in guten Werken seinen Glauben bethätigt [50]). Bestimmter kann sich auch der rechtgläubigste Kirchenlehrer nicht aussprechen; die Scheidewand zwischen der katholischen und der gnostischen Weltanschauung ist niedergerissen, sobald die *πίστις* im specifischen Sinne des Wortes für die Allen schlechthin unentbehr-

48) Phil. VII, 38; X, 20. *Tertull.* De carne Christi c. 6. 8. De resurr. carnis c. 2. *Pseudotertull.* Libell. adv. omn. haer. 6. *Epiph.* 44, 2; vergl. auch Dorner, Entwickelungsgeschichte der Lehre von der Person Christi I. S. 387 fg. Nach Tertullian und dem Libellus ist der Leib Christi freilich propriae qualitatis, ein corpus sidereum et aëreum; wie wenig aber darunter ein immaterieller Leib verstanden werden dürfe, lehren die näheren Ausführungen bei Pseudoorigenes und Epiphanius.

49) Diese Nachricht des Libellus, welche Dorner mit Unrecht bezweifelt, wird jetzt auch durch die Philosophumena bestätigt.

50) Nach Rhodon bei *Eus.* a. a. O. sagte er: *μὴ δεῖν ὅλως ἐξετάζειν τὸν λόγον, ἀλλ' ἕκαστον, ὡς πεπίστευκε, διαμένειν. σωθήσεσθαι γὰρ τοὺς ἐπὶ τὸν ἐσταυρωμένον ἠλπικότας, μόνον ἐὰν ἐν ἔργοις ἀγαθοῖς εὑρίσκωνται.*

liche Bedingung der Seligkeit gilt, es ist daher hier der Punkt, wo der eigentliche Gnosticismus sich aufhebt und in das katholische Bewußtsein übergeht. Der Markionitismus ist es, welcher in seiner weiteren Entwickelung durch Apelles diesen letzten entscheidenden Schritt vollzieht, und so leidenschaftlich daher auch die Erbitterung ist, mit welcher die Kirchenlehrer grade diese Gestalt der Gnosis bekämpfen, so möchte es dennoch unmöglich sein, zwischen dem Markioniten Apelles auf der einen, den Clementinischen Homilien und dem alexandrinischen Clemens auf der anderen Seite irgend einen specifischen Unterschied in der hier allein in Frage kommenden Fundamentallehre anzugeben.

Mit dem Allen ist aber freilich noch nicht gesagt, daß der Markionitismus in der Form, die Apelles demselben gegeben hat, sich aller die Gnostiker von Anfang an beschäftigenden speculativen Fragen entschlagen hätte, im Gegentheile kam auch bei dieser Umbildung der Markionitischen Lehre auch das speculative Interesse ganz wesentlich mit ins Spiel. Es handelt sich in dieser Beziehung für Apelles vor Allem um die Antwort auf jene von Markion ungelöst gelassene Frage, wie jener Dualismus des guten und des gerechten Gottes sich wieder auf eine Einheit zurückführen lasse. Dieses eine Urprincip stand für das Bewußtsein des Apelles unwandelbar fest, wie ihm sein Gegner Rhodon ausdrücklich bescheinigt, ja die wissenschaftliche Begründung desselben war ihm so sehr das Hauptproblem seiner ganzen Speculation, daß sie durch alle Wandlungen seiner Lehre als der leitende Gedanke hindurchgeht. Um den Demiurgen näher mit dem guten Gotte zusammenzurücken, nahm er seine Zuflucht zu jener Sonderung echter und unechter, göttlicher und ungöttlicher Bestandtheile des alten Testamentes, die wir sonst nur noch in judenchristlichen und Valentinianischen Kreisen antreffen; hierdurch kam freilich dieselbe Zweiheit der Principien, der Apelles entrinnen wollte, von einer anderen Seite her wieder herein, und er selbst mußte nach vergeblichem Ringen schließlich gestehen, daß er nicht begreife, wie die Einheit des Urprincipes denkbar sei, dennoch aber wollte er lieber auf alle Speculation als auf den Glauben an die Einheit Gottes verzichten. Diese resignirte Stimmung ist also das letzte Resultat, wobei diese Gnosis nach ihren titanischen Versuchen, das Welträthsel zu lösen, schließlich anlangt. Hatte sie ehedem alle Geheimnisse im Himmel und auf Erden zu enthüllen versucht, und im stolzen Selbstvertrauen alle Brücken, die sie mit dem kirchlichen Glauben verbanden, hinter sich abgebrochen, so gesteht am Ende dieser Bewegung das Wissen seine eigene Unzulänglichkeit ein und verzweifelt an sich selbst, weil es sich außer Stande sieht, die einheitliche Weltanschauung, um die es dem denkenden Geiste vor Allem zu thun ist, in ihrem inneren Zusammenhange zu begründen[51]. Im Zwiespalte des Glaubens und des Wissens bleibt auch nach Apelles Nichts übrig, als auf das Wissen zu verzichten und den Glauben zu behalten; dies hat aber freilich nur dann einen Sinn, wenn, wie durch Apelles geschehen ist, auch dem Glauben an sich selbst eine absolute Bedeutung eingeräumt wird, oder wenn an die Stelle des gnostischen Grundprincipes das katholische tritt.

Wie fließend auf diesem letzten Stadium der Gnosis die Grenzlinien des Katholischen und Häretischen sind, kann namentlich das Beispiel der beiden syrischen Gnostiker Tatian und Bardesanes lehren. Tatian war ein Schüler des Märtyrers Justin, lebte mit diesem längere Zeit in Rom und kehrte erst nach dessen Tode in seine Heimat Assyrien zurück (*Epiph.* Haer. 46, 2). Nach der übereinstimmenden Angabe der Kirchenlehrer, an deren Spitze Irenäus steht (I, 28, 1, griechisch bei *Eus.* H. E. IV, 29), wäre Tatianus ursprünglich Katholiker gewesen und erst nach dem Tode Justin's von der Kirche abgefallen. Es muß indessen schon diese Angabe in Zweifel gezogen werden. Die Gegner vermochten sich den Umstand, daß Tatian nicht blos mit dem Märtyrer Justin verkehrte, sondern auch den im Alterthume hochangesehenen λόγος πρὸς Ἕλληνας geschrieben hatte, mit seinen ketzerischen Meinungen nicht zusammenzureimen; was nach ihrer Vorstellung innerlich unverträglich war, mußte also der Zeit nach auseinanderliegen. Allein eine nähere Betrachtung zeigt, daß die Anknüpfungspunkte für alle wirklichen oder vermeintlichen Ketzereien Tatian's bereits in seinem apologetischen Werke zu finden sind. Außer seiner angeblichen Aeonenlehre, die er von Valentinus entlehnt haben soll, erwähnt Irenäus nur zwei Ketzereien Tatian's: er habe die Ehe als teuflisch verworfen und dem Adam die Seligkeit abgesprochen. Beide Meinungen hangen mit jener dualistischen Weltanschauung zusammen, von welcher schon die ganze Apologie des Tatianus beherrscht ist; zwei Reiche, das Reich der Materie und das Reich des Geistes stehen einander gegenüber; der Mensch gehört vermöge seiner natürlichen Beschaffenheit beiden an und kann zwischen ihnen wählen[52]. Sein πνεῦμα ist die μοῖρα θεοῦ, in ihm beruht das Ebenbild Gottes und der Besitz der Unsterblichkeit; sofern aber dieses πνεῦμα δυνατώτερον von dem Menschen scheidet, wird er sterblich (Orat. c. Graec. c. 7. 12. 13. 15). Dagegen ist die ψυχή nur der δεσμὸς τῆς σαρκός, das den Körper

---

51) Zu dem oben aus Rhodon Angeführten ist noch hinzuzunehmen, was dieser noch weiter über Apelles berichtet: τὸ δὲ πάντων ἀσαφέστατον ἐδογματίζετο αὐτῷ πρᾶγμα καθὼς προειρήκαμεν, τὸ περὶ τοῦ θεοῦ. ἔλεγε μὲν γὰρ μίαν ἀρχήν, καθὼς καὶ ὁ ἡμέτερος λόγος. Auf die Frage Rhodon's, wie Apelles im Stande sei, die Einheit seines Urprincipes zu begründen, habe er erwidert: τὰς μὲν προφητείας ἑαυτὰς ἐλέγχειν, διὰ τὸ μηδὲν ὅλως ἀληθὲς εἰρηκέναι· ἀσύμφωνοι γὰρ ὑπάρχουσι καὶ ψευδεῖς καὶ ἑαυταῖς ἀντικείμεναι. τὸ δὲ πῶς ἐστι μία ἀρχή, μὴ γινώσκειν ἔλεγεν, οὕτω δὲ κινεῖσθαι μόνον. εἶτ' ἐπομοσαμένου μου τἀληθὲς εἰπεῖν, ὤμνυεν ἀληθεύων λέγειν, μὴ ἐπίστασθαι πῶς εἷς ἐστιν ἀγέννητος θεός, τοῦτο δὲ πιστεύειν. Auf dieses ehrliche Geständniß hatte Rhodon freilich keine andere Erwiderung in Bereitschaft als ein verächtliches Lachen; es fragt sich nur, ob ihn eine ähnliche ernste und rastlose, aber von besserem Erfolge gekrönte Geistesarbeit dazu berechtigte, oder ob es nicht vielmehr nur die bekanntlich bequem genug zu ersteigende Höhe kirchlicher Rechtgläubigkeit war, von welcher er auf diesen sein eigenes Nichtwissen offen bekennenden Gnostiker so vornehm herabsah.

52) Vergl. *Duncker*, Apologetarum secundi saeculi de essentialibus naturae humanae partibus placita. Part. II. Tatianus. Göttinger Pfingstprogramm 1850.

durchdringende und zusammenhaltende animalische Lebensprincip; sie ist nicht unsterblich an und für sich, sondern es kommt ihr nur die Fähigkeit zu, nicht sterben zu können. Wenn sie die Wahrheit nicht erkennt, stirbt sie mit dem Körper und steht dereinst beim Ende der Dinge mit ihm wieder auf, um den ewigen Tod, d. h. die ewige Strafe zu leiden. Umgekehrt stirbt die Seele nicht, auch wenn sie zeitweilig aufgelöst wird, sobald sie die Erkenntniß des göttlichen Wortes erworben hat (c. 10. 13). Hieraus erklärt sich das, was Tatian von der Sterblichkeit Adam's gelehrt hat, als einfache Folgerung. Das göttliche πνεῦμα war von Anfang an mit der Seele verbunden, hat sie aber verlassen und dadurch ist der Mensch sterblich geworden (c. 13). Haben wir also in jener angeblichen Ketzerei Tatian's Nichts als eine ganz richtige Consequenz aus einer auch sonst verbreiteten, ja von Irenäus selbst getheilten anthropologischen Anschauung [53]), so braucht seine Verwerfung der Ehe um so weniger für eine erst späterhin ausgebildete Sectenmeinung gehalten zu werden, da sich ja auch hierzu in katholischen Kreisen hinlängliche Analogien finden. Von anderweiten Ketzereien Tatian's nennt Irenäus nur seine angeblich Valentinianische Aeonenlehre und die meisten Späteren schreiben ihm dieses nach. Da auch der alexandrinische Clemens den Tatian mit Valentinus in Verbindung bringt (*στρ.* III, 13, 92. p. 200 *Sylb.* 553 *Pott.*), so haben wir kein Recht, diese Angabe zu bezweifeln. Der syrische Typus seiner Lehre würde nicht entgegenstehen, da er als Schüler Justin's jedenfalls mit hellenistischen Anschauungen bekannt worden ist; aber bei dem Mangel an allen näheren Angaben muß dieser ganze Punkt hier auf sich beruhen. Das einzige noch nachweisbare Häretische in seinem Systeme ist also seine Lehre vom Demiurgen, welche uns durch Clemens (*ἐκ τῶν προφητικῶν ἐκλογαί* §. 38) und Origenes (De oratione c. 13) bezeugt ist. Der Demiurg betet in der Finsterniß: „Es werde Licht," er ist also kein Gott feindliches, sondern nur ein beschränktes Wesen, die mythische Personification der vom göttlichen πνεῦμα verlassenen und darum in der Finsterniß schmachtenden ψυχή. Offenbar hangt auch dies mit der bereits besprochenen dualistischen Grundanschauung Tatian's zusammen, welche ihn vielleicht auch dazu führte, in den Schriften des alten und neuen Testamentes eine ähnliche Sichtung vorzunehmen wie Markion. Hiernach kann allerdings nicht wohl geleugnet werden, daß Tatian wirklich unter die Gnostiker gehört, aber das Eigenthümliche an ihm ist, daß er trotz seines Gnosticismus ein Glied der katholischen Kirche blieb. Möglich, daß er, als er die Apologie schrieb, die Lehre vom Demiurgen noch nicht ausgebildet hatte, sondern erst späterhin in seinem Heimatlande den dualistischen Gegen-

53) Auf die Verwandtschaft mit den Clementinen hat Uhlhorn aufmerksam gemacht (Die Homilien und Recognitionen des Clemens Romanus S. 413). Für die Lehre des Irenäus vergl. Haer. 5, 1, 1. 9, 1. Hiernach lehrte Irenäus nicht blos die Trichotomie, sondern behauptete auch, in Adam sei nur die σάρξ und die ψυχή gewesen, wodurch er zur ψυχὴ ζῶσα wurde; in Christus dagegen habe sich außer dem verbum Patris auch der spiritus dei mit der antiqua substantia vereinigt und so den vollkommenen Menschen, das πνεῦμα ζωοποιοῦν gebildet.

satz gegen die Materie bis zu dieser letzten Consequenz schärfte; aber auch hieraus kann keineswegs gefolgert werden, daß er darum förmlich von der katholischen Kirchengemeinschaft sich trennte. Die Secte der Enkratiten wenigstens, die noch zu Epiphanios' Zeiten in Syrien, Kleinasien und anderwärts zahlreiche Anhänger zählte (Haer. 47, 1), ist sicher nicht von Tatianus gestiftet worden (vergl. dagegen *Iren.* Haer. I, 28, 1) und eine besondere Partei der *Τατιανοί* hat vermuthlich nur in der Einbildung des Epiphanios existirt.

Noch deutlicher kann das Beispiel des Bardesanes zeigen, daß wenigstens in der syrischen Kirche allerlei gnostische Ansichten verbreitet waren, ohne darum sofort von der katholischen Gemeinschaft zu scheiden. Nach Eusebios (H. E. IV, 30) wäre seine Lehre ursprünglich die Valentinianische gewesen, daher man ihn mit dem *Ἀρδησιάνης* der Philosophumena, der als Haupt der „morgenländischen Schule" genannt wird, hat identificiren wollen (Phil. VI, 35) [54]). Allein eine nähere Betrachtung seines Systemes zeigt, daß dasselbe nicht Valentinianisch, sondern, wie schon S. 112 bemerkt, Ophitisch ist, und mit Valentin nur in soweit übereinstimmt, als auch dieser auf Ophitische Anschauungen zurückweist. Der allein competente Zeuge ist hier Ephrem, aus dessen Angaben man die Lehre des Bardesanes noch ziemlich sicher wiedererkennen kann [55]). Es ist nur Ein Gott, seinem Wesen nach ewig, unbegreiflich, der Vater des Lebendigen, oder der Lebendige; ihm gegenüber steht die unreine, gestaltlose Materie, aus welcher der Teufel seinen Ursprung nimmt. Die Ewigkeit des Teufels wurde in der Schule des Bardesanes behauptet, wie es scheint aber nicht von ihm selbst. Trotz der Einheit Gottes gibt es aber eine Mehrheit von Aeonen als Offenbarungen der verborgenen Fülle des Urvaters, welche zusammen eine Siebenzahl bilden. Dem Urvater zur Seite steht als dessen weibliche Genossin die Urmutter, aus ihnen emaniren als zweite Syzygie der Sohn des Lebendigen oder Christus und dessen Genossin der heilige Geist oder die Zeugemutter, Chakhmuth (ܚܟܡܘܬܐ), d. i. Achamoth; zwei weitere Aeonenpaare, welche die Elementargeister darstellen, vollenden die obere Siebenzahl. Ihr Abbild in der sichtbaren Welt sind die sieben Sterngeister, von denen die obersten, Sonne und Mond, die Syzygie des Urvaters und der Urmutter wiederholen. Unter den Sterngeistern stehen die 12 Zodiakalgeister, unter diesen wieder die 36 Dekane als Vorsteher der 360 Theile des Thierkreises. Die Menschenseelen stammen nach der Schrift des Bardesanes über das Fatum aus der oberen Welt und sind frei von Natur zum Guten wie zum Bösen, nur die der Materie entnommenen Leiber sind dem Verhängnisse der Gestirne unterworfen, von denen alle Veränderung in der sichtbaren Natur, Leben und Tod, Glück und Unglück regiert wird. Die Angabe Ephrem's, daß die Seelen von den Sterngeistern, die Leiber aus der Materie entnommen

54) Daß auch Ephrem ihn zum Valentinianer mache, ist ein Misverständniß. Die von Hahn (Bardesanes gnosticus Syrorum primus hymnologus) p. 56 angeführte Stelle aus dem 22. Hymnus besagt dies nicht. 55) Die Stellen aus Ephrem und darnach die Darstellung des Systemes s. bei Hahn a. a. O. S. 62—94

sind, steht hiermit nicht im Widerspruche, da Bardesanes ebenso wie Tatian die vernünftige oder pneumatische Seele von der hylischen scheidet und jene auf den inneren, diese auf den äußeren Menschen bezieht; auch nach Ephrem lehrte aber Bardesanes eine Dreitheilung des Menschen. Die Erlösung aus den Banden der irdischen Leiber bewirkt der Sohn des Lebendigen, der selbst von dem oberen Lichtreiche in einem pneumatischen Leibe herniedersteigt, durch Maria wie durch einen Kanal hindurchgeht, und nach scheinbarem Sterben mit seinem himmlischen Leibe wieder zum Himmel emporfährt. Auch die Menschengeister werden dereinst die Leiber aus unreinem Stoffe mit pneumatischen vertauschen und so zum himmlischen Gastmahle und den Freuden im Umgange mit der Chakhmuth eingehen.

Offenbar gehört dieses System nicht der hellenistischen, sondern der syrischen Form an, die Grundlage ist die chaldäische Naturreligion, wie schon früher besprochen wurde. So gewiß wir es aber hier mit einer echt gnostischen Lehre zu thun haben, so bemerkenswerth ist andererseits die enge Beziehung, in welcher dieselbe zum katholischen Glauben steht. Von metaphysisch verschiedenen Menschenclassen weiß Bardesanes Nichts, im Gegentheile vertheidigt er in der jetzt vollständig wieder aufgefundenen Schrift über das Fatum die Lehre von der Willensfreiheit gegen den astrologischen Fatalismus der heidnischen Chaldäer und beschränkt denselben auf das sinnliche Gebiet. Auch einen besonderen Demiurgen scheint er nicht angenommen zu haben; nach Ephrem führte er die Gesetzgebung auf eine Mehrheit von Geistern zurück, unter denen wol gar nicht die Sterngeister, sondern, wie auch **Hahn** annimmt (a. a. O. S. 83), die Aeonen der oberen Hebdomas zu verstehen sind. Nach allen diesen Beziehungen hin charakterisirt sich das System als dem dritten dem Katholicismus wieder angenäherten Stadium der Gnosis angehörig. Es steht, trotz seiner Aeonenlehre, mit dem katholischen Glauben sogar in engerer Verwandtschaft als das Markionitische System, welches von Bardesanes ausdrücklich bestritten wurde (*Eus.* H. E. IV, 30), wie es scheint namentlich wegen seines allzu schroffen Dualismus zwischen altem und neuem Testamente. Auch gegen Valentin soll er nach dem Zeugnisse des Eusebios polemisirt und das Meiste in dessen Mythologien widerlegt haben. Diese innerlichen Beziehungen zur katholischen Kirche werden nun aber auch durch äußere Zeugnisse bestätigt. Die Schriften des Bardesanes, namentlich die über das Fatum, finden sich im unbedenklichen Gebrauche der Kirchenlehrer; seine Hymnen wurden, trotz der darin enthaltenen gnostischen Elemente, so lange ohne Anstand in Syrien gesungen, bis Ephrem sie durch rechtgläubige verdrängte. Bardesanes selbst stand bei Abgar bar Maanu, dem ersten christlichen Könige von Edessa, in hohem Ansehen. Alles dies sind Zeugnisse, daß er innerhalb der katholischen Kirchengemeinschaft blieb. Freilich konnten sich dies die späteren Kirchenlehrer, ebenso wenig wie bei Tatian, erklären; sie lassen ihn daher entweder ursprünglich Valentinianer sein und nachher zwar nicht zur katholischen Kirchenlehre übergehen, aber doch viele von seinen früheren Irrthümern ablegen (*Eus.* H. E. IV, 30), oder sie behaupten, er sei zwar rechtgläubig gewesen, aber nachher in Ketzerei gerathen (*Epiph.* Haer. 56, 1. 2). Aber der richtige Sachverhalt leuchtet noch durch die Angabe Ephrem's hindurch, Bardesanes habe öffentlich sich der Kirchenlehre angeschlossen, insgeheim aber seine Ketzereien verbreitet (Hymn. 1. 22. 52). Ephrem bestätigt also, daß Bardesanes wirklich ein Mitglied der rechtgläubigen Kirche geblieben ist; was er zur Erklärung dieses ihm auffälligen Umstandes beibringt, trifft aber natürlich ebenso wenig die Wahrheit, als die übrigen Angaben, und wird obendrein durch den Inhalt der Hymnen und des Buches *Περὶ εἱμαρμένης* widerlegt. In der syrischen Kirche war man eben gegen gnostische Speculationen, so lange sie nicht die sittlich-praktische Substanz des Glaubens antasteten, überhaupt liberaler; auch die Anschauungsweise der Clementinischen Homilien hatte hier innerhalb der Kirchengemeinschaft Raum[56]).

Der Erklärungsgrund für diese befreundete Stellung zwischen Katholikern und Gnostikern liegt wol nicht blos in dem überhaupt der syrischen Kirche eigenen phantastischen Zuge, sondern auch in dem Umstande, daß die syrische Gnosis selbst niemals bis zu jenem schroffen Gegensatze zur gemeinchristlichen *πίστις* fortschritt wie die großen hellenistischen Systeme. Wir haben kein einziges, nach Syrien gehöriges gnostisches Lehrgebäude, welches dem zweiten Stadium der Gnosis mit Entschiedenheit zugewiesen werden könnte. In Syrien entstanden, hat der Gnosticismus nur auf griechischem Boden und unter dem Einflusse griechischer Philosophie sich zu jener schwindelnden Höhe der Speculation verstiegen, auf welcher man jeden Zusammenhang mit dem positiven Christenthume aus dem Gesichte verlor; in seinem Heimatlande hat er überhaupt nie den Gegensatz zwischen Wissenden und Glaubenden mit solcher Schroffheit ausgesprochen, daß er sich damit selbst in den Augen der Katholiker sein Verdammungsurtheil sprach. Eben darum sind grade hier die Grenzlinien wie am Anfange, so auch gegen Ende der gnostischen Bewegung fließender geblieben, und erst in weit späterer Zeit, als die Gnosis längst ihre unmittelbar in den Entwickelungsgang des Christenthums eingreifende Bedeutung verloren hatte, schieden sich die verschiedenen Gestalten derselben auch von der syrischen Kirche allmählich als Häresien aus.

56) Vergl. auch Uhlhorn, Die Homilien und Recognitionen des Clemens Romanus S. 410 fg.

Druck von F. A. Brockhaus in Leipzig.